INHALT

EINLEITUNG DES HERAUSGEBERS

Der zweite Kongreß der »Association catholique française pour l'étude de la Bible« (A.C.F.E.B.), der vom 3. bis 7. September 1969 in Chantilly bei Paris stattfand und dessen Akten wir hier vorlegen, ist nicht ohne Schwierigkeiten zustandegekommen. Um seinen Verlauf und seine Bedeutung zu verstehen, ist es nützlich, mit einigen Worten auf seine Vorgeschichte einzugehen.

Am Ende des ersten Kongresses der A.C.F.E.B. im September 1967[1] war den französischen Exegeten deutlicher ins Bewußtsein getreten, daß sie sich nicht mehr damit zufrieden geben dürften, sich über die heißen Eisen der Exegese zu informieren, sondern daß ihnen eine unverzügliche Erneuerung ihrer Art und Weise, die biblischen Texte zu lesen und zu präsentieren, nottäte. Hatte sich doch in verschiedenen Kreisen eine gewisse Abneigung gegenüber den inspirierten Texten bemerkbar gemacht: Warum sollte man immer noch auf diese alten Texte zurückkommen, deren Sprache unseren Zeitgenossen schon fast unverständlich geworden ist? Ob die Ursache dieser »Appetitlosigkeit« nicht großenteils die Art und Weise ist, in der Exegeten wie Homileten diese Texte lesen, nämlich als ein Dokument der Vergangenheit, dessen Behauptungen man einfach wiederholt, statt als ein Wort, das uns heute in der je eigenen Sprache trifft? Jedenfalls zeigt sich eine Spannung zwischen der historischen Forschung und der hermeneutischen Aktualisation. So entschloß man sich, einen Kongreß über das Thema »Exegese und Hermeneutik« zu veranstalten.

Während der Vorbereitungszeit des Kongresses traten zwei verschiedene Tendenzen im Kreis der Exegeten selbst zutage, je nachdem, ob das Interesse für die historische Methode oder die Empfänglichkeit für die Forderungen der Hermeneutik stärker war. Hören wir uns die beiden Standpunkte an!

»Bleiben wir«, sagt da der eine, »bei der guten alten historischen Methode, wie sie seinerzeit Lagrange so meisterlich dargelegt hat! Was sollen denn diese Hauptseminare, die von Leuten gehalten werden, denen selbst das Standardwerk von Schürer unbekannt geblieben ist?! Es sind doch erst diese tausend Details über das erste Jahrhundert,

---

[1] Die Akten dieses Kongresses sind herausgegeben unter dem Titel: La Résurrection du Christ et l'exégèse moderne, par P. de Durgy, P. Grelot, M. Carrez, A. George, J. Delorme et X. Léon-Dufour (Lectio divina, 50), Paris 1969.

durch die wieder Leben in die Probleme der Urgemeinde kommt und durch die wir folglich auch erst die biblischen Texte, in denen sich die Lösungen auf jene Probleme niederschlagen, richtig erfassen können. Wer eine seriöse Arbeit leisten will, muß sich entschieden auf die historischen Fragen konzentrieren: auf die Sprache der Apokalyptik, der jüdischen Sekten, der Mysterien; auf die Heilsfrage, wie sie sich einem Juden des ersten Jahrhunderts stellte usw. Zur Einführung in die Problematik und in die Terminologie gewisser moderner Strömungen, die anfechtbar und auch in der Tat angefochten sind, genügt ein zusätzliches Nebenseminar!«

Ein anderer Exeget vertritt das Gegenteil: »Besteht denn die Rolle des Exegeten darin, in die Haut des Menschen der Vergangenheit zu schlüpfen?! Die historische Methode, wie sie früher formuliert worden war und die ein solches Sich-hinein-Versetzen für sinnvoll und möglich hielt, wird doch gerade heute in Frage gestellt. Wir wollen die historische Methode gar nicht bekämpfen; wir wollen sie retten. Zur Zeit von Lagrange bestand das Problem darin, den Übergang von einer dogmatischen zur historischen Methode zu finden. In ähnlicher Weise müssen wir heute die philosophische Dimension der historischen Methode entdecken und das interpretierende Subjekt selbst orten. Eine neue methodologische Fragestellung drängt sich uns auf.«

Die meisten tendieren in dieselbe Richtung. Es gilt nicht nur, die Ereignisse so zu konstruieren, wie sie sich ereignet haben müssen, sondern es handelt sich auch darum zu begreifen, in welcher Sprache uns diese Ereignisse überliefert worden sind und in welchem Sprachgewand wir sie heute weiter übermitteln können. Der Abstand zwischen beiden Sprachen muß respektiert werden, wenn man weder im dunkel von Scheinproblemen tappen noch sich in trügerische Scheinlösungen flüchten will. Wie kann Gott z. B. die Kanaanäer umbringen? Das Anstößige an dieser Geschichte läßt sich nicht dadurch wegschaffen, daß man sagt, Gott habe dieses Blutbad nur insofern gewollt, als er es zugelassen habe. Muß man aber deswegen schon mit Bultmann behaupten, hier liege eine *mythische* Ausdrucksform vor? Diese Lösung würde auch nicht sehr weit führen; sie schöbe das wahre Problem, das ein Sprachproblem allgemeiner Art ist, nur hinaus: Ist es möglich, die Sprache von einst in eine Sprache zu übersetzen, die unseren Zeitgenossen zugänglich ist?

Das alles entscheidende Problem ist schließlich das des Zugangs zur

Wahrheit. Welche Methoden ermöglichen es, den Sinn zu erschließen? Bleiben sie voneinander getrennt wie parallel laufende Linien, oder konvergieren sie letztlich? Kein Exeget ist der einzige Vertreter seiner Gattung. Um aus seinem Getto herauszukommen, muß er anderen bei der Arbeit zuschauen. Dies weckte unser Interesse für die strukturale Analyse; denn diese Methode schien uns eine Möglichkeit zu bieten, die gegenseitigen Beziehungen der Elemente einer Erzählung besser zu erfassen. Auch die Methoden der psychologischen Analyse haben etwas beizusteuern, insofern sie fragen: Was ist das Wesen des interpretierenden Subjekts? In welchem Sinn ist es bedingt? Schließlich und vor allem gilt es, mit der Hilfe des Philosophen die Bedingungen jeglicher Interpretation überhaupt zu umreißen.

Schritt für Schritt konnten sich die Exegeten einigen. Ausgangspunkt war die Feststellung, daß es nicht mehr genüge, die Bedeutung zu erheben, die der Text *seinerzeit* gehabt hat; man müsse interpretieren, d. h. die Bedeutung entdecken, die der Text *heute* für uns hat, oder, genauer gesagt: den auszulegenden Text auf den Sinn hin erschließen, den jeder einzelne für sich finden muß. Unter den drei Dimensionen unserer Arbeit auf dem Gebiet der Heiligen Schrift (Exegese, Reflexion, Pastoral) möchten wir besonders die zweite hervorheben, ohne dabei die beiden anderen ganz aus den Augen zu verlieren. Praktisch bedeutet das eine Konfrontation der exegetischen Methoden mit dem Beitrag benachbarter Wissenschaften und verwandter Methoden. Darin liegt keine Verleugnung der uns vertrauten Methode der Literarkritik und der Geschichtswissenschaft; vielmehr wollen wir sie, indem wir uns für die gegenwärtigen Methoden der nicht-historischen Geisteswissenschaften (sciences humaines) interessieren, einer größeren Wirksamkeit zuführen. Das Unternehmen verlangt Mut. Es steht aber auch in der Linie der Tradition; denn die Kirche hat nie aufgehört, sich die neuen Ergebnisse der Wissenschaft anzueignen.

Rufen wir also einige Etappen der exegetischen Wissenschaft in Erinnerung! Achtzehn Jahrhunderte hindurch begnügt sie sich, den Sinn der Bibel, den die Rationalisten im Namen ihrer Konzeption von Vernunft ablehnen, allein auf ihren Glauben gestützt zur Sprache zu bringen. Diesem dogmatischen Zeitalter folgt das kritische, das die heiligen Bücher den Gesetzen der Literarkritik unterwirft. Schließlich, zu Beginn des zwanzigsten Jahrhunderts, entsteht die Verbindung der Exegese mit der historischen Kritik. So kann man drei Epochen der

Bibelauslegung unterscheiden, die dogmatische, die literarische und die historische. In kluger Langsamkeit hat die katholische Kirche der Exegese offiziell das Recht zuerkannt, die literarische und historische Kritik auf das Alte Testament (1943) wie auf das Neue Testament (1964) anzuwenden. Heute nun stellt man die Fragen noch radikaler. Man fragt nicht mehr: Hat das wirklich stattgefunden? oder auch: Wie hat sich das zugetragen? sondern: Was soll das heißen? Die Frage bezieht sich nicht mehr so sehr auf das Geschehene als auf dessen Erfassung und auf deren Weitergabe. Das Problem, vor dem wir stehen, läßt sich durch die Methoden der literarischen und historischen Kritik allein nicht lösen; es ist ein Sprachproblem. Im Bewußtsein der Entfernung, die zwischen der Sprache unserer Zeit und der Sprache der biblischen Schriftsteller liegt, sind wir davon überzeugt, daß die ideale Weise, die Texte zu lesen, nicht darin besteht, sich in die Vergangenheit zurückzuversetzen, in der Meinung, man könne das Vergangene ohne weiteres wieder aufleben lassen. Vielmehr ist dies das Ideal: die Sprache der Vergangenheit so zu interpretieren und zu aktualisieren, daß man einerseits ihre unüberbrückbare Ferne zu uns anerkennt und anderseits den inneren Bezug aufdeckt, der die verschiedenen, im Lauf der Jahrhunderte gegebenen Interpretationen eint.

In dieser kirchlichen Gesinnung nahmen wir uns vor, in der Ausübung unseres exegetischen Handwerks eine hermeneutische Wende einzuleiten. Wir wagten die Annahme, daß eine solche Einstellung den Kontakt mit dem zeitgenössischen Leser wieder herstellen könnte, der instinktiv den Hochmut eines Exegeten zurückweist, der sich einbildet, den Lauf der Geschichte zu beherrschen und den Sinn der Texte dadurch zu erschließen, daß er die Sprache von dereinst einfach wiederholt.

Um dieses Ziel zu erreichen, haben wir uns der Mitarbeit von Spezialisten in drei besonders ausgeprägten Methoden versichert. Paul Ricœur, Professor für Philosophie an der Universität von Paris-Nanterre, hatte zugesagt, uns in das Gebiet der hermeneutischen Philosophie einzuführen. Antoine Vergote, Professor an der katholischen Universität von Löwen und Direktor des dortigen »Centre de psychologie«, sollte uns mit der psychologischen Methode vertraut machen. Roland Barthes, Professor an der Ecole pratique des Hautes-Etudes in Paris, sollte vorführen, wie ein Strukturalist eine biblische Erzählung interpretiert. Jeder der drei Professoren sollte einen ganzen Tag zu seiner

Verfügung haben. Den drei Tagen ging eine Art Ankurbelung des Kongresses voraus, bei der jene, die gewöhnlich den Exegeten und Homileten nur zuhören, einmal ihre Eindrücke und Wünsche äußern konnten. Die abschließende Konfrontation mit der dogmatischen Theologie brachte den Kongreß wieder zur Exegese selbst zurück.

Der neuen Problematik sollte eine neue Art der Durchführung entsprechen. Statt mehrere Vorträge zum selben Thema anzuhören und einfach an irgendeiner Arbeitsgruppe teilzunehmen, hatten wir diesmal ein einziges Thema pro Tag. Jeder der drei Tage hatte folgenden Verlauf: Dem vom Spezialisten des Tages gehaltenen Vortrag schloß sich eine Podiumsdiskussion an, an der jeweils drei Exegeten und zwei Fachleute in der gerade untersuchten Methode teilnahmen. In Gruppen von sechs bis zehn Mitgliedern führten die Kongreßteilnehmer diese Diskussion am Nachmittag weiter; gegen Abend hatte das Podium die Aufgabe, die von seiten der verschiedenen Gruppen eingetroffenen Fragen zu beantworten.

Um die Arbeit effektiver zu gestalten, haben wir ein homogeneres Publikum dadurch zu erzielen versucht, indem wir die Teilnehmer einluden, sich mit Hilfe von Arbeitspapieren vorzubereiten; diese Papiere sind in diesem Band auf den Seiten 40–47 und 69–73 abgedruckt. Erwähnt sei auch, daß etwa zwanzig von uns aus der Not, daß der ursprünglich für 1968 geplante Kongreß hat um ein Jahr verschoben werden müssen, eine Tugend gemacht hatten: Wir hatten die Zeit genutzt, um eine Begegnung mit A. J. Greimas und seiner Schule, Spezialisten der strukturalen Analyse, zu organisieren. Dort war einem ersten Eindruck der Fremdheit bald das Gefühl der Sympathie gefolgt. Ohne daß wir schon Kenner der Materie geworden wären, erschloß sich uns doch eine neue Welt, die unseren Horizont erweiterte und unserer Art, die Texte zu lesen, neue Impulse gab. Es ist jenen zwanzig Anfängern zuzuschreiben, daß der Schock, den Roland Barthes hervorrufen sollte, dann doch ein wenig milder ausfiel, als er ohne diese Vorbereitung hätte ausfallen können.

Dem deutschen Leser möchten wir nun das Programm des Kongresses, so wie dieser tatsächlich ablief, kurz vorstellen, indem wir jeden der in dieser deutschen Ausgabe veröffentlichten Texte knapp im Gesamt des Kongresses situieren und einige Elemente der Reflexion beifügen.

Die beiden ersten Vorträge von Paul Ricœur ergänzen sich gegenseitig. Der eine entwickelt methodologische Fragen (S. 19–39), der andere behandelt einen bestimmten Text, Gen 1,1–2,4 a (S. 47–67). Beide Beiträge liegen auf der Linie der Zielsetzung des Kongresses, der Frage nach der möglichen Aneignung des Sinnes der Bibel durch den Menschen von heute, d. h. der Hermeneutik im eigentlichen Sinn. Da es nun aber gilt, es nicht bei einer einfachen Rekonstruktion der Vergangenheit zu belassen, sondern den vom Text angezielten Sinn in den Kategorien unserer Zeit auszudrücken, stellt sich die Frage, wie sich eine echte Übereinstimmung zwischen der Erfahrung des Lesers und der dem Text zugrundeliegenden Erfahrung verbürgen läßt. Mit anderen Worten: Wie kann man eine solide Basis, einen Qualitätsmaßstab gewinnen, auf die sich all jene verlassen können, die begreifend in das Wort Gottes eindringen und es anderen weitersagen wollen? Einer der Ansprüche, unter denen die exegetische Arbeit steht, ist deswegen das Gesetz der Genauigkeit. Die Interpretation darf nicht, statt einen Zugang zum Sinn zu öffnen, in eine willkürliche Konstruktion ausarten. P. Ricœur hat in seinem ersten Vortrag versucht darzulegen, unter welchen Bedingungen dieser Forderung Rechnung getragen wird: Man vermeide, zu rasch den Weg von der Perspektive des Lesers zu der des Schriftstellers einzuschlagen, wenn man nicht dem sinn-verschlingenden Imperialismus des Psychologismus verfallen will. Der Widerstand, den der Text leistet, muß ernst genommen werden; das geht nicht ohne die Anhäufung einer Menge von Detailwissen, aber auch nicht ohne eine methodologische Reflexion. Nimmt man diesen Widerstand nicht ernst, so riskiert man, an der Oberfläche der Bedeutungen hängenzubleiben und die schließlich entscheidenden tieferen Bedeutungen zu übersehen. Die Interpretation eines Textes darf nicht nur von einer, sondern muß von mehreren Methoden Gebrauch machen. P. Ricœur stellt die wichtigsten vor, indem er jedesmal ihre spezifische Art und Weise, den Sinn anzuzielen, skizziert. Im folgenden Vortrag, der sich mit Gen 1 befaßt, wendet Ricœur selbst eine der strukturalen Analyse verwandte Methode an.

Etwas naiv hat man lange Zeit geglaubt, es sei evident, daß das Verhältnis des interpretierenden Subjekts zu seinem Text ein Herrschaftverhältnis sei. Durch seinen Vortrag möchte Antoine Vergote die Aufmerksamkeit der Exegeten auf den sie selbst betreffenden Beitrag der Psychoanalyse lenken. Kann diese nicht vielleicht das Bemühen um verstehende Aneignung eines Textes überhaupt in Frage stellen? Kann anderseits diese neue, psychoanalytische Erkenntnis des Menschen nicht auch eine Hilfe für die exegetische Arbeit werden? Das 7. Kapitel des Römerbriefs eignete sich ausgezeichnet für eine Betrachtung in diesem Lichte. Es bleibt freilich schwierig zu beurteilen, was eine derartige Methode zur Auslegung der vielen anderen Texte, die erklärt werden wollen, beitragen kann.

War schon die psychoanalytische Interpretation eines Paulustextes etwas ungewohnt, so versetzte der Vortrag von Roland Barthes (S. 117 ff), zu dem sich die Mitteilungen von J. Courtès (S. 142 ff) und L. Marin (S. 148 ff) gesellten, die versammelten Exegeten in ein noch unbekannteres Land, in ein recht verwirrendes Gebiet. Die strukturale Analyse scheint ja den Anspruch zu erheben, die gewohnte, klassisch gewordene Methode nicht bloß zu ergänzen, sondern schlechthin zu ersetzen. Zwar nehmen auch wir den Text so, wie er ist; aber wir scheuen uns nicht, von der »Absicht« des Schriftstellers zu reden – einem von der neuen Richtung scharf kritisierten Begriff –, und wir verzichten nicht auf die Möglichkeit, die Entstehung eines Textes durch einen Blick auf seinen Autor zu erhellen. So haben wir die Geschichte der synoptischen Tradition gekannt, die Form- und die Redaktionsgeschichte – Forschungszweige, deren bloßer Name schon die große Rolle anzeigt, die für sie der Begriff der Geschichte spielt. Eben der Geschichtsbegriff aber ist es nun, der von den Strukturalisten in Frage gestellt wird. Wenn man jedoch die Methode der strukturalen Analyse und die der historisch-kritischen Exegese näher betrachtet, stellt man fest, daß beide aus demselben Anliegen erwachsen sind: die Bibelauslegung vom Psychologismus zu befreien, der sie am Ende des letzten Jahrhunderts beherrscht hatte. Der Weg zu diesem Ziel ist jedoch in beiden Fällen verschieden. Während die Exegese das schriftstellernde Subjekt in einem bestimmten »Sitz im Leben« ansiedelte und ihm so eine gewisse Objektivität verlieh, klammert die strukturale Analyse dieses Subjekt lieber ganz aus und widmet sich ausschließlich der Untersuchung des Textes in seiner nackten Objektivität. Wenn aber wirklich der Schwung beider Methoden seinen Ursprung in einem gemeinsamen Anliegen hat, so wäre es doch erstaunlich, wenn sich die verschieden verlaufenden Wege nicht auch bisweilen kreuzten. An diesen Kreuzungspunkten könnten dann auch die jeweiligen Voraussetzungen der einen oder der anderen Methode deutlicher werden. So hat Ricœur in seinem ersten Vortrag ja selbst bemerkt, daß eine gut durchgeführte strukturale Analyse angesichts gewisser Schwierigkeiten des Textes dazu komme, sich selbst zu überschreiten und in die dem Exegeten vertraute genetische Methode überzugehen. Jedenfalls kann bei dieser Zuwendung zum Text als Text keine Rede mehr von einem letzten Sinn sein; beschäftigt man sich doch nur mit Bedeutungen innerhalb eines Ganzen, mit den Korrelaten und Funktionen der verschiedenen Elemente einer Erzählung innerhalb dieser selbst: das einzige, was existiert, ist der Text. Wenn es also auch so zu sein scheint, daß die strukturale Analyse einen wichtigen Beitrag zu leisten hat, den zu liefern die genetische Methode nicht imstande ist, so muß sie sich doch nicht notwendig zu jener Theorie auswachsen, die man Strukturalismus nennt. – Das Interesse der Teilnehmer an der strukturalen Analyse war schon vor dem Kongreß dadurch geweckt worden, daß ihnen der Versuch einer Auslegung von Apg 10,1–11,18 aus der Feder von Edgar Haulotte, Professor an der Faculté de Théologie SJ in Lyon-Fourvière, zugeschickt worden war. Dieser Versuch, den wir am Ende dieses Bandes (S. 221–263) wiedergeben, wird dem Leser als Ergänzung zum Artikel von R. Barthes und den beiden Mitteilungen von Courtès und Marin willkommen sein.

Henri Bouillard, Dogmatikprofessor am Institut Catholique in Paris, legt aus seiner Sicht das Verhältnis der Dogmatik zur Hermeneutik dar (S. 175–188). Zweifellos gehört die Gegenüberstellung der exegetischen Methoden mit der Methode der Dogmatik nicht derselben Ordnung an wie die in den bisherigen Artikeln durchgeführten Konfrontationen. Denn wenn wir es uns auch notfalls erlauben können, die strukturale oder die psychologische Analyse nicht zu kennen, so können wir doch das innere Verhältnis nicht übersehen, das uns mit den Dogmatikern verbindet. Ein Exeget ist stets auf dem Weg, Theologe zu werden. Wenn es stimmt, daß das Wesen der Theologie darin besteht, den Zeitgenossen Gottes Wort zu sagen, hat dann nur der Dogmatiker oder hat nicht auch der Exeget ein Recht, sich »Theologe« zu nennen?! Der Vortrag von Bouillard klärt nicht nur die behandelte Frage; er gibt auch einen Begriff von der Entwicklung, die die dogmatische Theologie in den letzten Jahren durchgemacht hat.

Der Umriß einer Zusammenfassung durch Paul Ricœur schließlich (S. 188–199) befaßt sich mit der gegenseitigen Überschneidung der während des Kongresses geübten Methoden und mit ihrem Verhältnis zur Hermeneutik. Zum rechten Verständnis dieser Zusammenfassung scheint es sehr nützlich, den Artikel dazuzulesen, den Ricœur in der Lausanner »Revue de Théologie et de Philosophie« [2] veröffentlicht hat und den wir im Anhang dieses Buches (S. 201–221) wiedergeben. Der jeweilige Gegenstandsbereich der historisch-kritischen und der strukturalen Methode lassen sich nun leichter fassen. Die beiden Methoden dürfen nicht vermischt werden, so sehr sie sich auch gegenseitig korrigieren und ergänzen müssen. Sowohl eine Verabsolutierung der strukturalen Methode wie die Vergessenheit unserer eigenen geschichtlichen Bedingtheit (von Irrtümern hinsichtlich der Quellen, des Autors oder der Adressaten einmal ganz abgesehen) beeinträchtigen die hermeneutische Reflexion, die es uns ermöglicht, das Verhältnis von Schrift und Wort richtig zu sehen. Weil jedoch der biblische Text zugleich Wort und Schrift ist, gilt es, den spezifischen Charakter der biblischen Rede (discours) zu erkennen. Das Geschehen, dem ich begegne, ist nicht nur das Ereignis eines Textes, sondern zugleich das Ereignis eines Wortes. – Ricœur unterstreicht zudem die Notwendigkeit, daß jeder Forscher einer bestimmten Methode den Vorzug gebe; um so wichtiger wird dann freilich die Rolle der Zusammenarbeit. Nur eine *ecclesia* der Forschung ermöglicht die notwendige Verschränkung der Methoden und so den Fortschritt in der Suche nach dem Sinn des biblischen Texts.

Gewiß bleibt das hermeneutische Problem weiterhin offen. Die hier gesammelten Vorträge sind lediglich einzelne Lichtstrahlen, die ein noch wenig erforschtes Gebiet abtasten. Für die deutsche Ausgabe gilt dies um so mehr, als darin die Podiumsdiskussionen, die die Vorträge wesentlich vertieft haben, nicht aufgenommen werden konnten. Dennoch geben wir uns der Hoffnung hin, unsere Sammlung könne auch in dieser Form ein wenig dazu beitragen, das Bewußtsein für die methodologische Problematik der Exegese zu schärfen. Ob es uns gelungen ist, die verschiedenen exegetischen Stimmen so zusammenklingen zu lassen, daß die Symphonie des Wortes Gottes vernehmbar werden kann? Möge der Leser, durch diese Versuche angeregt, lernen, Gottes Wort besser zu hören und es in den Ohren seiner Zeitgenossen voller ertönen zu lassen! Vor allem auf das Hören kommt es an, heute wie jederzeit.

---

[2] 3e Série 18 (1968) 333–348.

Der Herr hat mir die Zunge eines Jüngers gegeben.
Damit ich den Erschöpften zu antworten wüßte,
bewirkt er ein Wort.
Jeden Morgen weckt er mir das Ohr,
damit ich wie ein Jünger höre.
Der Herr hat mir das Ohr geöffnet. (Jes 50,4–5)
Möge es immer offen bleiben!

Lyon, den 6. Januar 1971 *Xavier Léon-Dufour*

I

VON DER HISTORISCHEN ZUR STRUKTURALEN METHODE

Paul Ricœur: Vom Konflikt zur Konvergenz der exegetischen Methoden

Unser Kongreß hat sich zum Ziel gesetzt, verschiedene Methoden miteinander zu konfrontieren; sein Verlauf wird zeigen, ob sich diese Methoden in einem unversöhnlichen Widerstreit befinden oder einer gegenseitigen Ergänzung bedürfen. Für meinen Teil möchte ich einen Weg vorschlagen, der sich zwischen den Extremen einer fanatischen Methodenreinheit einerseits und eines kompromißfreudigen Eklektizismus anderseits bewegt.

In den ersten drei Abschnitten werde ich mich darauf beschränken, die miteinander konkurrierenden Methoden, eine nach der anderen, darzustellen, wobei der Akzent weniger auf ihre technische Seite als vielmehr auf die sie konstituierenden Verstehensentwürfe gelegt werden soll. Im vierten, persönlicher gehaltenen Abschnitt möchte ich deutlich machen, auf welche Weise eine bestimmte Methode jeweils auf eine andere verweist und sie zu Hilfe ruft, so daß, fern jedem Eklektizismus, die verschiedenen Methoden aus sich selbst heraus gegeneinander konvergieren. Dieses vorerst noch recht abstrakt bleibende Programm wird dann in meinen Ausführungen zu Gen 1,1–2,4 a seine konkrete Anwendung finden.

Die Auslegung der Bibel betrachten wir hier als den Ort der Konfrontation, als das Kraftfeld gewissermaßen, das durch die Konstellation der verschiedenen Methoden nach mehreren Richtungen polarisiert wird. Die Bibelexegese selbst ist keiner dieser gegenstrebigen Pole. Jetzt, am Anfang unserer Überlegungen, ist ihre Einheit nur die eines Handwerks, einer Wissenschaft, die sich durch ihren Gegenstand – in diesem Falle: die biblische Literatur – definiert. Ich schlage vor, das so aufgebaute Feld von dreien seiner Pole her zu erforschen: von der historisch-kritischen Methode, der strukturalen Methode und von der Hermeneutik her.

Die erstere wird eigentlich nicht behandelt werden. Wir nehmen sie eher als Folie, von der sich die beiden anderen abheben sollen, und beschränken uns darauf, die *Aporien* zu nennen, die weniger der Methode selbst als den philosophischen Prinzipien zu eigen sind, die ihrer

Anwendung zugrunde liegen. So gesehen, behandeln wir hier also nur die zweite und dritte Methode in der notwendigen Ausführlichkeit.

1. Die philosophischen »Aporien« der historisch-kritischen Methode

Die Methode, die sich noch heute der Gunst der Mehrzahl der Exegeten erfreut, ist die historisch-kritische. Worin die unersetzbare Funktion dieser Methode liegt, obgleich sie auch von ihr verschiedenen Zugängen zum Text Raum geben muß, werde ich in der abschließenden Bemerkung ausführlich darlegen. Im Rahmen des Vergleichs, der uns jetzt beschäftigt, geht es um die entscheidende Rolle des Begriffs der Geschichte in all den besonderen Methoden, die unter diesem Oberbegriff zusammengefaßt werden: Geschichte der Sprache, des Wortsinns, des Wortgebrauchs; – Geschichte der sozialen, politischen und religiösen Institutionen, der Lebensstile, des literarischen Milieus; Geschichte der Einflüsse, der Anleihen, der Angleichungen und Ablehnungen; Redaktionsgeschichte, Geschichte der Quellen und kritische Formgeschichte. Diese Dominanz des Historischen wirft die Frage nach der Verwandtschaft dieser Methode mit der Philosophie des Historismus auf. Im Gegenzug gegen den Dogmatismus geht der Historismus von der Veränderlichkeit und Relativität der menschlichen Überzeugungen aus. Die Geburtsstunde des Historismus ist der Zusammenbruch von Hegels System. Philosophisch betrachtet, ist er das Eingeständnis, daß die Geschichte nicht in einer Logik des Sinnes in eine Totalität aufgehoben werden kann, in der all ihre Figuren in einem von Absolutheit geprägten Wissen wiederholt und verewigt wären. Mehr oder weniger offen gesellt sich diesem Historismus ein Psychologismus oder Soziologismus bei. Denn wenn das Geschichtliche schon nicht auf eine Logik des Sinnes hin überstiegen werden kann, so bleibt immer noch die Möglichkeit, die religiösen Überzeugungen als Ausdruck einer bestimmten (z. B. »animistischen« oder »magischen«) Mentalität oder bestimmter sozio-politischer bzw. sozioökonomischer Organisationstypen zu begreifen (des Nomadentums z. B. oder der Monarchie, des Clans oder der Klasse). Der Historismus ist jenes Bewußtsein, für das der menschliche Geist in seine aufeinander folgenden, ohne einsichtigen Zusammenhang miteinander verbundenen Äußerungen zerfällt. Letztlich wird er immer zwischen

zwei Extremen schwanken: zwischen einer evolutiven Konzeption des menschlichen Geistes, derzufolge sich dieser auf immer reinere Formen der Geistigkeit zubewege, und der einfachen Hinnahme des regellosen Auftauchens neuer Formen des Lebens, die sich ihren Ausdruck in der Vielfalt von Stilen suchen.
Keine Methode ist harmlos. Ob sie es wahrhaben will oder nicht: die historisch-kritische Methode gehört mit dem Historismus in eine Schicksalsgemeinschaft.

2. Das semiologische Modell

Genaugenommen ist dieser Neuankömmling auf dem Feld der Exegese ein zugereister Fremder. Denn während die historisch-kritische Methode seit ihren Anfängen eng mit der Geschichte der Bibelwissenschaften verbunden war, ist dieses neue Verstehensmodell außerhalb dieses Bereichs entstanden, nämlich in der Linguistik – oder präziser: in jenem Teil der Linguistik, der die grundlegenden Lautsysteme der natürlichen Sprachen erforscht. Bald haben die neuen Modelle Anwendung gefunden: zuerst in der lexikalischen Semantik, dann in der Theorie der Erzählung (récit) und schließlich in breitem Maße in der Theorie der Schrift, wo man sich bemüht, eine allgemeine Theorie der Zeichen – oder »Semiologie« – aufzubauen. Ihre Kontakte mit den Bibelwissenschaften stehen noch am Anfang; sie werden teils mittelbar hergestellt über den Umweg, der in ihrer Anwendung auf mythische Stoffe (im allgemeinen nicht-altorientalischer Herkunft) besteht; teils unmittelbarer, im Hinblick auf eine allgemeine Theorie der Erzählung, wie sie die formalistischen Theoretiker des russischen Märchens oder die französischen Analytiker der Erzählung anstreben.
Im Gegensatz zu jener Gruppe von Methoden, die wir unter den Titel des Historischen stellten, sind die jetzt zu betrachtenden Modelle von deutlich anti-historischem Charakter. Die von F. de Saussure eingeführte Trennung von Sprachsystem (langue) und Sprechakt (parole) hat die Trennung von synchronischer Organisation und diachronischen Übergängen als Konsequenz. Diese Trennung ist viel mehr als eine bloße Verteilung der Kompetenzen nach den Erfordernissen der Arbeitsteilung. Philosophisch gesehen, impliziert sie den Vorrang des Synchronischen vor dem Diachronischen; und zwar handelt es sich dabei um einen Vorrang in der Ordnung der Erkennbarkeit. Denn

was man als erstes begreift, ist eine bestimmte Konfiguration von Zeichen in einem gegebenen Zeitpunkt, in einer durch Gleichzeitigkeit ausgezeichneten Schicht, in einem Sprachzustand (état de langue). Den saussureschen Vergleich der Sprache (langue) mit einem Schachspiel aufgreifend, kann man sagen, daß Verstehbarkeit in erster Linie den Spielregeln zukommt; ein Zug ist nichts anderes als der Übergang von einem Zustand der Partie zu einem anderen.

Noch eine andere Konsequenz ergibt sich aus der Scheidung von Sprache und Sprechakt: In synchronischer Sicht haben die Elemente der Sprache keinerlei absoluten Wert (valeur), keinerlei eigene Bedeutung. Sie beziehen ihren Sinn aus ihrer Stellung im System und aus ihrem relativen Gegensatz zu anderen Termini. Ihr Wert ist also bloß negativ, durch Differenz und Gegensatz bestimmt. In der Sprache, sagte Saussure, gibt es nichts als Unterschiede.

Eine dritte Konsequenz: Die Sprache muß als ein System betrachtet werden, d. h. als ein geschlossenes Ganzes von Elementen, die sich wechselseitig bedingen. Dieses System hat kein Außen, nur ein Innen. Es hat keinen Bezug auf die Welt; es bezieht sich auf nichts außerhalb seiner selbst. Alle Beziehungen sind ihm innerlich.

Die philosophischen Implikationen dieses Modells sind beträchtlich. Die Unterordnung der historischen Sichtweise unter die systematische rückt evolutive oder evolutionistische Theorien und somit auch die Aporien des Historismus in weite Ferne. Man legt den Akzent nun eher auf die kombinatorischen Fähigkeiten des menschlichen Geistes, ohne sich um die Geschichte viel zu kümmern. Die strukturale Methode kehrt also zum leibnizischen Ideal der »caracteristica universalis« zurück.

Die strukturale Methode ist aber nicht nur anti-historistisch, sondern auch anti-psychologistisch. Schon in der Scheidung von Sprache und Sprechakt liegt eine antipsychologistische Spitze. Der Sprechakt ist der Vollzug der Sprache durch ein sprechendes Subjekt in einer bestimmten Gemeinschaft; die Sprache dagegen ist der (selbst nicht psychologisch definierbare) Code aller psychologisch erfaßbaren Realisierungen. Dehnt man diese Überlegungen vom sprachlichen Code auch auf jene Codes aus, die Texten zugrunde liegen, so wird man mehr und mehr dazu neigen, das Subjekt, das empfangende sowohl wie das produzierende, aus der Betrachtung auszuschneiden und »einzuklammern«. Der Text wird dadurch zu einem in sich stehenden

Gegenstand, der um seiner selbst willen und isoliert in sich betrachtet werden kann. Nicht weniger mißtraut die strukturale Methode jener Einstellung, die den Text als Ausdruck einer (individuellen oder kollektiven) Mentalität nimmt. Jegliche psychologische Analyse des Sprechenden, des Schriftstellers, einer individuellen oder kollektiven Mentalität sei als außersprachlich aus der Interpretation auszuscheiden. Diese methodologische Entscheidung ist von größter Tragweite für das Schicksal des Begriffes, den man sich vom »Sinn« eines Textes macht: Man sagt, der Sinn könne nicht die Aussageabsicht des Schriftstellers sein, wenn man der Interpretation nicht die aussichtslose Aufgabe zuweisen wolle, sich in die auf immer verschlossene Psyche eines anderen hineinzuversetzen. Vielmehr sei der Sinn im Wechselspiel der Elemente selbst zu suchen: als der innere Umlauf im Bedeutungsgefüge der Elemente. Dieser methodische Antipsychologismus wird noch verstärkt durch einen von der Philosophie herkommenden Antipsychologismus, wie er sich in der psychoanalytischen Entlarvung der Illusionen des Subjekts, in der von Marx und Nietzsche vorgebrachten Kritik an der Tradition des Cogito-Gedankens und schließlich im Antihumanismus Heideggers manifestiert.

Zum Antipsychologismus tritt eine antisoziologistische Einstellung. Ein Symbolismus läßt sich nicht dadurch erklären, daß man ihn auf den Organisationstyp einer Gesellschaft zurückführt; ist diese doch an ihr selbst »symbolisch«. Der Symbolismus ermöglicht, insofern er Austausch von Zeichen ist, jeglichen Austausch. Das soll nicht heißen, daß es überhaupt keine Beziehungen zwischen der inneren Organisation von Texten und dem wirtschaftlichen, sozialen und politischen Organisationssystem einer Gruppe gebe. Aber es handelt sich dabei weniger um gerichtete Kausalitätsbeziehungen als um Verhältnisse von Homologie, d. h. strukturelle Korrelation. Je mehr man nach Homologien zwischen verschiedenen Strukturen und Systemen sucht, desto mehr verstärkt sich der erwähnte Antipsychologismus und -historismus. Man tendiert dazu, die umfassende Kombinatorik aufzusuchen, die allen Bereichen der Erscheinung zugrunde liegt, ohne Teil eines dieser Bereiche zu sein. Der trans-subjektive Charakter des Systems steigert sich so noch. Denn wenn die Prinzipien der Kombinatorik schon keinem einzelnen Gebiet der Organisation angehören, so gehen sie erst recht dem Bewußtsein und der reflexen Bewußtwerdung voraus, die sich in dem einen oder anderen Bereich entfalten könnten.

Inwiefern betreffen diese linguistischen und semiologischen Modelle die Exegese? Ihr Einfluß ist zur Zeit noch indirekt. Er vollzieht sich durch die Vermittlung der Mythenforschung eines Lévi-Strauss und der Theorie der Erzählung, wie sie die französischen Nachfolger der russischen Formalisten entwickelt haben.

Die Methode, mit der Lévi-Strauss in seiner *Analyse der Mythen* arbeitet, beruht auf der Hypothese, die Ausdrucksformen, die einer höheren Ordnung als der des Satzes angehören, seien ähnlich organisiert wie die Formen, die einer niedereren Ordnung als der Satz angehören (Phoneme, Moneme, Lexeme). In analoger Weise könne man die für den Mythos konstitutiven Einheiten, die denselben Kombinationsregeln gehorchen wie die von der Linguistik untersuchten, für die Sprache konstitutiven Einheiten, »Mytheme« nennen. Gibt man diese grundlegende Hypothese einmal zu, »so ergeben sich zwei wichtige Folgerungen: erstens: Der Mythos besteht wie jedes Sprachgebilde aus konstitutiven Einheiten; zweitens: Diese Teileinheiten setzen das Vorhandensein solcher Einheiten voraus, die normalerweise in der Struktur der Sprache vorhanden sind, wie Phoneme, Morpheme und Semanteme. Aber sie verhalten sich zu diesen wie die letzteren zu den Morphemen und diese zu den Phonemen. Jede Form unterscheidet sich von der vorherigen durch einen höheren Grad an Komplexität. Aus diesem Grunde nennen wir die Elemente, aus denen der Mythos letztlich besteht (und die die komplexesten von allen sind), große konstitutive Einheiten.«[1] Gewiß übersieht Lévi-Strauss nicht, daß sich der Mythos auf der Basis einer anderen Art von Einheit bildet, auf der Basis der für die Rede konstitutiven Einheit, die der Satz ist. (Wir werden weiter unten noch einmal auf diese zwei Arten sprachlicher Einheiten zurückkommen müssen, weil die gesamte nach-strukturalistische Sprachwissenschaft seit Chomsky von dieser Diskontinuität innerhalb der sprachlichen Sphäre selbst ausgeht.) Die Hypothese von Lévi-Strauss ist aber die, daß die Analogie zwischen dem, was er die großen konstitutiven Einheiten des Mythos nennt, und den unterhalb des Satz-Niveaus gelegenen konstitutiven Einheiten des Sprachsystems hinreiche. »Wie wird man vorgehen, um diese konstitutiven Einheiten oder Mytheme zu erkennen und herauszulösen? Wir wissen, daß sie weder mit den Phonemen noch mit den Morphemen oder den Semantemen

---

[1] *Claude Lévi-Strauss,* Strukturale Anthropologie, Frankfurt/Main 1967 (Taschenbuchausgabe [mit der Buchausgabe seitengleich] 1971), 231.

vergleichbar sind, sondern auf einem höheren Niveau liegen; sonst wäre der Mythos von jeder beliebigen Form der Rede nicht zu unterscheiden. Man muß sie also auf dem Satzniveau suchen. Im vorbereitenden Stadium der Untersuchung wird man mit Annäherungswerten, Versuchen und Irrtümern arbeiten, indem man sich an die Prinzipien hält, die der Strukturanalyse aller Formen als Grundlage dienen: Sparsamkeit in der Erklärung; Einheitlichkeit der Lösung; Möglichkeit, das Ganze vom Fragment her aufzubauen und die späteren Entwicklungen aus den augenblicklichen Gegebenheiten abzuleiten.«[2] Dieser methodologischen Forderung wird man gerecht, wenn man die Mytheme nicht durch die Sätze definiert, die in der Erzählung aufeinanderfolgen, sondern durch die *Beziehungsbündel,* die innerhalb einer Erzählung verschiedenen Sätzen ein und dieselbe Funktion zuweisen. »Diese Feststellungen führen zu einer neuen Hypothese, die uns zum Kern des Problems bringt. Wir behaupten nunmehr, daß die wirklichen konstitutiven Einheiten des Mythos keine isolierten Beziehungen sind, sondern *Beziehungsbündel,* und daß jene nur in Form von Kombinationen solcher Bündel eine Bedeutungsfunktion erlangen.«[3] Man wird in diesem Fall deshalb so vorgehen, wie man vorgeht, wenn man eine musikalische Partitur liest, wo bekanntlich die vertikale Lektüre, die der Orchestrierung gilt, vor der horizontalen Lektüre kommt, die die Melodie verfolgt. Ich verweise beispielsweise auf die Analyse des Ödipus-Mythos, die Lévi-Strauss im zitierten Werk vorlegt: Lévi-Strauss verteilt die verschiednen Beziehungsbündel auf vier senkrechte Spalten, in deren erste die überbewerteten Verwandtschaftsverhältnisse zu stehen kommen, in die zweite die unter- oder abgewerteten Verwandtschaftsverhältnisse, in die dritte all das, was mit der Verneinung der Autochthonie des Menschen zu tun hat, und in die vierte schließlich alles jene, was mit der Abhängigkeit des Menschen von der Erde zu tun hat. »Dann ergibt sich, daß die vierte Spalte die gleiche Beziehung zur dritten hat wie die erste zur zweiten. Die Unmöglichkeit, Beziehungsgruppen miteinander in Beziehung zu bringen, ist überwunden (oder, genauer gesagt, ersetzt) durch die Bestätigung, daß zwei einander widersprechende Beziehungen identisch sind, soweit sie beide in sich widersprüchlich sind ... Daraus ergibt sich eine Korrelation: die Überbewertung der Blutsverwandtschaft verhält sich zu ihrer

---

[2] Ebd. 231 f.

[3] Ebd. 232.

Unterbewertung wie die Bemühung, der Autochthonie zu entgehen, zu der Unmöglichkeit, dies zu erreichen.« [4]

Am Ende der Analyse erscheint der Mythos als ein logisches Instrument zur Vermittlung zwischen Widersprüchlichem. »Es wird also dort der Anfang einer Ordnung eingeführt, wo vorher Chaos herrschte, und man gewinnt zusätzlich noch die Möglichkeit, bestimmte logische Operationen freizulegen, die zur Grundlage des mythischen Denkens gehören.« [5] Folglich ist das, was man den Sinn eines Mythos nennen kann, nicht seine Botschaft für das Leben, sondern die logische Operation, die ihm zugrundeliegt. Daraus ergibt sich, daß wir nicht mehr, wie dies noch Lévy-Bruhl und Durkheim taten, die Mentalität der Primitiven der logischen Mentalität entgegensetzen dürfen. Der Gegensatz des Mythos zur Wissenschaft ist nicht auf der Ebene der Logik zu suchen; denn auch der Mythos hat seine Logik, und die ist keine andere als die unsere auch. Der Mythos unterscheidet sich vom wissenschaftlichen Denken nur hinsichtlich der Ebene der Wirklichkeit, auf die er seine Strategie bezieht. »Vielleicht werden wir eines Tages entdecken, daß im mythischen und im wissenschaftlichen Denken dieselbe Logik am Werke ist und daß der Mensch allezeit gleich gut gedacht hat. Der Fortschritt – falls dieser Begriff dann überhaupt noch angemessen ist – hätte nicht das Bewußtsein, sondern die Welt als Aktionsraum, in der eine mit konstanten Begabungen ausgestattete Menschheit im Laufe ihrer langen Geschichte mit immer neuen Objekten ringen mußte.« [6]

Die von den französischen Nachfolgern der russischen Formalisten durchgeführte *Analyse der Erzählung* fußt auf derselben Hypothese: Alle Einheiten, die über den Satz hinausgehen, müssen nach denselben Gesetzen aufgebaut sein wie die Einheiten, die unterhalb des Satzes liegen. Das ist die große, grundlegende Hypothese, die allen Arten strukturaler Analyse gemeinsam ist: die strukturale Homologie aller sprachlichen Ebenen, *ungeachtet der besonderen Eigenart des Satzes, insofern dieser die Grundeinheit der Rede (discours) und nicht nur der Sprache (langue) ist.* Eine zweite Arbeitshypothese unterscheidet sich um eine Nuance von der Methodologie eines Lévi-Strauss: Eine er-

---

[4] Ebd. 237 f.
[5] Ebd. 246.
[6] Ebd. 254.

schöpfende Erklärung erreicht man nicht allein dadurch, daß man den Text zerlegt und die Zuordnung seiner Elemente beschreibt; man muß auch der integrativen Kraft des Ganzen Rechnung tragen. Der Sinn einer Erzählung jedoch hält sich nichtsdestoweniger im Rahmen der Zusammenstellung der Elemente; er stellt das jeder Einheit eigene Vermögen dar, in sich Untereinheiten zu integrieren. Der Sinn eines Elements ist seine Fähigkeit, mit anderen Elementen desselben Werks und mit diesem als ganzem in Beziehung zu treten. So hat ein Werk immer zwei Aspekte: der eine besteht in der Fähigkeit, die Elemente zu verteilen, der andere darin, sie einer Form, einem Sinn, einzufügen. Gleichzeitig verliert die Frage nach dem Sinn eines Werkes im ganzen ihren Sinn – es sei denn bezüglich anderer Werke. Nur innerhalb der Grenzen einer Erzählung entfaltet sich also das Spiel der Form und des Sinnes. Heute sind es besonders die integrierenden Operationen, denen sich die Aufmerksamkeit der Forscher zuwendet. Zu diesem Begriff der Integration aber gehört notwendig ein anderer, der der verschiedenen Niveaus. Man versteht eine Erzählung nicht allein dadurch, daß man der zeitlichen Ordnung folgt, in der sie sich abwickelt, sondern auch dadurch, daß man die vertikalen Achsen erkennt, längs deren sich die verschiedenen Niveaus verteilen. Die integrierende Kraft der Einheit drückt sich auf verschiedenen Niveaus aus. Roland Barthes unterscheidet drei Operationsniveaus: erstens das Niveau der Funktionen; zweitens das Niveau der Handlungen und drittens das Niveau der Narration oder der Rede.[7]

Das erste Niveau ist das der kleinsten Einheiten, die *Funktionen* genannt werden, weil sich ihr Sinn darin erschöpft, zum Sinn größerer Einheiten beizutragen. Das Wort »Funktion« erinnert an die Beziehung wechselseitiger Abhängigkeit, von der Hjelmslev in seiner formalen Theorie der Sprache spricht. Im Unterschied zu den (psychologischen) Einheiten des Erlebens oder den Einheiten des Verhaltens (im Sinn des Behaviorismus) bezeichnen diese Funktionen die Weichenstellungen einer Erzählung; änderte man hier ein Element, fiele der ganze Rest anders aus. Wie man sieht, handelt es sich hier um eine Anwendung des Prinzips der Vertauschbarkeit, das ursprünglich zur Definition der Einheiten des Sprachsystems diente, nun aber auf die Erzählung bezogen wird. Die Logik der Handlung baut sich so als eine

---

[7] *Roland Barthes*, Introduction à l'analyse structurale des récits, in: Communications, 8 (1967) 1–27.

Verkettung von »Handlungskernen« auf, die die Strukturkontinuität tragen. Dadurch wird es möglich, die Erzählung ihrer Zeithaftigkeit zu entkleiden und unter der Decke des zeitlichen Ablaufs der Erzählung die Logik der Erzählung zu entdecken. Im Grenzfall erweist sich die Erzählung als bloße Kombination einiger Handlungseinheiten (Versprechen, Verraten, Hindern, Helfen usw.), die die Paradigmen der Handlung sind. Eine Sequenz besteht aus einer Folge solcher Handlungskerne, deren jeder die von seinem Vorgänger eröffnete Alternative in dem einen oder dem anderen Sinn entscheidet. Die Punkte, die wir die Weichen der Erzählung genannt haben, markieren die kritischen Stellen, die aus jeder Handlungsfolge eine »bedrohte« logische Einheit machen. Die Nennfunktion der Sprache hat ihren Zweck eben in der Verschachtelung dieser Sequenzen (Betrug: Verrat: usw.) dadurch erweist die Sprache sich als geeignet, kleine wie große Einheiten der Handlung zu bezeichnen und die Unterordnung jener unter diese anzuzeigen. So begreifen wir z. B., daß »Begegnung« in sich die »Annäherung« einschließt, das »Angehen«, den »Gruß« usw. Eine Erzählung verstehen heißt diese Verzahnung, diese fugierte Struktur der ineinander verschachtelten Handlungsabläufe erfassen.

Dem Niveau der Funktionen folgt das der *Handlungen*. Bisher bewegte man sich auf der Ebene der Handlungen als solcher, z. B. des Versprechens oder des Begegnens. Auf der Ebene der Handlung kommt der Bezug zur »Person« hinzu. Vom Handlungsniveau zu reden ist gleichbedeutend mit der Bestimmung der Rolle der Person in einer Erzählung. Die Strukturalisten versuchen nun, die Person nicht hinsichtlich ihrer psychologischen Subsistenz, nicht hinsichtlich ihres eigenen Seins zu betrachten, sondern nur als einen Faktor der Erzählung, als ein Agens, einen Akteur oder, besser noch: als einen Handelnden (actant), der sich ausschließlich durch die Art und Weise bestimmt, in der er an der Handlung teilnimmt, und das heißt: durch seine Stellung in Bezug auf die »semantischen Achsen« der Erzählung. Die Person interessiert nur als Subjekt von ..., als Objekt von ... als derjenige, der ... oder derjenige, dem ... (etwas geschieht). Das ganze Streben der Formalisten geht daraufhin, diese Rollen soweit wie nur möglich auf einige elementare, am besten nach Gegensatzpaaren geordnete Rollen zurückzuführen, wie z. B. Geber/Empfänger oder »Einer, der etwas verspricht/einer, dem man etwas verspricht«. Das ergäbe eine parallel zur Hierarchie der Handlungen verlaufende Hierarchie der

Handelnden; und ebenso wie es verschiedene Niveaus von Sequenzen gibt, gäbe es dann verschiedene Niveaus von Personen.
Das Niveau der *Narration* schließlich ist die Ebene der Erzählung selbst, insofern diese als ein Ganzes, in der erzählerischen Mitteilung Geeintes, betrachtet wird. Die Erzählung ist eine Rede, die ein Erzähler an einen Zuhörer oder Leser richtet. Für den Strukturalisten dürfen diese beiden Gesprächspartner allerdings nirgendwo anders als im Text gesucht werden. Der Erzähler ist nicht anders als in den Charakteristika der Erzählung präsent, die diese erst als solche konstituieren.
Was über diese drei Niveaus hinausgeht, fällt nicht mehr in den Bereich der semiologischen Wissenschaft. Es ist die Welt der Hörer und Leser einer Erzählung. Deren hörende oder lesende Tätigkeit kann ihrerseits jedoch wieder Gegenstand anderer semiologischer Disziplinen werden, die sich den sozialen, wirtschaftlichen, ideologischen usw. Systemen widmen.

Stellen wir uns nun die Frage einer möglichen Einführung der strukturalen Methode in die Bibelwissenschaften! Schon jetzt kann man sagen, daß die systematische Übung der strukturalistischen Technik in außerbiblischen Bereichen mittelbar auch das besser begreifen läßt, was die Exegese schon bisher getan hat, wenn auch nicht systematisch, sondern unreflektiert und gewissermaßen nur handwerklich.
Man könnte z. B. im ersten Band der »Theologie des Alten Testaments« von Gerhard von Rad[8] eine implizite Strukturanalyse erzählender Texte nachweisen, und dies trotz der – gleich noch zu unterstreichenden – Tatsache, daß *dieser* Gebrauch der strukturalen Analyse sich auf eine Interpretation hin öffnet, während der Semiologe seine Analyse in die Schranken des erzählenden Textes selbst einschließt.
Bekanntlich bahnt sich für von Rad das kerygmatische Element (das Glaubensbekenntnis Israels) seinen Weg durch eine Sammlung von Erzählungen, von Sagen verschiedenster Herkunft hindurch. Die Organisation der biblischen Erzählung kann also mit Hilfe einer Methode strukturalistischen Typs gerechtfertigt werden. Es ist möglich, von Rad im Lichte von Barthes' Unterscheidung der drei Niveaus neu zu lesen: des Niveaus der Funktion, des Niveaus der Handlung und des Niveaus der Narration.

---

[8] *Gerhard von Rad*, Theologie des Alten Testaments, Bd. I, München [4]1962.

Zuerst auf der Ebene der Funktionen! Die Methode von Rads enthält drei Züge deutlich strukturalen Charakters. Der erste bezieht sich auf die Abgrenzung der Sequenzen; von Rad praktiziert hier spontan die strukturale Methode der Segmentierung und der Verschachtelung der Einheiten. So kann etwa die große Sequenz, die den ganzen Hexateuch gliedernd umfaßt und die sich um das Glaubensbekenntnis von Dt 26 (»Mein Vater war ein umherziehender Aramäer...«) herum aufbaut, als die Gesamtheit kleinerer Gesamtheiten angesehen werden.
Der zweite Zug ist der folgende: von Rad kennt sehr gut das für eine Erzählung charakteristische Gesetz der narrativen Ausdehnung, nämlich, daß eine Erzählung gekürzt oder gestreckt werden kann, während dies bei der Poesie, deren »Quantität« ihrem Inhalt innerlich ist, ausgeschlossen ist. Dieses Gesetz begründet die Möglichkeit, Erzählungen verschiedener Länge, jedoch identischer Architektur, homologisch zur Deckung zu bringen. Dieselbe Handlung – etwa der Auszug aus Ägypten – kann sowohl in einem einzigen Satz wie auch in einer sehr ausgedehnten Erzählungskette dargestellt werden. Was das Gesetz der narrativen Ausdehnung aber vor allem gestattet, das sind Ausweitungen und Einschübe. Die Struktur einer Erzählung kann so sehr ausgeweitet werden, daß sie eine praktisch unbeschränkte Anzahl von Elemeten verschiedensten, ja selbst nicht-narrativen Ursprungs in sich aufnehmen kann. So sind z. B. die »Offenbarung des Jahwe-Namens« (Ex 3) und die Masse der Gesetzestexte (Ex 19 – Num 10,10: das sog. »Sinai-Massiv«) in die Bewegung der Erzählung hineingenommen und so »vergeschichtlicht« worden.
Ein dritter Zug: Dem Gesetz der narrativen Ausdehnung gesellt sich das Gesetz der Ausweitung durch Wiederholung bei. So begann das alte Credo zwar nur mit einem aramäischen Ahnen; doch kann die narrative Form die ganze Patriarchengeschichte an sich ziehen, ja schließlich selbst auf Erzählungen mythischen Ursprungs und Charakters übergreifen, die Bereichen entstammen, die an sich der geschichtlichen Erzählung fremd sind. So wurden die mythischen Erzählungen über die Schöpfung der Welt und des Menschen in das Schwerfeld der Geschichte Israels einbezogen. Die Schöpfung selbst wird zum Prolog, zum vergeschichtlichen Vorwort jener anderen Geschichte, die mit der Erwählung Abrahams ihren Anfang nimmt.
Dieselbe Vergleichung, die wir gerade auf der Ebene der *Funktionen* (oder der Sequenzen einer Erzählung) versucht haben, läßt sich auch

auf der Ebene der *Handlungen* und der *handelnden Personen* durchführen. Die Idee einer Hierarchie von handelnden Personen, die parallel zur Hierarchie der Handlungen verläuft, erweist sich im Rahmen der alttestamentlichen Exegese von außerordentlicher Fruchtbarkeit. Der Status Israels als des umfassenden und einzigen Akteurs in diesem großen Drama entspricht sehr gut dem, was die Formalisten von der Verschachtelung der handelnden Personen zu sagen wissen. Nach von Rad ist es ganz Israel, das Ägypten verläßt und das Land in Besitz nimmt; denn mehr und mehr werden alle Akteure zweiten Ranges von diesem einen großen Handelnden, von Israel als dem einzigen Helden des Dramas, aufgesogen und absorbiert. Um diese Zentralgestalt herum verteilen sich die anderen, untergeordneten Handelnden wie Mose, Josue, die Richter usw. sowie Jener, dessen Handlung der ganzen Geschichte Israels bestimmend übergeordnet ist: Jahwe. So könnte man vom Gesichtspunkt der Funktionen, Handlungen und handelnden Personen das Problem des Bundes neu aufrollen. G. von Rad hat denn auch damit begonnen, die Verschiedenheit wie die Verkettung der einzelnen Bundesschlüsse von einem Gesichtspunkt aus zu betrachten, der erkennen läßt, wie die Traditionsmassen unter der Herrschaft einer großen Struktur, der Struktur »Verheißung/Erfüllung«, ihre Gliederung erfahren haben.

Auf dem Niveau der *Narration* im engeren Sinne schlagen die kerygmatische Exegese von Rads und die strukturale Analyse verschiedene Wege ein. Dennoch gehen sie selbst auf dieser Ebene zuerst noch ein kleines Stück Wegs gemeinsam. Man muß, sagen uns die Strukturalisten, die Spuren des Erzählers in der Erzählung selbst suchen. Eine »Theologie des Alten Testaments« schreiben heißt nun aber genau dies: Im Corpus der Texte selbst ist die Handschrift des Jahwisten, des Elohisten oder des Verfassers (der Verfasser) der Priesterschrift nachzuweisen. Und das Kerygma muß selbst aus der Art und Weise der Redaktion herausgelesen werden, aus der Tatsache der Vereinigung verschiedener Erzählungen, aus der Konstitution »Israels« als der Hauptperson und des Mose als des untergordneten Handlungsträgers. Die theologische Aussage ist der Form des Textes nicht äußerlich. Es gibt keinen anderen Anhaltspunkt, um die Aussageabsicht des Textes zu erfassen, als den Aufbau der Erzählung selbst. Damit stellt sich das Zentralproblem des Alten Testaments immer schärfer: Was ist das für ein Glaubensbekenntnis, das sich in Form einer Erzählung darstellt?

Und was ist das für eine Erzählung, die zugleich ein Glaubensbekenntnis ist? Das ist das Rätsel eines Dokuments, dessen Adressat zugleich die Hauptperson des im Dokument erzählten Geschehens ist, Israel. »*Mein* Vater war ein Aramäer...«: Wer das aussagt, erzählt seine eigene Geschichte.

Von diesem Knotenpunkt aus können wir nun die Frage nach dem Zusammenhang der exegetischen Methoden wieder aufgreifen.

3. Die Hermeneutik und der Begriff der Interpretation

Ich will meinem Vorsatz treu bleiben und keine großen Überleitungen präsentieren und so diesen dritten methodologischen Pol direkt aufgreifen, ohne mich um den mangelnden Zusammenhang mit dem eben behandelten Stoff zu kümmern.

Die Hermeneutik oder Theorie der Interpretation ist nicht ausschließlich an die Exegese gebunden. Sie erhebt den Anspruch, das theoretisch zu klären, was im Zusammenhang der Erklärung von Texten überhaupt »Verstehen« heißt. Wenn also die Hermeneutik auch der reflexe oder der reflexive Teil der Exegese genannt werden kann, so überschreitet sie doch an sich weit den Gegenstandsbereich der Exegese, selbst der systematischen Exegese. Diese ist nur einer ihrer Bereiche, neben der klassischen Philologie, der Ästhetik, der Geschichte und der Rechtswissenschaft. Die Hermeneutik ist also eine allgemeine Theorie des Sinnes, verbunden mit einer allgemeinen Theorie des Textes. Nur weil und insofern es Texte gibt, gibt es ein hermeneutisches Problem; denn das Gespräch, das sich im Medium des lebendigen Wortes vollzieht, wird von den Problemen, die die schriftliche Fixierung einer Rede mit sich bringt, nur wenig berührt.

Aber diese besonderen, aus dem Unterschied zwischen dem gesprochenen und dem geschriebenen Wort entspringenden Probleme können nur dann sauber gestellt werden, wenn zunächst sowohl das eine wie das andere Wort als zwei verschiedene Weisen der Verwirklichung der Rede erkannt worden sind. Alles entscheidet sich also am Begriff der Rede (discours). Hier ist die Stelle, wo sich die Hermeneutik grundlegend von der strukturalen Analyse unterscheidet, und dies selbst dann, wenn man (wie wir später sehen werden) die strukturale Analyse als eine Phase im Gesamtvorgang der Interpretation ansehen muß. Die alles weitere bestimmende Hypothese der strukturalen Analyse besteht ja in der Annahme einer Analogie zwischen allen Ebenen der Sprache. Unter dieser Voraussetzung beginnt jede strukturale Analyse des Mythos oder der Erzählung. Am Anfang steht immer die Annahme, daß die großen Einheiten, die länger sind als ein Satz, strukturell ähnlich aufgebaut sein können wie die kleineren Einheiten, die unterhalb des Satz-Niveaus liegen. Die Hermeneutik hingegen geht von der Tatsache aus, daß der Satz eine Einheit ist, die aus ihrem Wesen heraus auf jede beliebige Einheit des Sprachsystems unrückführbar ist. Wie Emile Benveniste treffend bemerkt hat, ist der Satz – oder das, was die Rede als solche ausmacht (l'instance du discours) – etwas der Art nach Irreduzibles. Denn erstens ist die Sprache (langue) ein System ohne reale Existenz, die Rede aber ein wirkliches Geschehen. Zweitens: Während das Zeichensystem der Sprache subjektlos ist, d. h. die Frage,» *Wer* spricht?« im Hinblick auf sie keinen Sinn hat, ist die Rede die Ins-Werk-Setzung des menschlichen Sprachvermögens (langage) durch einen Sprecher. Drittens: Während die Sprache ausschließlich durch die inneren Bedingungsverhältnisse zwischen allen zu ihr gehörigen Elementen konstituiert wird und folglich keinerlei Beziehung zu irgend etwas außerhalb ihrer selbst hat, bezieht sich die aktuelle Rede auf einen vorhandenen Gegenstand, über den etwas gesagt wird. In der Sprache gibt es nichts als Unterschiede; in der Rede aber gibt es darüber hinaus einen Bezug auf die Sache. Viertens: Die Rede ist an jemanden, einen Adressaten, gerichtet, während die Sprache ein nur mögliches Mittel der Verständigung bleibt.

Diese auf nichts reduzierbare Eigenart der Rede, die sich aus neuen Einheiten, den Sätzen, aufbaut, ist die Basis der Hermeneutik.

Denn die Spezifizität des geschriebenen, text-gewordenen Wortes im Vergleich mit dem gesprochenen Wort kann nicht anders deutlich werden als auf dem Grund, der beiden gemeinsam ist, der Rede. Beide realisieren ja auf ihre jeweilige Weise die eben aufgezählten spezifischen Funktionen der Rede.

1. Während das gesprochene Wort die Rede in der Weise eines flüchtigen Geschehens verwirklicht, geht die Schrift aus dem Willen hervor, den Sinn irgendwo bleibend festzuhalten. Diese Fixierung des Sinnes durch die Schrift ist dadurch ermöglicht, daß der Sinn der Rede selbst schon intentional und so anderen Wesens als das Redegeschehen selbst ist. Die Möglichkeit der Schrift beruht auf der Unabhängigkeit des Sinnes gegenüber dem Akt, der ihn intendiert.

2. Durch die Schrift löst sich der Sinn einer Rede von dem, der sie spricht. Denn während im gesprochenen Wort die Bedeutung einer Rede und das, was der Sprecher sagen will (seine Aussageabsicht), zusammenfallen, treten im geschriebenen Wort die Wortbedeutung und die Aussageabsicht des Sprechers auseinander. Der Text, aus dem Bereich der Intention seines Urhebers entlassen, beginnt ein Eigenleben. Nicht so, als ob man sich jemals einen Text denken könnte, der nicht von jemandem geschrieben worden wäre; doch so, daß dieser jemand jetzt nur noch durch die Unterschrift unter seinen Text zugänglich ist. So ist das Verhältnis des Sprechers zu seiner Rede verschieden, je nachdem, ob es sich um das lebendige Wort eines Gesprächs oder um etwas Geschriebenes handelt.

3. Ebenso verhält es sich mit dem Objektbezug. Im Gespräch kann der Objektbezug durch ein Zeigen auf ... realisiert werden; dort ist es jederzeit möglich, auf den Gegenstand der Rede mit dem Finger hinzuweisen; die einander gegenwärtigen Gesprächspartner können sich den Gegenstand ihrer Unterhaltung zeigen. In der geschriebenen Rede ist demgegenüber der Objektbezug tiefgreifend verändert. Ebenso wie sich die Aussageintention des Textes von der seines Urhebers löste, löst sich nun der Objektbezug von der Möglichkeit hinweisender Bezeichnung – ohne dadurch ganz aufgelöst zu werden. Ich distanziere mich hier von einer ideologischen Absolutsetzung des Textes, für die der Text kein Worüber mehr hat. Freilich kann das, worüber ein Text spricht, nicht mehr hergezeigt, wohl aber kann es bezeichnet werden. Wenn die Taue, die einen Text an eine bestimmte Redesituation banden, einmal gekappt sind, trägt der Text die Objekte, auf die er verweist, im Modus des Verweises in sich selber. Das ist der Grund, warum sich der Sinn eines Textes auch auf andere Welten öffnen kann als auf die, deren Gegenstände mit dem Finger bezeichnet werden können, nämlich auf all die »Welten«, in die unser Geist eindringen kann. So sprechen wir etwa von der »Welt« der Griechen oder von der byzantinischen »Welt«. Ein Text handelt immer von der Welt. Aber die Welten, von denen die Texte reden, sind nicht mehr bloße Umwelt, sondern mögliche Weisen des In-der-Welt-Seins, die nur verstanden werden können, wenn wir uns mitfühlend in sie hineinversetzen.

4. Schließlich wandelt sich durch die Schriftwerdung auch das Verhältnis zum Adressaten tiefgreifend. Während der andere eines Gesprächs ein Du ist – so wie dort der Objektbezug durch das Dieses-da

geprägt ist –, ist der Adressat des Geschriebenen jedermann, der nur des Lesens mächtig ist. Zugleich löst sich der kleine, geschlossene Raum des Gesprächs auf. An die Stelle des engen, unmittelbaren, intimen Verhältnisses von Sprechen und Hören tritt die endlos geweitete Beziehung des Geschriebenen zu seiner möglichen Lektüre. Man sollte also nicht sagen, ein Text habe keine Adressaten; seine Adressaten sind all die Leser, die er sich erwirbt.

Ausgehend von einer allgemeinen Theorie der Rede haben wir gezeigt, daß – im Unterschied zum gesprochenen Wort – zum geschriebenen Wort dessen Interpretation dazugehört. Im nächsten Abschnitt gilt es nun, im Funktionsprozeß des Lese-Aktes selbst die erkenntnistheoretische Natur der Interpretation zu erfassen.

Jede Interpretation beginnt mit einer Art »Wette«, mit einem freien Entwurf seines Sinnes. Dies nicht deshalb, weil die innere Absicht eines anderen immer verborgen ist; denn um diese geht es ja gar nicht. Vielmehr geht es um den Sinn des Textes, gerade insofern dieser unterschieden ist von der Absicht, die sein Urheber bei seiner Abfassung hatte. Genau deswegen, weil der Sinn eines Textes etwas anderes ist als diese Absicht, bereitet er Schwierigkeiten. – Ein Text kann auf verschiedene Weise interpretiert werden. Diese Tatsache ist nicht eine einfache Konsequenz aus der Mehrdeutigkeit der Alltagssprache. Denn die Mehrdeutigkeit der Wörter ist *eine* Sache, die Möglichkeit, einen Text auf mehrfache Weise zu komponieren, ist eine andere. Ein Text ist ja nicht bloß eine einfache Folge von Sätzen, ebensowenig wie sich der Sinn eines Textes aus der Addition seiner jeweiligen Teil-Sinne ergibt. Vielmehr ist ein Text ein Ganzes, das sich auf jeweils besondere Weise auf seine Teile bezieht. Es gilt, die Rangordnung seiner Thematik aufzufassen, Wesentliches vom Unwesentlichen zu unterscheiden. Jeder Text hat sein Relief; es ist immer ein Wagnis, zu beurteilen, was darin wichtig und was unwichtig ist: Man wagt eine besondere Form der Einseitigkeit; eine perspektivische Sicht auf den Sinn des Textes. Auch die sinnliche Wahrnehmung ist zwar perspektivisch. Die hier gemeinte Perspektivität ist jedoch der Intention des Textes eigentümlich. Sie beruht darauf, daß es immer möglich ist, einen bestimmten Satz auf verschiedene Arten mit dem Mittelpunkt des Textes in Beziehung zu setzen – genauer gesagt mit einem Mittelpunkt, der selbst nur vermutungsweise lokalisiert werden kann. Kurz, ein stummes Zeichensystem kann auf verschiedene Weisen aufgefaßt werden.

Wie man sieht, ist das Problem der Enthüllung eines verborgenen Sinnes, das am Ursprung der hermeneutischen Frage bei den Griechen und im frühen Christentum stand, nur ein Spezialproblem, genau wie das Problem der Mehrdeutigkeit. Denn selbst dann, wenn der Sinn eines Textes weder verborgen noch mehrdeutig ist, so bleibt doch in jedem Falle wahr, daß der Sinn eines Textes immer das Produkt einer endlichen, partiellen oder gar parteiischen Interpretation ist – daß er mit Hilfe eines besonderen »Schlüssels« erschlossen wird, der nichts anderes als der Gesichtspunkt oder die Perspektive ist, unter denen man den Text liest. So lehrt schon Aristoteles, daß jedes Sprechen die Wirklichkeit interpretiert und gleichsam »übersetzt«. Sein Werk Περὶ ἑρμηνείας handelt nicht von der Entzifferung von Texten. »Interpretation« ist für ihn nicht nur eine sekundäre Funktion der Sprache; die Sprache ist vielmehr an ihr selber interpretierend, insofern sie nämlich etwas über etwas sagt. In modernerer Begrifflichkeit hat Charles Sanders Peirce diese Ausweitung des Wortgebrauchs von »Hermeneutik« systematisch gerechtfertigt. Für ihn ist der Bezug eines Zeichens auf einen Gegenstand immer durch ein anderes Zeichen vermittelt, welches das erste interpretiert. Die Kette der interpretierenden Zeichen im Dreieckverhältnis von Objekt, objektbezogenem Zeichen und interpretierendem Zeichen ist virtuell unendlich; von daher ergibt sich ein endloses Verhältnis von Interpretationen eines beliebigen Zeichen-Objekt-Bezugs in einer offenen Folge von Zeichen. Deutlicher kann man die wesenhafte Offenheit einer Interpretation, die die Kehrseite ihrer Perspektivität (und in diesem Sinn ihrer Endlichkeit) ist, kaum hervorheben.

Die Perspektivität jeder Interpretation schließt methodische Strenge keineswegs aus; sie bestimmt allererst deren Ort mit Schärfe. Gerade weil der Sinn eines Textes zunächst auf gut Glück und vermutungsweise angesetzt werden muß, hat man Methoden nötig, um die Stichhaltigkeit des ersten Sinnentwurfes zu überprüfen, im Rahmen einer Wahrscheinlichkeitslogik, die der Logik der empirischen Verifikation verglichen werden kann. Im Zuge dieser notwendigen Überprüfung kreuzt die Hermeneutik den Weg der historisch-kritischen und der strukturalen Textbehandlung und gliedert sich diese vielleicht als eine methodologische Phase ein.

4. Verweise und Übergänge

Ich stelle diese letzten Seiten unter das Zeichen einer Konvergenz ohne Eklektizismus. Weil ich mir die praktische Ausübung dieser Kunst der Verweise und Übergänge für die Auslegung eines bestimmten Textes (Gen 1,1–2,4 a) aufheben will, werde ich jetzt nicht sehr weit gehen. Ich beschränke mich darauf, im groben die Richtung abzustecken, in die es gehen soll, indem ich zeige, wie jede Methode aus ihrem eigenen Prinzip und Entfaltungsgesetz heraus sich auf eine andere bezieht und auf sie verweist. Kommen wir noch einmal auf die strukturale Analyse des Mythos und der Erzählung zurück! Die von dieser Methode vorausgesetzte Art und Weise der Objektivierung und Distanzierung ist dem Hermeneutiker vollkommen durchsichtig: In dem Maße, in dem ein Text aus seiner ursprünglichen Beziehung zu seinem Urheber, seiner Situation und seinem Adressaten heraustritt, kann er als ein in sich stehender Gegenstand behandelt werden. Die Hermeneutik wäre in diesem Fall die schlichte Erinnerung an den Abstraktionsprozeß, aus dem jener beziehungslose Gegenstand hervorgegangen ist: Nur weil wir zunächst in einem Bezug der Zu-gehörigkeit zum Sinn eines Textes stehen, können wir dann, in einem zweiten Akt, uns diesen gegenüberstellen und als ein geschlossenes Zeichensystem betrachten. Dieser Abstraktionscharakter des Objektivierungs- und Distanzierungsvorgangs läßt sich im Inneren der strukturalen Methode selbst nachweisen. Man wird ja niemals übersehen dürfen, daß ein Mythos oder eine Erzählung Weisen der Rede sind, d. h. etwas anderes sind als ein Zeichensystem, das auf eine ähnliche Art organisiert ist wie die Zeichen, die kleiner als ein Satz sind. Mythos und Erzählung gehören als Modi der Rede zur Ordnung des Satzes, d. h. eines Redegeschehens, das Träger von Sinn ist, sich auf Gegenstände bezieht und an jemanden gerichtet ist. Auch eine Methode, die einen Text in Mytheme oder Handlungssegmente zerlegt, kommt in keinem ihrer Schritte ohne ein lebendiges Verständnis der Sätze aus. Vielleicht wird einer behaupten, die strukturale Erklärung neutralisiere die Eigenbedeutung der Sätze, die den »Beziehungsbündeln« einverleibt sind, so daß nur noch ihre Position im Mythos zähle. Dennoch müssen die beiden Beziehungsbündel, die die Strukturanalyse miteinander in Beziehung setzt, immer noch in Satzform geschrieben sein. Von über- oder unterbewerteter Blutsverwandtschaft, von verweigerter oder unausweichlicher Autochthonie zu reden, heißt immer noch, *etwas über etwas* zu sagen. Schärfer formuliert: Es heißt, einen Satz zu sagen, der Teil einer Rede über den Menschen sein kann. Wäre dem nicht so, wie könnte man dann noch von Widersprüchen reden, die der Mythos vermittelte? Wozwischen bestünde denn dann der Widerspruch? Lévi-Strauss schreibt: »Der Grund für diese Auswahl wird deutlich, wenn man erkennt, daß das mythische Denken daraus entsteht, daß gewisse Gegensätze ins Bewußtsein treten und daß es auf deren fortschreitende Vermittlung hinarbeitet.« [9] Und an anderer Stelle schreibt er: »Der Mythos ist eine Art logischen Instruments mit dem Ziel einer Vermittlung zwischen Leben und Tod.« [10] Die vom Mythos zu überwindenden Gegensätze sind also von existentieller Bedeutsamkeit. Schließlich verlöre das Sprachspiel des Mythos ja auch jeden Sinn, wenn die Gegensätze, in deren Spannung es sich bewegt und die es nach Lévi-Strauss aufzulösen sucht, nicht Widersprüche im Bereich von Leben und Tod, von Blindheit und Hellsichtigkeit, von Geschlechtlichkeit und Wahrheit wären. Zugleich wird die Funktion der strukturalen Analyse im Zusammenhang der Hermeneutik deutlich: Die Strukturanalyse verlagert den Ort des Textverständnisses von dem, was man die Oberflächensemantik des Mythos nennen könnte (wo dieser als Anekdote erscheint), auf die Tiefensemantik hin (wo sich der Mythos als Aussage über die Grenzsituationen des menschlichen Lebens erweist: über Anfang und Ende, über Vermögen und Unvermögen, über Leid und Schuld). Weit entfernt also davon, den Bezug der Rede auf eine mögliche Welt zu eliminieren, verwurzelt die Strukturanalyse im Gegenteil die Semantik der Rede in dem Boden, aus dem der Mythos sozusagen Saft und Kraft seiner Bedeutsamkeit zieht. Eine Oberflächen- durch eine Tiefensemantik ersetzt zu haben – darin besteht in den Augen des Hermeneutikers die Leistung, die die strukturale Analyse rechtfertigt.

Nicht weniger entscheidend ist allerdings die Rückwirkung der strukturalen Analyse auf die Hermeneutik. Bei Schleiermacher und Dilthey bleibt die Hermeneutik noch den Schwierigkeiten des Psychologismus, Soziologismus und Historismus verhaftet. Durch den Ehrgeiz, »einen Autor besser zu verstehen, als er sich selbst verstand«, verirrt sie sich im Gestrüpp der Aporien der Intersubjektivität. Demgegenüber kann eine Hermeneutik, die durch die harte Schulung der Objektivierung,

[9] Strukturale Anthropologie, 248.
[10] Ebd. 243.

der Distanznahme und der strukturalen Analyse gegangen ist, nicht mehr übersehen, daß der einzige ihr zugängliche Ort des Verstehens nicht der des Sprechers oder seines Gesprächspartners ist, sondern der des Textes und seines Lesers. Wenn es auch wahr bleibt, daß sich jede Interpretation in einer Aneignung vollenden muß, so ist diese Aneignung doch nur möglich als der Gegenzug zum distanzierenden Rückzug, der ihr vorausgeht; sie ist alles andere als ein Sprung in die Erlebniswelt eines anderen. Diese Aneignung eignet sich den *Sinn* des Textes an, d. h. die durch den Text eröffnete Richtung des Gedankens. Ihr Gegenüber ist folglich nicht der Schriftsteller, ja nicht einmal der Text, sondern *die Sache,* auf die der Text kraft seiner Intentionalität verweist. Was wir uns aneignen wollen, ist die Welt, jenes neue In-der-Welt-Sein, das der Text eröffnet und entfaltet als eine Wirklichkeit, die weder er ist noch die wir sind. Zugleich ist der Akt der Aneignung selbst eine Enteignung des narzißtischen Ich. (Jene Nebenbedeutung des »Besitzens«, die dem französischen Wort *appropriation* eignet, ist hier fernzuhalten; im Unterschied dazu bedeutet das deutsche Wort *Aneignung* nur, daß etwas, das bisher ein anderes, Fremdes war, mir nun vertraut wird.) So gesehen, ist die Aneignung ein neues Selbstverständnis, das aus einem Verständnis des Textes erwächst, den die strukturale Analyse von der Ebene seiner Oberflächensemantik auf die Ebene seiner Tiefensemantik verlegt hat. Aneignung des Sinnes, das heißt jetzt: sich selbst aus jenem In-der-Welt-Sein verstehen, das die Tiefensemantik eröffnet. Damit ist der Psychologismus radikal aus der Interpretation ausgetrieben. Entsprechend wäre das »Selbst« im Ausdruck »Selbstverständnis« zu unterstreichen und gegen das »Ich« abzuheben. Denn das Selbst jenes Verstehens ist das, was kraft der Intentionalität des Textes, den ich verstehe, allerst geschenkt wird, im Austausch gegen das habgierige Ich, das es ablehnte, sich seinen Lebensvollzug durch all die Welten vermitteln zu lassen, die mir – sich selbst auf diese öffnend – die Texte eröffnen, die ich liebe.

Paul Beauchamp: Arbeitspapier zu Gen 1

Die *Sache,* deren Erhellung die Beschäftigung mit diesem Text dienen soll, heißt »Die Hermeneutik und die Methoden«.
Die *Optik* ist die: Wie bahnt man sich einen Weg zum Sinn eines Textes? Mehrere Klippen sind dabei zu vermeiden. Die erste Klippe besteht darin, daß man sich mit dem zufriedengibt, was sich unmittelbar und auf den ersten Blick als Sinn darbietet; an dieser Klippe wird kaum ein Exeget scheitern. Eine andere, schon etwas gefährlichere Klippe ragt dann auf, wenn man sich darauf beschränkt, eine einzige Methode anzuwenden, und dann das so erzielte Ergebnis mit dem Sinn des Textes verwechselt; man tut dem Leser gegenüber so, *als ob* man ihm schon all das gegeben habe, was er sucht, wenn man ihm das Resultat einer Analyse vorsetzt, die mit Hilfe einer einzigen Methode erarbeitet worden ist. Dazu gesellen sich oft noch andere Fehler, etwa die Meinung, eine bestimmte Methode müsse die anderen ausschließen – oder die Zurückweisung bestimmter Forschungsergebnisse, wobei man im Grunde (aber ohne es zu sagen) die Methode ablehnt – oder das Schweigen über die Methode, der man selbst folgt.
Unter »Methode« verstehe ich hier eine der möglichen Techniken der Exegese, wie z. B. die weiter unten aufgeführten oder auch andere. Die Klassifizierung dieser Methoden, d. h. ihre Zuordnung zu verschiedenen Ebenen, ist der erste Schritt in die Hermeneutik. Diese selbst könnte man als die Grammatik der Methoden oder als die Methode zur Interpretation der Methoden definieren. Um aber die Methoden in einer bestimmten Richtung oder Sicht ordnen zu können, muß die Hermeneutik schon durch eine gewisse Kenntnis dessen, was »Sinn« ist, geleitet sein. Mit anderen Worten: Sie darf sich der Frage »Was bedeutet ›bedeuten‹?« nicht verschließen.
Freilich: soll die Kette der Methoden gefunden werden, so darf man sich nicht mit vorschnellen Antworten zufriedengeben und trägen Geistes annehmen, jede beliebige Methode beziehe sich auf Sinn. Vor allem darf man sich von der vorliegenden Untersuchung keine Antwort erhoffen, die in jeder Hinsicht umfassend wäre. Das nüchterne Maß, das uns die exegetische Wissenschaft gelehrt hat, sollten wir auch bei theoretischen Überlegungen nicht aufgeben. Wir möchten nur jene Fähigkeiten unseres Geistes etwas üben, die notwendig sind, wenn man eine Methodologie der Exegese aufstellen will. Denn darin liegt ja

vielleicht die wichtigste Aufgabe, der wir uns im Rahmen unseres Kongresses unterziehen müssen.

Es geht schließlich nicht darum, etwas Neues über den Text zu erfahren, sondern darum, ein Beispiel angewandter Methodologie vorzuführen.

Wir *gehen* so *vor*, daß wir – in notgedrungener Eile – mehrere Methoden durchmustern und dabei prüfen, ob sie sich gegenseitig abstoßen oder zusammenfügen und ob sie alle, einzeln oder zusammen genommen, notwendig und hinreichend zur Erhebung des Sinnes eines Textes sind. Die Natur der Sache bringt es mit sich, daß dabei das Wichtigste nicht vom Vortrag (und noch weniger von diesem Arbeitspapier), sondern von den Diskussionen zu erwarten ist.

1. Die Methode der statischen Komposition

(Vorbemerkung: Im Sinne einer fruchtbaren Übereinstimmung in der praktischen Anwendung ist es immer sinnvoll, der vorgeschlagenen Terminologie gegenüber Kritik zu üben.)

Definition

Die Untersuchung der relativen Lage der Einheiten (valeurs) des Textes (in seinem gegenwärtigen Zustand), vor allem unter dem Gesichtspunkt ihrer ästhetischen Beziehungen (Quantitäten, Verteilung, Proportionen); die »Einheiten« sind dabei literarischer Natur: Wörter, Wortklassen, Formeln.

Einzelne Punkte

a) Formeln und Wörter: Diejenigen, die regelmäßig im Text wiederkehren, zusammenstellen. Das Prinzip ihrer Verteilung daraufhin untersuchen, ob es Harmonieverhältnissen folgt. (Zur Zeit nennt man diese Methode in exegetischen Fachkreisen vorwiegend die »Methode der literarischen Struktur«.)

b) Wort- oder Begriffsklassen: Man findet in Gen 1 natürliche Kategorien wie: Himmel/Erde oder Behälter/Inhalt oder die großen Kategorien der geschaffenen Wesen. Nachprüfen, ob diese Kategorien den Aufbau von Gen 1 bestimmen.

c) Welche Teile des Textes fügen sich eher einem geometrisch-ästhetischen (»literarischen«) Kompositionsprinzip, welche eher den elementaren Prinzipien der Nomenklatur (nach »Tagen«, nach »Werken«)? Unter diesem Gesichtspunkt besonders den vierten Tag samt der Harmonie seiner Komposition (Inklusion) untersuchen. Dann auch den ersten Tag.

d) Welche Teile entgehen diesem Ansatz, sei es formal (das, was vor dem ersten Tag kommt), sei es inhaltlich (der Sabbat), sei es unter beiden Aspekten?

Kommentar

Beschränkt man sich auf die Anwendung dieser Methode, so wie sie beschrieben wurde – was ergibt sich dann für den Sinn und/oder die Aussageabsicht des Verfassers? Woher die Wichtigkeit des vierten Tages? Liegt die Hauptaussage in der Betonung des Sabbat oder in der Hervorhebung der Gottebenbildlichkeit des Menschen? Welcher Stellenwert kommt, gemessen an der Aussage des Textes, der Einteilung nach Werken oder nach Tagen oder nach hervorgehobenen Schaffensweisen zu?

Um die Leistungsfähigkeit dieser Methode zu beurteilen: Inwiefern läßt das Ergebnis erkennen, daß man dem Gegenstand gerecht geworden ist? Das heißt: Tritt die Einheit der Komposition hinreichend hervor, so daß der Text als die Frucht eines einzigen schöpferischen Aktes erscheint (wie etwa ein Sonett von Baudelaire oder ein Valérysches Gedicht)? Beachten, daß diese Methode *nicht* die Struktur freilegt.

2. Die archäologische oder genetische Methode

Definition

Eine Untersuchung des Textes durch Unterscheidung seiner verschiedenen Schichten und die Schätzung ihres (nicht notwendig nur chronologischen) Abstandes voneinander: *archäologischer* Aspekt. Die Bedeutung der Überlagerung einer Schicht durch eine andere, der Ausscheidung von Elementen oder der Gewichtsverlagerung: *genetischer* Aspekt.

Verhältnis zur vorhergehenden Methode

Diese neue Methode verwertet die »Abfälle« der vorherigen. Sie geht nicht von den Harmonien, sondern von den Brüchen aus. Schließen sich die beiden Methoden aus oder verstärken sie sich gegenseitig, zunächst im allgemeinen, dann in unserem besonderen Fall von Gen 1?

Einzelne Punkte

a) Was der Erfassung durch die genannten Kompositionsprinzipien entgeht, z. B. das, was vor dem ersten Tag kommt: Entstammt das einer älteren Schicht?

b) Die Konkurrenz mehrerer Kompositionsprinzipien: Werke und Tage – Kann man die Überarbeitung eines Stoffes, mit dem Ziel, auf sieben Tage zu kommen, feststellen?

c) Widersprüche, Unebenheiten, Brüche hinsichtlich des Inhalts, besonders hinsichtlich der Schöpfungsidee. Die Weisen des Schaffens sammeln und die zusammenstellen, die am wenigsten zusammenpassen: »machen« und »sprechen«; ihre Verteilung untersuchen. Gibt es wirklich einen »Wortbericht« und einen »Tatbericht«, eine »sprechende« und eine »stumme« Version der Schöpfungsgeschichte? Welche von beiden fügt sich besser in den Rahmen des im letzten Abschnitt deutlich gewordenen Kompositionsprinzips? Welche entspricht besser der Aussageabsicht des Verfassers, wie sie sich aus seinem Kompositionsprinzip ergibt: Werke? Tage? Sabbat? Primat des Menschen?

Kommentar

Kann man die Schichten und die *Modifikationen,* die die Optik des Verfassers verraten, in ein Schema bringen? Zu beachten ist dabei, daß Widersprüche oft nur an Nuancen erkennbar sein können und daß die relative Entfernung der Schichten sehr verschieden sein kann; ist doch jeder Text das Ergebnis eines Ausgleichsgeschäfts zwischen dem, was man empfangen hat, und dem, was man selbst beiträgt. – Läßt sich eine »älteste Schicht« herauspräparieren?

Bibliographie

Die letztgenannte Frage wird bejaht von *Werner H. Schmidt,* Die Schöpfungsgeschichte der Priesterschrift. Zur Überlieferungsgeschichte von Genesis 1,1–2,4a (WMANT 17, Neukirchen-Vluyn 1964) – derzeitig die beste Untersuchung zur Stelle. Man könnte jedoch die Behauptung riskieren, daß Schmidt erst bei dem einsetze, was bei uns schon der zweite Abschnitt ist. Sein Buch muß also von neuem in Frage gestellt werden.

3. Die Methode der literarischen Gattungen oder der Formgeschichte

Definition

Antwort auf die Frage »*Was* ist das?«, oder: Feststellung der Natur eines Textes hinsichtlich seiner *sozialen* – und *allgemeinen* – Zielsetzung und Funktion.

Einzelne Punkte

a) Das »Priesterliche«: Ist das eine Gattung oder eine Form? Oder ist es vielleicht im Grunde das Weisheitliche?

b) Man spricht oft von einem Hymnus. Aber warum ist Gen 1 *kein* Hymnus? Aus welchen guten Gründen könnte man es trotzdem als Hymnus bezeichnen?

c) Kann man den Text, unter der Rücksicht seiner Zielsetzung, in die Nähe anderer, bekannterer Formen rücken? Man denke etwa an den Kalender oder an die Genealogie (vgl. *Cl. Westermann,* Genesis [ATD], Neukirchen-Vluyn 1967/68).

Verhältnis zur vorhergehenden Methode

Vom *archäologischen* Gesichtspunkt aus gesehen, gestattet der Formbegriff eine Umgrenzung der Möglichkeiten, die man hat, um die Natur der älteren Schichten zu beschreiben. Vom *genetischen* Gesichtspunkt aus betrachtet, ermöglicht er es, die Aussage aus dem Gewand der überkommenen und konventionellen Form herauszulösen. Vom Gesichtspunkt der *Komposition* aus: Insofern zu jeder Form ein ihr eigenes Kompositionsprinzip gehört, ergäbe eine klare Definition der jeweiligen Form wenigstens eine Hypothese, mit der man die Arbeit anfangen kann.

Kommentar

Unser Fall bietet die Möglichkeit, das Prinzip der Formgeschichte seiner Grenzen zu überführen und so zu kritisieren, insofern nämlich Gen 1 keiner der bekannten Formen im strengen Sinn zugeordnet werden kann.

4. Die Methode der Reihen

Definition

Es handelt sich hier darum, den Text als Ganzes in eine Reihe analoger Texte einzuordnen. Diese Definition ist noch zu vage, weil es ja sowohl verschiedene Arten von Analogie wie zwei mögliche Richtungen gibt, in denen man eine Reihe durchlaufen kann. Die Methode muß also unterteilt werden, je nachdem es sich handelt um

a) allgemeine oder »panchronische« (so besser als: »synchronische«) Analogie. Diese liegt vor, wenn der Text mit anderen Texten ähnlicher Form zusammengenommen wird. Die Formgeschichte ist also eine Methode der Reihung, mit oder ohne Bezug zur Dauer.

b) diachronische Analogie. Diese liegt vor, wenn solche Texte aufgereiht werden, deren einer in Kenntnis des anderen geschrieben worden ist (wo also »Berührung« stattfindet), oder die unter dem Druck ein und desselben Traditionsstromes stehen. Sehr oft wird sich nicht genau sagen lassen, was diese Berührung bedeute, so daß von eigentlicher Diachronie dann nicht die Rede sein kann. Ist aber die Zusammenstellung von Texten auch dann noch möglich und nützlich, wenn weder die Tatsache noch der Sinn eines Kontakts gesichert werden können und es bei der bloßen Analogie bleibt?

c) vollkommene oder nur teilweise Analogie.

Verhältnis zu den anderen Methoden

Dieses ist offensichtlich unbestimmt-unendlich. Denn entweder reiht man einen Teil oder das Ganze eines Textes in eine Serie ein, oder auch seine Kompositionsart, seine Form oder eine bestimmte Schicht eines Textes, sei es nun die älteste oder die jüngste. Ebenso kann auch der Typ der Analogie selbst variieren, bis hin zum Gegensatz (z. B. Schöpfung/Zerstörung).

Besonders bemerkenswert ist das Verhältnis zur Formgeschichte, insofern die Verteilung von Konstantem und Variablem, von Wesentlichem und Unwesentlichem neu fragwürdig wird. Die Methode der Reihung trägt den Varianten besser Rechnung und ist so für eine größere Zahl von Bezügen offen als die Formgeschichte, deren Grenzen dadurch von neuem sichtbar werden.

Die Methode der Reihung zwingt zu ziemlich langwierigen Untersuchungen, auf die wir hier zum großen Teil verzichten müssen. Nur einige Andeutungen:

a) Reihung aufgrund analoger Komposition: Ps 104; Ijob 37,21–41. Analogie mit Gen 1 durch die Einteilung nach Werken? Unterschied? Wie soll man die Aussageabsicht oder den Gesichtswinkel der drei Werke kennzeichnen? Welches ist die Stellung des Menschen im Ijob, verglichen mit Gen 1? Ist Ps 104 ein Schöpfungspsalm? Welches ist die Stellung des Menschen in diesem Psalm? Den Ps 148 studieren.

b) Reihung nach Formanalogien:

– Hymnen: Ps 148; 136; 33,6–9; Dan 3,5–90.

– Weisheitstexte: Spr 8,22–31; Sir 39,12–35; 42,15–43,33.

c) Reihung nach Standpunkten: Dieselben Texte vom Gesichtspunkt des Priestertums, des Kultes, des Gesetzes aus betrachtet. Beziehungen dieser Gesichtspunkte untereinander.

d) Reihung nach Kontrasten innerhalb einer Analogie: Untersuchung von Weish 19,5–22.

Worin liegt die *Nähe* zu Gen 1? In welchem Typ von Struktur? In der Verwandtschaft der Elemente? In der Reihenfolge der Aufzählung? – Worin liegt der *Unterschied?* Schöpfung/Eschatologie, Anfang/Ende?

Kommentar

Die Einreihung in eine Serie ist deshalb so schwierig, weil die Menge des durchzugehenden Materials so groß ist – und dies um so mehr, als dieser Durchgang sowohl unter dem Gesichtspunkt der Einzelelemente als auch des jeweiligen Textganzen durchgeführt werden muß. Dennoch läßt auch ein immer begrenzt bleibendes Verzeichnis solche Textreihen hervortreten, die sich unter *mehreren* Gesichtspunkten gleichen. Als Umrahmung des zu studierenden Textes sind diese Serien besonders lehrreich.

Bibliographie

H. Gunkel, Schöpfung und Chaos in Urzeit und Endzeit, Göttingen 1895, ist immer noch das große Vorbild für die Behandlung von Gen 1 nach der Methode der Reihung.

5. Der Weg zur Bedeutung

Man kann das Prinzip aufstellen, daß eine Methode dem Sinn um so näher kommt, je umfassender sie ist. Ein Text ist im Zusammenhang seines Überlieferungsstroms zu sehen, d. h. in einer Reihe, in der

Gleichbleibendes wie sich Wandelndes sowohl situiert wie auch in ihrer Bedeutung ermessen werden können. Die biblische Überlieferung rekapituliert Gleichbleibendes wie sich Wandelndes in einem Zentral-Ereignis, in dem ihr Sinn zur Erscheinung kommt. Kann oder muß die Aufgabe der Exegese nicht in der Rechtfertigung dieses Anspruchs bestehen, in einer Reihe vielfältiger Annäherungen, von denen der hier vorgelegte einer der tastendsten ist?

Paul Ricœur: Über die Exegese von Gen 1,1–2,4a

Der Text des ersten Kapitels der Genesis eignet sich ausgezeichnet dazu, unsere im vorstehenden Artikel dargelegte Konzeption von einer Konvergenz der verschiedenen Methoden zu überprüfen.

1. Ich möchte, ausgehend von der genetischen Methode, zeigen, wie und warum diese von ihr selbst her die strukturale Methode zu Hilfe rufen muß, wenn es an die Rekonstruktion der verschiedenen redaktionellen Schichten des Textes geht. Ich folge dabei der Bewegung, die von der Exegese eines *Gerhard von Rad* zu der von *Werner H. Schmidt* führt.

2. Dann werde ich, ausgehend von der strukturalen Methode, versuchen zu zeigen, inwiefern diese mit innerer Notwendigkeit auf das Problem der Redaktionsgeschichte verweist.

3. Schließlich habe ich vor zu zeigen, wie beide Methoden, einzeln wie zusammengenommen, auf die Interpretation hinzielen (in dem Sinn, den ich diesem Wort in meinem einleitenden Artikel gegeben habe).

1. Von der Überlieferungsgeschichte zur strukturalen Analyse

Zunächst sei in drei Punkten an die Hypothese erinnert, die von Rads ganzem Unternehmen einer *Theologie der Überlieferungen* zugrunde liegt:

a) Das Glaubensdokument des Jahwisten läßt sich insgesamt aus der großen Erzählungseinheit des Hexateuch heraus begreifen.

b) Es ist wichtig, das bekenntnishafte Motiv (die kerygmatische Aussageabsicht) freizulegen, die die verschiedenen, in dieser großen Einheit gesammelten Materialien eint. Dieses eine Motiv spinnt sich durch die ganze Sammlung der Heilstaten hindurch, die den Weg Israels markieren. So arbeitet das hebräische Denken durch die Vereinigung geschichtlicher Überlieferungen zu immer größeren Sequenzen seine Theologie aus.

c) Es ist möglich, die Geschichte der Harmonisierungs- und Integrationsarbeit zurückzuverfolgen, die auf unterschiedliche geschichtliche Überlieferungen und Sagen verschiedener Herkunft ausgeübt worden ist. So kann, in Unterordnung unter die sukzessiven Formulierungen einer *Theologie der Überlieferungen*[1], die »Quellengeschichte« wieder zur Aufgabe werden; denn dieses »Wiedererzählen« ist der grundlegende Typ theologischer Arbeit in Israel.

Es ist entscheidend, diese allgemeine Hypothese in ihrer ganzen Komplexität zuerst gut in sich aufzunehmen, bevor man dazu übergehen kann, im Rahmen dieser einzigartigen Theologie der Überlieferungen den Ort des lehrhaften Stückes Gen 1,1–2,4 a zu bestimmen.

Die oben angeführten drei Punkte sind voneinander untrennbar. Der »Sinn« kann nur auf einer hinreichend breiten Textgrundlage aufscheinen – unter der Bedingung allerdings, daß man (erstens) die ganze Ausdehnung des erzählerischen Raums hindurch die Schlichtheit des kerygmatischen Kerns gegenwärtig behält und (zweitens) denselben Integrationsvorgang, der im Bereich der Erzählung am Werk ist, bis hinein in die nichtgeschichtlichen Stoffe (Gesetzgebung, Namensoffenbarung, Ursprungsmythen usw.) verfolgen kann.

Das Verständnis des Hexateuch verläuft also in konzentrischen Kreisbewegungen: Im Mittelpunkt steht das Credo Dt 26,5: »Mein Vater war ein umherziehender Aramäer«; um diesen Kern legt sich der Kranz der Patriarchengeschichte bis hin zur Landnahme; als ein mittlerer Ring fügt sich die große Sinaiperikope ein; die äußerste Peripherie schließlich wird von der Urgeschichte gebildet.

Dieses, wenn ich mich so ausdrücken darf, konzentrische Verständnis gestattet es, das von den Schöpfungserzählungen gestellte theologische Problem folgendermaßen zu umreißen: Wie verhalten sich zueinander der Erwählungs- und Erlösungsglaube, der der »Theologie der Überlieferungen« zugrunde liegt, einerseits und der die Schöpfungserzählungen beseelende Glaube an Jahwe als den Schöpfer anderseits? Wie man sieht, handelt es sich hier um eine theologische Frage, nämlich: Welche Rolle spielt das Thema der Schöpfung im Gesamtzusammen-

---

[1] *G. von Rad,* Theologie des Alten Testaments, Bd. I, München [4]1962, 117–128.

hang des Glaubens Israels? Doch mag auch die Frage letztlich theologischer Natur sein, so muß doch die Antwort auf exegetischem Wege erfolgen, weil allein die Exegese imstande ist, thematische Verkettungen festzustellen.

So schiebt von Rad an dieser Stelle eine diachronische Untersuchung der Schöpfungstexte ein. Diese lassen sich in eine Reihe einordnen, an deren Anfang Texte stehen, die eine Soteriologie bieten, für die der Schöpfungsgedanke keine Rolle spielt und die mit einer Gruppe von Texten endet, die die Schöpfung rühmen, ohne das soteriologische Motiv auch nur mehr noch zu erwähnen.

Für eine Theologie der Überlieferungen ist diese Diachronie höchst denk-würdig.

Sehen wir uns die einzelnen Glieder dieser Reihe genauer an!

Nach von Rad gehört zum ältesten Glauben Israels eine gewisse Beziehung Israels zum Geschenk eines Landes. Aber dieses Land ist noch nicht die Natur, die Welt, der Kosmos, insofern diese Begriffe eine von der geschichtlichen verschiedene Wirklichkeit bezeichnen. Wie Amos und das Deuteronomium beweisen, schließt im Gegenteil die Theologie der Geschichte im Glauben Israels jegliche Theologie der Natur kanaanäischen Typs aus. Erst im zweiten Stadium erscheint eine gewisse Schöpfungslehre, und zwar in hymnischem, nicht in lehrhaftem Kontext, und außerdem in enger Verbindung mit dem Erlösungsglauben; so sehen es die Psalmen 136 und 148. Andere Texte (Jes 40,27 f.; 44,24–28) stellen das Schöpfungswerk und die Machttaten Gottes in der Geschichte nebeneinander. In all diesen verschiedenen Zusammenhängen unterstützt und erweckt das Motiv der Schöpfung den Glauben an das Eingreifen Gottes in die Geschichte: In Schöpfung und Erlösung waltet ein und dieselbe Heilsökonomie. »Der dich schuf, wird dich auch loskaufen« oder »Der einen Weg durchs Rote Meer bahnte, ist jener, der auch Rahab in Stücke gehauen hat« (Vgl. Jes 51,9).

So gestattet die Einordnung der Texte in eine Reihe, das Motiv der Schöpfung mit dem des Heiles unter eine einzige Kategorie zu bringen: Ein und dieselbe Erlösungstat legt sich in die beiden Momente aus. »Israel erwählen« heißt: »Israel erschaffen«, und das heißt: »die Welt erschaffen«. Das Wunder der Schöpfung ist ein Wunder der Erlösung. Deutlich tritt diese Einordnung der Schöpfungsthematik in einen soteriologischen Zusammenhang in Jes 44,2.21 f. 24; Ps 89; Ps 74 hervor. Von Rad schreibt selbst: »Dieses soteriologische Verständnis des Schöpfungswerkes... halten wir für die ursprünglichste Äußerung des Jahweglaubens über Jahwe, den Schöpfer der Welt. Die Ausdrucksformen dieses Glaubens sind fast ausschließlich die mythologischen Elemente des Chaosdrachenkampfes.« [2] Dieser überleitende Satz enthält zwei klar umrissene Aussagen. Zunächst: Von der Schöpfung wird in der altertümlichen Sprache eines Sieges über das Seeungeheuer Rahab gesprochen (Ps 89); und dann: Diese alte Redeweise enthält keinerlei Bezugnahme auf die Schöpfung durch das Wort. Der Schöpfungsbericht von Gen 1 wird nicht als eine selbständige theologische Erzählung gelten können, sondern muß in das konzentrische System, das sich um das Verhältnis Gott-Israel herumlagert, eingeordnet werden. Insofern führt Gen 1 die Bewegung der Psalmen 74 und 89 fort. So gesehen, besteht die denkerische Leistung eines solchen Schöpfungsberichtes darin, die dem Glauben Israels fremde, archaische Form des Mythos in die für die theologische Welt der Hebräer spezifische Konzeption der Heilsgeschichte eingebunden zu haben.

In einer späteren Phase der Entwicklung erhält das Schöpfungsmotiv einen neuen Status. So legt nach den Psalmen 19, 104 und 8 der Kosmos von der Weisheit und Macht Gottes Zeugnis ab. Die Schöpfungslehre erringt sich ihre Autonomie, allerdings nur durch den nivellierenden Beitrag einer anderen Quelle: Von nun an gehört die Schöpfungslehre zur Gattung »Weisheit« (vgl. Spr 3,19; 8,22; 14,31; 20,12; Ijob 38). Nach von Rad haben wir es hier mit einer ägyptischen, nicht mit einer mythologischen Überlieferung zu tun; sie zeigt keinerlei Verhältnis zur Geschichte des Kampfes gegen den Chaosdrachen, sondern spricht vielmehr von einem rationalen, einsichtigen Plan des Schöpfers. »Ich glaube«, schreibt von Rad, »wir haben es hier mit ägyptischem Anschauungsgut zu tun, das Israel durch weitgereiste Weisheitslehrer vermittelt wurde.« [3] Diese vernünftig durchgearbeitete, reflektierte Theologie muß vom Heils- und Erwählungsglauben unterschieden werden. Gemessen an der Größe des Kosmos findet sich der Mensch voll Furcht und Bewunderung vor; insofern das Motiv des Heiles überhaupt präsent ist, wird es einer kosmischen Weltschau untergeordnet, die mehr oder weniger vom Vorsehungsglauben durchdrungen ist.

---

[2] *G. von Rad*, Das theologische Problem des alttestamentlichen Schöpfungsglaubens, in: Gesammelte Studien zum Alten Testament, München 1958, 142 f.

[3] Ebd. 145.

Betrachtet man das Ganze dieser Verlagerung des Sinnes, so wird deutlich, daß sich die Heilslehre Israels nur unter der Bedingung festigen konnte, daß sie zunächst jede Art von Schöpfungstheologie von sich fernhielt und daß sie erst dann dazu fähig war, diese in sich aufzunehmen, als sie dadurch nicht mehr geschwächt, sondern nur noch erweitert und bereichert werden konnte.

Wie wirken sich nun diese Thesen von Rads in seiner Exegese von Gen 1 aus?

Im wesentlichen durch eine konstante Bewegung, die vom Ganzen ausgeht und zu den Teilen, ja bis ins Detail verläuft. Gen 1 wird also nicht als ein selbständiger Text, sondern als ein Prolog gelesen. Diese prinzipielle Entscheidung bringt allerlei Konsequenzen mit sich. Erstens: Der Prolog erscheint nun als eine didaktische Erzählung, deren Zweck in der Belehrung liegt; er dient als Vorrede zu soteriologischen Texten, deren Zweck die Verherrlichung des Herrn der Geschichte Israels ist. Innerhalb des großen Bedeutungsfeldes, das vom Hexateuch in seiner Gesamtheit gebildet wird, werden folglich die Lehrerzählung und der Hymnus in einen deutlichen Gegensatz treten. Derselben Linie folgend, wird betont werden, wie knapp, unmittelbar und unmetaphorisch Gen 1 (im Unterschied zur älteren Erzählung von Gen 2) formuliert ist. Von Rad unterstreicht die »Konzentration« und die »theologische Exaktheit« dieser Erzählung.[4] Die Entscheidung, Gen 1 als den Prolog zu einer Heilsgeschichte zu verstehen, begründet aber eine noch wichtigere Konsequenz: Der Schöpfungsbericht erscheint nun als eine sich steigernde Erzählung, deren Sicht der Weltordnung in der Erschaffung des Menschen als des höchsten Werkes Gottes gipfelt. Diese Steigerung zeugt zwar von einem größeren kosmologischen Interesse, als es etwa in Gen 2 zu finden ist. Aber das unterstreicht nur noch die krönend-abschließende Stellung der Erschaffung des Menschen. Ein anderes Charakteristikum von Gen 1 besteht darin, daß hier – im Unterschied zu den jonischen Kosmologien – das schöpferische Prinzip ein persönlicher Wille ist. Von welcher Art die Hervorbringung auch sein mag – es ist immer Gott, der hervorbringt. Aber der entscheidende, die innere Einheit des Schöpfungsberichtes mit dem Gesamt des Hexateuchs belegende Zug betrifft die Natur der schöpferischen Tat: diese ist in gewissem Sinn ein Befehlswort. Darin

---

4 *G. von Rad*, Theologie des Alten Testaments I, 155.

liegt die Idee von der Mühelosigkeit des Tuns, außerdem aber auch die Idee einer Unterscheidung zwischen Wort und Werk. Die Vorstellung entstammt dem Bereich der Soteriologie und geht nun in den der Schöpfung über. In der Erfahrung des Heils artikulieren sich ja Wort und Werk als zugleich unterschieden und geeint. So kann auch die archaische Vorstellung von der magischen Macht des Wortes in gereinigter Form wiederaufgenommen werden. (Ich möchte darauf hinweisen, daß sich der Gegensatz zwischen dem soteriologischen und dem weisheitlichen Motiv wohl kaum halten lassen wird. Die von Rad zitierten Stellen Jes 48,13; Ps 33,6; 148,5 lassen vermuten, daß die didaktische Form Zeichen einer weit zurückreichenden Anwesenheit des – ägyptischen oder hebräischen – Motivs der Weisheit im Innern der Lehre vom Ursprung ist.)
Im Lichte desselben Interpretationsschemas lösen sich auch die anderen Rätsel des Textes. So bleibt das Chaos, das weder geschaffen (weil nur die Ordnung eigentlich geschaffen sein kann) noch (weil es dem Wort untergeordnet ist) ungeschaffen ist, die große Macht der vom Menschen immer wieder erfahrenen Bedrohung. Das inmitten der Erfahrung des Heils aufbrechende Chaos fundiert das Chaos innerhalb dessen, was man die Erfahrung der Schöpfung nennen könnte. – Die verschiedenen Ebenen, die das Schöpfungswerk durchläuft, bezeichnen verschiedene Grade möglicher Unmittelbarkeit zwischen Gott und seinen Geschöpfen. Die höchste Unmittelbarkeit waltet zwischen Gott und dem Menschen. Denn der Mensch erweist sich nicht nur als durch das Wort im allgemeinen geschaffen, sondern durch einen feierlichen, in der Tiefe des Herzens gefaßten Entschluß. Der Mensch ist »nach dem Bilde der Elohim« geschaffen, d. h. nach einem himmlischen Vorbild, das ihn über den sinnlichen Bereich hinausragen läßt. So ist, wenn Gott anthropomorph ist, der Mensch theomorph. Diese Doppelgleichung ist die Formel des Heiles. – Schließlich muß die Vollendung des großen Werkes im »Ruhetag« von derselben soteriologischen Basis aus verstanden werden. Es handelt sich weniger um die Stiftung des Sabbat als darum, das spezifische Verhältnis der beiden »Geschichten«, der der Schöpfung und der des Heiles, zu artikulieren: Was die eine beendet und vollendet, öffnet und eröffnet die andere.

Nach dieser kurzen Vorstellung eines Typs von Exegese eindeutig *genetischer* Natur möchte ich nun zeigen, inwiefern diese, freiwillig oder unfreiwillig, von einer irgendwie strukturalen Methode Gebrauch macht. Die genetische bezieht sich auf die strukturale Methode als auf ihr Gegengewicht und ihre Vorbedingung zugleich.

Zunächst als auf ihr Gegengewicht. Das Bemühen um die Rückbindung von Gen 1 in den soteriologischen Zusammenhang der Priesterschrift muß durch die Sorgfalt aufgewogen werden, mit der die charakteristischen Züge des Textes selbst in ihrer Eigenart geschützt werden. Dazu gebe ich einige Beispiele, deren Bedeutung freilich erst später ganz sichtbar werden wird. Wenn man dem Text selbst nicht die genaueste Aufmerksamkeit schenkt, wird man all jene Akzente in ihm übersehen, die seiner durchgängigen Finalisierung auf die Erschaffung des Menschen zuwiderlaufen: so etwa das Motiv der Gründung des Himmelsgewölbes, und noch einmal innerhalb dessen den Widerstreit des alten Kampf-Schemas mit dem neuen Schema der Scheidung. Die Erschaffung des Himmels, die das Gegengewicht zur Erschaffung des Menschen ist, begründet jene Doppelpoligkeit von Himmel und Mensch, die einer allzu eiligen anthropozentrischen Interpretation der Priesterschrift im Wege steht.

Im Grunde bezieht die von der Idee der Überlieferungsgeschichte beherrschte Exegese ihre Stärke aus einem Gesamtverständnis des Hexateuch sowie aus der Einordnung der verschiedenen Schöpfungstexte in eine von der Priorität soteriologischer Motive bestimmte Reihenfolge. Das mit dieser Stärke verkoppelte Risiko besteht darin, daß man dem Text von vornherein eine bestimmte Thematik aufzwingt, die die entscheidende Bewegung von der Oberflächen- zur Tiefensemantik zu verhindern droht. Denn diese Bewegung setzt voraus, daß dem Text selbst, für sich und allein genommen, größere Beachtung zugewendet wird.

In dieser Hinsicht bedeutet die Arbeit von *Werner H. Schmidt* [5] einen großen Fortschritt gegenüber der von Rads. Schmidt bleibt zwar der genetischen Methode treu, bemüht sich jedoch, diese auf den Text selbst und um seiner selbst willen anzuwenden. Seine Methode besteht darin, daß er die verschiedenen redaktionellen Schichten voneinander abhebt und so die Richtung des Sinnes in seiner Entfaltung von Schicht zu Schicht feststellt. Im wesentlichen ergibt sich, daß sich in unserem Text zwei verschiedenartige Erzählungen überlagert haben: ein »Tatbericht« und ein »Wortbericht«. Das Verständnis des Textes besteht

---

[5] *W. H. Schmidt,* Die Schöpfungsgeschichte der Priesterschrift. Zur Überlieferungsgeschichte von Genesis 1,1–2,4 a (WMANT 17), Neukirchen–Vluyn 1964.

dann darin, die Bewegung nachzuvollziehen, kraft deren ein Text, für den die Schöpfung aus dem Wort Gottes hervorgeht (»und Gott sprach«), einen älteren Text neu interpretiert, der nur Ausdrücke des Typs »und Gott machte« enthielt. Diese Methode ist also in ihrem Kern genetisch. Aber gerade als solche setzt sie eine ihr vorgängige strukturale Analyse voraus. Denn die Spuren, die vom älteren im jetzigen Text übriggeblieben sind, sind ja nicht so offensichtlich wie etwa Dubletten, die gleich ins Auge fallen. Sie bestehen vielmehr in Unstimmigkeiten in der Abwicklung des Textes. Die Unterscheidung verschiedener redaktioneller Schichten setzt daher voraus, daß man zuerst einmal die Struktur des gegenwärtigen Textes voll durchschaut. Denn ohne vorausgehende strukturale Analyse läßt sich den Bedeutungsverschiedenheiten auf der Ebene der Tiefensemantik kein Sinn abgewinnen.

2. Von der strukturalen Analyse zur Interpretation

Die Arbeit von *Paul Beauchamp*[6] ist deswegen so interessant, weil sie das Verhältnis von strukturaler Analyse und genetischer Rekonstruktion umgekehrt hat. Ich sage »umgekehrt«; denn wenn die Strukturanalyse an einem bestimmten Punkt angelangt ist, verweist sie von selbst auf die genetische Rekonstruktion und damit auf das Ganze einer Sinn-Geschichte, auf die sich die Arbeit der Interpretation stützen kann.

Um die Lage vereinfachend zu kennzeichnen, stellen wir die Arbeitshypothesen Beauchamps und von Rads Punkt für Punkt einander gegenüber. Als erster methodologischer Unterschied fällt auf, daß sich jetzt der Exeget, statt vom Gesamt des Hexateuch auszugehen, auf einen begrenzten Text beschränkt und so lange in dessen Grenzen verweilt, als es notwendig ist, um das komplizierte Netz seiner inneren Beziehungen zu erfassen. Für Beauchamp liegt die Struktur im Text selbst, auch wenn er dann später zugeben muß, daß der Sinn außerhalb des Textes liegt. Der zweite methodologische Gegensatz besteht darin, daß Beauchamp auf den Text zugeht, ohne eine Vorentscheidung über dessen Verhältnis zur Gattung der Bekenntnisse getroffen zu haben. Er beschränkt sich auf die Anordnung des aus-

---

[6] *P. Beauchamp,* Création et Séparation. Etude exégétique du chapitre premier de la Genèse (Bibliothèque des Sciences religieuses 1), Paris 1969.

drücklich Gesagten; er bleibt bewußt lange auf der Ebene der Komposition. Der Schöpfungsbericht wird also allein und für sich genommen, ohne Rücksicht auf seine eventuelle Einordnung in den Gedankenkreis der Heilsgeschichte. Ein dritter Zug, der Beauchamp von von Rad trennt: Beauchamp widmet sich nicht der redaktionsgeschichtlichen Analyse, die unter der Hypothese der progressiven Einordnung eines ursprünglich mehr oder weniger selbständigen Stoffes in die (in anderen Texten formulierten) Heilstheologie arbeitet. Er nimmt den Text in seinem Endzusand, so wie er sich heute präsentiert, und sucht zu bestimmen, wie sich seine einzelnen Elemente zueinander verhalten. Die Frage, ob das kosmologische Motiv dem soteriologischen gegenüber selbständig ist, wird auf ein späteres Stadium, das der Interpretation, verschoben. Damit hängt zusammen – und das ist unser vierter Unterschied –, daß Beauchamp besonders auf jene Bedeutungsnuancen achtet, die nicht auf eine Geschichtstheologie abzielen, weder als deren Erweiterung noch als Vorbereitung oder Prolog. In erster Linie ist hier der Gesichtspunkt des Didaktischen in seinem unverwischbaren Unterschied zum Hymnischen zu nennen. Sodann hat Beauchamp es keineswegs eilig damit, die Unterordnung der verschiedenen Phasen der Schöpfung unter die Erschaffung des Menschen herauszustreichen. Ganz im Gegenteil werden die Erschaffung des Lichtes, des »scheidenden« Firmaments und der Himmelsleuchten, die den Tag und die Nacht bezeichnen, um ihrer selbst willen betrachtet. Beauchamps Analyse ist also weniger umfassend, eher analytischem Geist verpflichtet. In der Tat kann das Motiv der »Scheidung« nur dann hervortreten, wenn man nicht zu schnell dem Ende der Erzählung zueilt, sondern auch bei den Stufen verweilt, die der Erschaffung des Menschen vorausgehen. Vielleicht tritt die Dynamik des Textes sogar noch besser hervor, wenn man den Schlußpunkt, den von Rad für den Höhepunkt des Textes hielt, etwas verzögert.

Ich darf fürs Wesentliche auf die detaillierte Auslegung verweisen, die das Werk von Paul Beauchamp gibt, und mich hier damit begnügen, in wenigen Worten sein Vorgehen im eigentlich strukturalen Teil seiner Dissertation zusammenzufassen.

Der Verfasser legt zunächst eine erzählerische Struktur frei, die sich aus der Verkettung von Rahmenformeln aufbaut: »Gott sprach«, »es sei«, »und es geschah so«, »Gott machte«, »und Gott nannte«, »es war der *n*-te Tag«. Ich mache darauf aufmerksam, daß diese Kette, die sich von der Ankündigung des Machtwortes zu dessen Ausführung und von da zu den nachfolgenden Worten schlingt, gut mit dem verglichen werden kann, was die Theoretiker der Erzählung die »Logik der Handlung« nennen; das Schema Machtwort/Ausführung wäre deren Urzelle.

Aus der Entscheidung zu diesem Ansatz ergeben sich mehrere bemerkenswerte Konsequenzen, deren erste die ist, daß der Rahmen der sieben Tage sich als weniger entscheidend herausstellt, als er bei einer oberflächlichen Lektüre zunächst zu sein scheint. Das erste Element der Struktur – die Ankündigung des Machtwortes durch die Formel »und Gott sprach« – kommt gleich zehnmal vor. Die zweite bemerkenswerte Konsequenz besteht darin, daß es nicht die geschaffenen »Dinge« sind, die die Struktur tragen, sondern die »Taten«. Die Aufgabe der strukturalen Analyse besteht präzise darin, das Prinzip zu finden, nach dem die geschaffenen Dinge verteilt werden: das Licht, das die oberen von den unteren Wassern scheidende Firmament, das Festland mit seinen Pflanzen, die Gestirne, die Fische und die Vögel, die Landtiere und der Mensch. Auch hier läßt eine kräftige Struktur einen Rhythmus sichtbar werden, der das erste Wort und den ersten Tag, das fünfte Wort und den vierten Tag, das zehnte Wort und den siebenten Tag heraushebt. Dadurch rückt die Scheidung von Tag und Nacht, als jene Zeitscheidung, die dem ganzen Kalender mitsamt seinen Festen zugrunde liegt, in eine Schlüsselposition – ja, hier liegt für Beauchamp die Mitte der Gesamtkomposition. In seinen Augen bietet die Scheidung des Tages von der Nacht »die beste Homogeneitätszone innerhalb des Texts«.[7] Die Exegese, die den abschließenden Akzent vorschnell auf den Menschen legte, konnte dieses Kompositionsgesetz jedoch nicht in den Blick bekommen. Die spätere Interpretation wird dem Rechnung zu tragen haben. Einstweilen schließen sich die geschaffenen Dinge zu zwei parallelen Reihen zusammen, deren erste das Licht, das Firmament, die Erde, das Meer und die Pflanzen enthält, während sich die zweite so zusammensetzt: Himmelsleuchten (korrelativ zum Licht), Lebewesen samt Mensch (korrelativ zu Himmel, Erde und Meer), Nahrung (korrelativ zu den Pflanzen). Das gibt zwei Reihen von Dingen und zwei Reihen von Orten (auf der einen Seite der Himmel, auf der anderen die Erde). Indem Beau-

---

[7] Ebd. 48.

champ den vierten Tag zum Schlußstein des Gewölbes, zum Kreuzungspunkt verschiedener Klassifizierungen macht, gelingt es ihm zugleich, einige scheinbare Anomalien des Texte aufzuklären, wie z. B., daß das Licht vor den Himmelskörpern geschaffen wird oder daß die Woche dem Wechsel von Tag und Nacht vorausliegt. »Der Wille, in der Mitte der Woche einen Neuanfang zu setzen, war stärker als diese Schwierigkeiten.« [8] Das Motiv des vierten Tages verweist zugleich auf den Bezug des Lichtes zu den Himmelsleuchten und des Sabbats zu den Festen. »Durch diese Vielzahl von Anordnungen hindurch zeigt sich deutlich die Tendenz zur architektonischen Einigung um den vierten Tag herum als um den Anfang der Reihe, das Ende der Reihe oder den Mittelpunkt des Ganzen.« [9]

Was uns nun aber interessiert, ist die Tatsache, daß die strukturale Analyse aus ihr selbst heraus auf eine auch genetische Betrachtung des Textes und auf eine Interpretation hindrängt. Wie geht das vor sich?

Die strukturale Methode verweist auf die genetische Methode, insofern sie Unregelmäßigkeiten und Anomalien an den Tag bringt. Das unter der Decke des Neuen weiterlebende Alte äußert sich in mancherlei Widerständen, die der Text einer ausschließlich strukturalen Behandlung entgegensetzt. So verweist die Struktur selbst auf ihre Genese. Ein Beispiel: Die durch die Dublette »und es geschah« mit »und Gott machte« konstituierte Anomalie gibt der These von Werner H. Schmidt, derzufolge unser Text aus der Überlagerung eines »Tatberichts« durch einen »Wortbericht« hervorgegangen sein soll, den Anschein des Rechts. Diese Hypothese erscheint sogar um so vernünftiger, als der biblische Schriftsteller seine Quellen nicht verheimlicht, sondern sie im Gegenteil ausdrücklich als »Fragmente katechetischer Sprache« anzeigt, »die den Abstand ermessen lassen, der zwischen ihnen und der persönlichen Leistung der Komposition liegt«.[10] Man kann also einen gegenseitigen Austausch der Gesichtspunkte vorhersehen: So wie die Struktur auf die Genese verweist, so setzt diese jene voraus. Denn »es ist die Aufgabe der Exegese, darüber Auskunft zu geben, ob es sich in einem gegebenen Fall um eine bloße Anhäufung oder um eine Organisation der Elemente handelt«.[11] Dadurch ergäbe

---

[8] Ebd. 70.
[9] Ebd. 70.
[10] Ebd. 75.
[11] Ebd. 71.

sich aber auch ein reicherer Strukturbegriff: nicht der Begriff einer statischen Struktur, sondern der einer Form, die fähig ist, Spannungen in sich aufzunehmen und auszugleichen, die ihrerseits nach neuen Lösungen in der späteren Arbeitsphase der Interpretation und Neu-Interpretation rufen.

Sehen wir uns also im einzelnen an, wie die strukturale Analyse von sich aus auf eine genetische, d. h. die verschiedenen redaktionellen Schichten voneinander isolierende Analyse verweist! Wenn der vierte Tag wirklich der Angelpunkt des Textes ist, wenn also der Schwerpunkt des Textes in der Grundlegung des Kalenders durch die Scheidung der Zeiten zu suchen ist, dann kommt auch die genetische Betrachtungsweise zu ihrem Recht. Denn man muß zugeben, daß der Text, der zuerst nur eine räumliche Scheidung gekannt hat (die sich außerdem ganz in der mythischen Sprache der Durchbohrung Tiamats, der Vernichtung Rahabs, der Wegbahnung durchs Rote Meer ausdrückte), so umgebaut worden ist, daß er nun ganz vom Motiv der zeitlichen Scheidung beherrscht wird.

Die Überlieferungsgeschichte des Textes kann jedoch nur dadurch erkannt werden, daß dieser sich vorher als kohärent erwiesen hat; nur vor dem Hintergrund der Kohärenz können ja Inkohärenzen aufscheinen. So verweist die vom Motiv der Scheidung bestimmte Struktur selbst auf ihre eigene Geschichte.

Beauchamp greift das Problem der zwei Erzählungen, des *Tatberichts* und des *Wortberichts*, neu auf, wenn er fragt: »Welche Spuren der früheren, ›stummen‹ Version sind in der jetzigen ›Redeversion‹ noch sichtbar?«[12] Diese Frage läßt sich nur dadurch beantworten, daß man von der Art und Weise ausgeht, wie die Ausführungsformeln im jetzigen Text verteilt sind, und von da aus die verschiedenen Bedeutungswerte zu bestimmen sucht, die aus der Beziehung des Ausführungs-Motivs zu anderen Motiven resultieren. Man wird dann dazu kommen, eine Liste der verschiedenen Bedeutungen von »Ausführung« zusammenzustellen: »es werde«, »es bringe hervor«, »laßt uns machen«, »schuf«, »machen«, »durch Schöpfung hervorbringen« usw. Diese Liste muß sämtliche Abwandlungen von »Machen« enthalten: scheiden, anordnen, verteilen, herstellen. Die so hergestellte Liste ermöglicht es, die zentrale, organisierende Rolle der Erschaffung der »scheidenden«

[12] Ebd. 79.

Himmelskörper zu erfassen. »Hier fällt das verursachende Wort mit dem verursachten Gegenstand zusammen.«[13] Der Akt der Scheidung ist die Achse, um die herum sich alle Ausführungsformeln drehen. So subtil die (sich auf der semantischen Ebene noch fortsetzende) Harmonisierungsarbeit aber auch sein mag, so läßt sie doch noch Spannungen und Widerstände durchscheinen, in denen sich der Wille manifestiert, gewisse Motive festzuhalten, und dies selbst um den Preis einer zusammengestoppelten Sprache. So stellt etwa Gen 1,24 »es wurde« und »er machte« einfach nebeneinander; und eine ähnliche Spannung herrscht zwischen dem Titel in 1,1 und dem Schluß-Titel in 2,4 a.

Erst wenn die Arbeit am Text selbst weit genug gediehen ist, darf man dann auch Parallelen ins Spiel bringen, außerbiblische (Enuma Elisch; die ägyptische Genesis usw.) wie biblische (Ps 104; Ijob 37–38). Der Psalm 104 steht unter der Idee der Geschenke und Wohltaten Gottes für den Menschen. Im Ijob erscheint dagegen eine Welt ohne den Menschen: »Ganz allein wird Ijob aufgefordert, eine ohne ihn gebaute Welt zu betrachten, eine Welt, in der die Rolle des Menschen ... praktisch gleich Null ist.«[14]

Die strukturale Methode gestattet es auch, die sich von der dominierenden Struktur Wort/Licht/Gestirne abhebenden Archaismen zu verdeutlichen. So bezeugt etwa das Motiv des Chaos (des tohu-wa-bohu) ein früheres Stadium des Denkens und des Textes, wo die Scheidung mit anderen Vorstellungen verbunden war. Man darf freilich dabei nicht vergessen, daß man immer vom Text selbst ausgehen muß, wenn man einen Brückenschlag auf Gebiete versucht, die außerhalb des Textes liegen. Innerhalb des Textes selbst wird das Chaos (das einer älteren Überlieferung entstammt) dem Akt der Scheidung unterworfen. Zur Debatte steht also nicht die Präexistenz des Chaos, sondern die Verlagerung des Aktes der Scheidung vom Chaos auf die Gestirn-Zeit. Die Strukturanalyse beleuchtet die Spannung zwischen dem, was mit dem Titel »als Gott zu schaffen begann« mitgesetzt ist, und der Erwähnung von etwas, was der Schöpfung vorausliegt – die allerdings in gewisser Weise durch die korrigierende Bemerkung, daß es keinen anderen Anfang als die Schöpfung gebe, wieder aufgehoben wird. Der Vers beschreibt folglich nicht etwas, was der Schöpfung vorausläge, sondern den Zustand vor den Worten des Verses 3. Das Chaos gehört auch

---

[13] Ebd. 86.
[14] Ebd. 144.

nicht einer besonderen Etappe an, sondern ist ein Zustand, der bis zum sechsten Tag andauert. Der Schriftsteller hat also wohl nicht sagen wollen, Gott habe auch das Formlose geschaffen; ihn interessiert allein die Einrichtung einer Ordnung. Deswegen läßt er die Herkunft des Chaos unbestimmt. Das Formlose ist für ihn das, was vom Wort vorausgesetzt wird und was doch zugleich von der in Vers 1 angekündigten Schöpfung umgriffen wird. Wie das zusammengeht, weiß der Schriftsteller selbst nicht. »Halten wir also fest: Wenn der Schriftsteller dem, was noch nicht im eigentlichen Sinn geschaffen ist, dennoch einen gewissen Bestand zuspricht, dann tut er dies eher unter dem Druck der Überlieferung als aus der Bewegung seines eigenen Denkens heraus.« [15] Und an anderer Stelle: »Wenn eine Inkonsequenz vorliegt, so ist sie Anzeichen der Überlieferung, die hier zutage tritt.« [16] Aber diese Überlieferung ist nun in den neuen Text eingefügt. Denn die Endredaktion hat diese Unebenheit zu einem Einschnitt verwandelt, der die Erwartung weckt und so der Neuheit der Schöpfungstat einen Raum bereitet, in dem sie erscheinen kann. So fügt selbst die Inkonsequenz sich sinnvoll in den neuen Text ein.

Auf dieselbe Weise kann die *ruach elohim,* der Geist Gottes, analysiert werden. Diese Vorstellung, die ihren ursprünglichen Sitz im Umkreis der Herrlichkeitstheophanien hat, wird durch die Einfügung in die neue Erzählung von einem Heilsbegriff zu einem kosmischen Begriff verwandelt. In dieser neuen Rolle bildet sie ein Gegengewicht zum Thema der Scheidung, insofern in ihr die Idee einender Kreisbewegung mitschwingt. Ebenso geht der Schriftsteller vor, um das Thema des Lichtes zu integrieren, das ursprünglich einen Eingriff Gottes bezeichnete: Vor der Waffe Gottes weichen die Feinde zitternd zurück; man denke etwa an den Sieg des Lichtes über die Finsternis dadurch, daß das Wasserungeheuer der Schwerttat zum Opfer fällt (Ijob 26,13). Einst war dieser Licht-Aspekt der kriegerischen Theophanie mit dem Thema des zurückweichenden Meeres verbunden. Der im vierten Tag sich ausdrückende Akt der Scheidung leistet durch die Anziehungskraft, die er auf den älteren mythischen Hintergrund ausübt, die Verwandlung des kriegerischen in ein kosmologisches Thema.

In all diesen Fällen – wie auch im Zusammenhang der Probleme, die sich aus der Folge der »Worte« ergeben – wird das Verständnis der

---

[15] Ebd. 158.

[16] Ebd. 159.

Geschichte des Textsinnes immer von einer guten Strukturanalyse des Sinnes der Endredaktion, so wie er im jetzigen Text vorliegt, profitieren. In Gen 1 ist nach unserem Exegeten »die *ruach* zu einer Daseinsweise Gottes geworden; das Licht ist nichts als das erste seiner Geschöpfe; und die Stimme, die von dem, *was* Gott sagt, nicht mehr unterschieden werden kann, ist in allergrößter Einfachheit gezeichnet. Man sieht nichts von Gott; man hört nur, was Er sagt«.[17] Allgemeiner gesagt: Die interpretierende Neubearbeitung, die sich aus der Vorstellung der Scheidung heraus entfaltet, erscheint in den »im Text sichtbaren Unregelmäßigkeiten oder Narben«.[18] Kein anderer als der jetzige Text kann uns die Auslegungsgeschichte jener Tat bezeugen, mit der Gott den Anfang gesetzt hat. In dem Maße, als wir von der Oberfläche des Textes weg und in seine tieferen Schichten einsteigen, gewinnen die älteren Themen das Gewicht einer Beständigkeit und Kraft, das in die Bedeutung des jetzigen Textes konstitutiv eingeht. »Der Rückgang zu den Anfängen endet bei den wildesten Seiten des Stoffes, die selbst noch durch die zwei ersten Verse der Genesis hindurchscheinen. ›Schaffen‹ heißt: ein Kontinuum zerbrechen, einen Raum auflösen, etwas zerreißen.«[19] Daher ist die Reinigung der früheren Überlieferung das Gegenteil einer bloßen Wiederholung eines archaischen Früheren. Und die Interpretation, die die eigene Zutat des Schriftstellers ist, gibt dem Textsinn zwar eine bestimmte Richtung, fällt aber nicht mit ihm zusammen; denn auch das der Interpretation Vorgegebene gehört zum Sinn des Textes. Die neue Vorstellung von der Schöpfung durch das scheidende Wort »kann die Beziehung mit den früheren, in urtümlicherer Weise sprechenden Bildern nicht abbrechen«.[20]

3. Interpretation

Wir haben nun gesehen, daß strukturale und geschichtliche Betrachtung die beiden, gleich wesentlichen Pole der einen Exegese sein müssen. Nun gilt es zu sehen, wie diese beiden Pole von sich aus einen dritten Pol fordern: den der Interpretation.

Stellen wir zunächst eine Vorfrage! Wer ist es, der interpretiert? Der

---

[17] Ebd. 198.
[18] Ebd. 229.
[19] Ebd. 230.
[20] Ebd. 231.

Theologe oder der Philosoph, der Prediger oder schon der Exeget? Ohne Zweifel gibt es keine neutral-unschuldige Interpretation. So interpretieren Theologen und Philosophen in dem Maße in dem sie den Text mit einer anderswoher stammenden Prolematik in Beziehung setzen, etwa mit dem griechischen Gedanken der Kausalität oder mit dem modernen philosophischen Problem des Anfangs und der Grenze. Wer schreibt »Gott schuf, indem er schied«, ist schon weit jenseits des Textes; er bringt ihn unter Kategorien, versetzt ihn in einen denkerischen Raum, der nicht mehr der des Textes, sondern der unserer ganzen Kultur ist. Paul Beauchamp erinnert daran: »Einen Text erklären, heißt und hat immer geheißen: sagen, was er nicht sagt, was man vielmehr zu einem großen Teil aus sich selber holt.«[21] Die Exegese ist nur dazu da, diese Wieder-holung durch den heutigen Leser vorzubereiten, der durch seine Aneignung des Textes die kulturelle Entfernung überwindet, die durch die strukturale Analyse und die historische Rekonstruktion nur noch vergrößert worden war.

Niemand leugnet diese Versetzung des Textes in einen anderen, ihm eigentlich fremden Raum. Die Frage ist eher die, ob es nicht schon vor der philosophisch-theologischen Interpretation, die ein Werk des philosophierenden oder theologisierenden Subjekts ist, eine Interpretation gibt, die nicht eine Interpretation *des* Textes oder *über* den Text, sondern eine Interpretation *im* Text und *durch* den Text selbst wäre.

Wenn z. B. von Rad und Schmidt die Denkbemühung, die sich in unserem Text niedergeschlagen hat, genetisch rekonstruieren, verwenden sie offensicht einen Interpretationsbegriff, demzufolge das interpretierende Tun etwas ist, das der Text mit sich selbst vornimmt; ist doch jede neue Schicht eine Interpretation der vorhergehenden. So wirkt nach von Rad das Bekenntnis, das den Mittelpunkt des Schwerefeldes des Hexateuch bildet, als der interpretierende Faktor in der Masse der Legenden, der Erzählungen und Mythen, die von diesem Schwerefeld umgriffen werden. Schon die Zusammenstellung der Quellen ist eine Interpretation. Wenn daher der Exeget die Erzählung auf Verkündigung hin interpretiert, übernimmt er nur auf seine Weise die Auslegungsarbeit, die schon mit der Zusammenstellung der Quellen begonnen hat. Schmidt folgt von Rad in seinem Gebrauch des Interpretationsbegriffs: Die Interpretation ist immer das Gegenstück zu einer

---

[21] Ebd. 15.

vorhergehenden Überlieferung; der Wortbericht ist eine Interpretation des Tatberichts. Wenn dann der Exeget seinerseits den Text interpretiert, vollzieht er den im Text liegenden Übergang von der Überlieferung zur Interpretation nach.

Wir finden hier den Begriff der Interpretation wieder, wie wir ihn in der Einleitung vorgeschlagen haben: Die Interpretation ist ein Akt des Textes selbst, insofern dieser eine Richtung, eine dynamische Richtung aufweist. Interpretieren heißt, daß wir uns in seiner »Sinnrichtung« bewegen.

Auch die strukturale Methode führt nach meiner Meinung zu keinem anderen Ergebnis. Ihr Zweck liegt ja nicht darin, die Interpretation für überflüssig zu erklären, sondern sie mit Hilfe der Tiefensemantik, die sie zu Tage fördert, zu formulieren. »Wenn es eine Struktur gibt,« schreibt Paul Beauchamp, »dann ist *sie* die Basis der Interpretation.[22] So, wie *wir* den Text lesen, trägt aber erst die Interpretation das Gerüst des Textes und wahrscheinlich einen Teil des Materials bei, aus dem dieses Gerüst besteht. ... Das Ausmaß einer Interpretation kann freilich da nicht erscheinen, wo die literarische Komposition nicht in Betracht gezogen wird.« [23]

Rufen wir einige Beispiele für jene Tiefensemantik ins Gedächtnis zurück, die durch strukturale Analyse aufgedeckt und so der Interpretation zugänglich wurde!

So erscheint eine sich im Bild des »Scheidens« ausdrückende Tiefensemantik dadurch, daß die Struktur I-IV-VII (Licht-Gestirne-Sabbat) hervorgehoben und zum Angelpunkt des Kalenderaufbaus gemacht wird. »Die dominierende Scheidung ist die der Zeiten.« [24] Allein die Strukturanalyse rückt so den inneren Zusammenhang von Wort, Licht und Gestirn in den Blick: »Daß die Himmelskugel in eine besondere Beziehung zum Zeitwort ›sein‹ gesetzt wird, daß sich die Schöpfungsgeschichte schon mit dem ersten Satz auf dieses Zeitwort wirft – das ist der entscheidende Einfall des Schriftstellers.« [25] Die Gestirne sind

---

[22] »Wenn man mit W. H. Schmidt annimmt, der jetzige Text sei das Ergebnis der Überlagerung zweier Etagen, der Überlieferung (»Tatbericht«) und der Interpretation (»Wortbericht«), dann liegt die Struktur schon fast fertig vor, wenn die Interpretation beginnt.« (Dieser Satz Beauchamps wurde im französischen Originaltext von Ricœur versehentlich ausgelassen.)

[23] Ebd. 112.

[24] Ebd. 117.

[25] Ebd. 117.

Worte Gottes, weil sie eine scheidende Funktion ausüben. Schon vor dem Menschen gibt es den Himmel als Ausdruck »des göttlichen Begrenzungswillens«, »nicht als Substanz, sondern in seiner Funktion, in seiner Stellung gesehen«.[26] Sobald das Licht ins Auge trifft, empfängt es den Namen »Tag« und wird der Scheidung der Zeiten untergeordnet.

Ein anderes Beispiel. Auf der Ebene der Tiefensemantik konstituiert sich auch die Spannung zwischen dem Pol Licht/Himmel einerseits und dem Pol Erde/Mensch anderseits. Wo von Rad vor allem und fast ausschließlich die Schöpfung in achtfachem Anlauf auf den Menschen hin sich steigern sah, kontrastiert die strukturale Analyse diese Steigerung an Bedeutungsfülle, vom »Es werde Licht!« bis zum »Laßt uns den Menschen machen!«, eigens mit der Regelmäßigkeit und der Monotonie des Rahmens. Sie versteht diesen Aufstieg also als Variationsformel, die zur konstanten Wiederholung der Formeln im Gegensatz steht. Anderseits erhält der Aufstieg vom Chaos bis zum Menschen nur dadurch seinen Sinn, daß ihm als Gegenpol die Setzung eines Kosmos entgegensteht, der zugleich die Grenze des Menschen und den Bereich, der ihm vorausliegt und der ihn umfängt, bezeichnet.

Ich für meinen Teil möchte dem die Bemerkung hinzufügen, daß dieses neue Verständnis des Sinnes eines Textes es ermöglicht, das Verhältnis der lehrhaften Gattung unserer Erzählung zur Weisheitsliteratur neu zur Debatte zu stellen. Von Rad hat diese Beziehung zwar nicht übersehen, hat den Weisheitsschriften jedoch nur einen zweitrangigen und recht späten Einfluß zuerkannt. Nach ihm hat im Glauben des Jahwisten die Frage nach dem Heil die Frage nach der Schöpfung überlagert. Die kosmologischen Aussagen kommen so mit den soteriologischen Aussagen zusammen in dieselbe Kategorie. Der Beitrag der Weisheitsliteratur beschränkte sich darauf, die Selbständigkeit der kosmologischen Thematik gegenüber der soteriologischen herauszuarbeiten. Man kann sich allerdings – mit einem Exegeten wie *J.-P. Audet* – fragen, ob die Weisheit nicht viel älter, d. h. schon Zeitgenossin der Gesamtheit der hebräischen Schriften sein könne. Ja, man kann sich selbst fragen, ob sie nicht auch die Soteriologie umfaßt. Ich sehe in Gen 1 mehrere Hinweise zugunsten dieser Interpretation: Falls die

---

[26] Ebd. 118.

These von Paul Beauchamp zutrifft, bezeugt die Darstellung der Einrichtung des Himmels, der Gestirne und der Zeit, insofern darin ein Gegengewicht gegen die Schöpfung des Menschen liegt, ein Interesse für die kosmologische Thematik, das nicht nur auf die Ansage des Heils geht. Ein anderer Hinweis besteht darin, daß die *ruach elohim,* die ursprünglich im Umkreis kriegerischer Theophanien beheimatet war und jetzt in den Rahmen der Schöpfungshandlung eingefügt ist, daß also der Geist Gottes auch in seiner neuen Umgebung noch einige Züge der »beweglichen und zielgerichteten Gegenwart Gottes« [27] trägt. Das Thema der kosmischen Wanderung der Weisheit, das dann auch in den Sprüchen und im Ijob erscheint, ist aber ein bekanntes Thema der antiken Weisheitsliteratur. Besteht die Funktion der Weisheit dann nicht darin, kosmologische und soteriologische Ideen miteinander zu verbinden? Ist die *ruach,* die über den Wassern schwebt und jene, die das Volk bewegt, nicht ein und dieselbe? War der Geist, der nach der Überwindung der Widerstände seine Ruhe bei einem heiligen Volk fand, nicht schon am Werk, bevor noch das erste Wort gesprochen worden ist? Wenn dem so wäre, müßte man sagen, daß die weisheitlichen Versuche der Welterklärung ebenso alt sind wie die geschichtliche Konzeption der *ruach.* Einen anderen Hinweis auf den weisheitlichen Charakter unseres Textes kann man vielleicht darin sehen, daß die dort vorkommenden Listen der geschaffenen Dinge den Katalogen nahestehen, die für die Weisheit der Schreiber kennzeichnend sind. Von Rad greift auf diese Kataloge nur im Zusammenhang von Ijob und Kohelet zurück.[28] Gehören aber die Listen unseres Textes nicht schon zum selben Genus? Ich bin versucht, dies auch von der sprachlichen Leistung zu behaupten, die sich in den verschiedenen Ausdrükken für das schöpferische Tun äußert: scheiden, ordnen, verteilen, herstellen, machen, schaffen, schöpferisch hervorbringen usw. Ist dieses Feilen an den Bedeutungen nicht das Zeugnis denkerischer Arbeit, die darauf aus ist, eine Liste von Handlungen, nicht mehr nur von Sachen, aufzustellen? Und ist etwa der Wandel von der Vorstellung vom kosmischen Kampf zur Vorstellung von der Ordnung und Einrichtung der Welt nicht auch schon etwas Weisheitliches und Spekulatives? Noch grundlegender ist, daß das Interesse fürs »Scheiden« selber,

---

[27] Ebd. 181.

[28] *G. von Rad,* Hiob 38 und die altägyptische Weisheit, in: Gesammelte Studien, 262–271.

als für die Beziehung des Sagens und des Machens, aus einem außerordentlichen spekulativen Potential stammen muß. Eben dadurch hat unser Thema den Anschluß an die griechisch geborene Kausalitätsspekulation finden können, und eben dadurch knüpft sich immer neu die Beziehung zur neuzeitlichen Spekulation über einen letzten Ursprung aller Dinge. Ist der Weg vom »Scheiden« im Sinne einer Gewalttat an den Urwassern zum »Scheiden« im Sinne der Einrichtung einer Ordnung durch das Wort nicht überhaupt ein Übergang von einer kriegerischen Soteriologie zu meditativer Weisheit? Es ist aber die strukturale Analyse gewesen, die uns *unter* der soteriologischen Thematik, die die Erschaffung des Menschen mit der ganzen Folge göttlicher Befreiungstaten verbindet, die Beziehung hat entdecken lassen, die zwischen der Errichtung des Himmelsgebäudes und der Weisheit besteht und die deutlich in den Sprüchen, im Ijob und in den Psalmen 104 und 136 hervortritt. »So kann man«, schreibt P. Beauchamp, »von der Zuschreibung des Sieges über das Ungeheuer an die Weisheit zur Erstellung des Himmelsgebäudes als der Frucht dieses Sieges übergehen.« [29] Das Vorbild der Interpretation ist hier die Bewegung der Weisheit selbst, die die gewaltsame Scheidung der Elemente durch die Differenziertheit von Listen und Katalogen ersetzt.

Die Interpretation tut dem Text also keine Gewalt an; sie ist kein Einbruch der Subjektivität des Exegeten in die Objektivität des Textes. Selbst wenn der Exeget zugibt, daß er, »um die Bedeutung des Themas der Scheidung interpretieren zu können, den Sinn des Textes außerhalb des Textes oder besser: in den Beziehungen des Textes zu dem, was außerhalb seiner liegt, suchen muß« [30] – dann wird er sich immer noch auf jene Elemente *im Text* stützen, die von sich aus auf andere Texte verweisen. Worin besteht denn z. B. die Interpretation des Themas der Scheidung? Darin, daß man auf anderen Bedeutungsebenen, durch die dieselbe Bezeichnung hindurchläuft (kosmologische, soziale, institutionelle Ebene), nach einer Identität im Funktionieren dieser Bezeichnung sucht. So lädt jene »Armee«, die das Weltall ist, dazu ein, in der Idee einer Armee selbst eine strenge Aufteilung der Funktionen zu suchen, die der Differenzierung des Weltalls entspricht. So waltet der Akt der Scheidung dann zugleich in der Verteilung der Elemente des Kosmos, in der Aufteilung der sozialen Rollen

---

[29] *Beauchamp*, Création et Séparation, 217.
[30] Ebd. 233.

sowie in anderen Geheimnissen der Teilung, die sich aus dem sozialen und kulturellen Leben ergeben. Kosmos, Armee und Kult treten in ein Verhältnis funktionaler Homologie, die es uns erlaubt, hier in einem nicht nur rhetorischen, sondern streng logischen Sinn den Begriff des Symbols zu gebrauchen. Man kann sagen, daß der Begriff der Scheidung in dem Sinne symbolisch ist, daß dieselben Bedeutungswerte von »Aufteilung«, aus denen er besteht, mehrere Bedeutungsebenen, semantische Felder und Wirklichkeitsbereiche durchlaufen. Das Symbol erweist sich hier als fundamentaler als die Metapher (im rhetorischen Sinn des Wortes): es bezeichnet eine analoge Organisation der Bedeutung, die in verschiedenartigen Wirklichkeitsbereichen herrscht. Während die Metapher das Mittel einer Übertragung von Bedeutung ist, ist das Symbol die vorgängige Versammlung von Beziehungen in einer Homologie, die die Übertragung von Bedeutungen überhaupt erst ermöglicht. So möchte ich es verstanden wissen, wenn ich den Begriff der Scheidung »symbolisch« genannt habe. Die Aufgabe der Interpretation ist es, von der einigend-versammelnden Macht dieses Symbols einen Begriff zu geben.

Die strukturale Methode schwächt das Band, mit dem von Rad und Schmidt genetische Betrachtungsweise und Interpretation miteinander verknüpften, also keineswegs. Die Strukturanalyse spielt vielmehr eine Entdeckerfunktion hinsichtlich jener Interpretationsarbeit, die sich im Text selbst niedergeschlagen hat. Die Struktur erscheint dabei als ein Mittel des Austauschs und des Kampfes zwischen einer bestimmten Überlieferung und der Interpretation, die schon im Text selbst am Werke ist. Das Zusammenspiel von Geschichte und Struktur läßt etwas von dem erkennen, was man die Absicht des Textes nennen kann. »Jede Absicht«, sagt Paul Beauchamp, »wirkt sich auf die Organisation des Textes aus, wenn sie kräftig genug ist... Es ist die Absicht, die innerhalb der Struktur eine immanente Geschichte entfaltet.«[31] Dieser aufs äußerste verdichtete Text unseres Exegeten drückt gut *das Zusammenspiel von Struktur, Genese und Absicht* aus. Es ist Aufgabe einer feinsinnigen Theorie der Interpretation, dieses Spiel zu achten und es zu verherrlichen.

---

[31] Ebd. 70.

II

DER GESICHTSPUNKT DER PSYCHOANALYSE

Xavier Léon-Dufour: Arbeitspapier zu Röm 7

I. Der Text: Röm 7,7–25

7 Was werden wir nun sagen? Daß das Gesetz Sünde sei? Sicherlich nicht!
Aber: nur durch das Gesetz habe ich die Sünde kennengelernt. Denn ich
wüßte nichts von der Begierde, wenn das Gesetz nicht gesagt hätte: »Du
sollst nicht begehren!« 8 Die Sünde hat das Gesetz zum Anlaß genommen, in
mir jegliche Begierde zu wecken. Ohne Gesetz ist die Sünde ja tot. 9 Einst
lebte ich, ohne das Gesetz. Als jedoch das Gebot kam, kam Leben in die Sün-
de; 10 ich aber starb. Das Gebot, das das Leben bringen sollte, erwies sich mir
als todbringend. 11 Denn die Sünde hat das Gebot zum Anlaß genommen,
mich zu verführen, und hat mich so durch dieses getötet. 12 So ist also das Ge-
setz selbst heilig, und das Gebot ist heilig, recht und gut. 13 Ist also das, was
gut ist, mir zum Tod geworden? Sicherlich nicht! Vielmehr war es die Sünde,
die als Sünde dadurch offenbar werden sollte, daß sie mir durch das Gute
den Tod brachte. So ist also durch das Gebot die Sünde über alle Maßen
sündig geworden.

14 Wir wissen ja, daß das Gesetz
geistlich ist.
Ich aber bin fleischlich,
unter die Sünde verkauft.
15 Denn was ich vollbringe,
verstehe ich nicht.
Ich tue ja nicht,
was ich will,
sondern, was ich hasse,
das tue ich.
16 Wenn ich aber tue
was ich nicht will,
so erkenne ich dem Gesetz zu,
daß es gut ist.
17 Nun aber vollbringe nicht
mehr ich es, sondern die in
mir wohnende Sünde.

18 Ich weiß ja, daß das Gute
nicht in mir wohnt,
d. h. in meinem Fleische.
Das Wollen steht zwar bei mir,
nicht aber das Vollbringen des Guten.

19 Denn nicht das Gute tue ich,
das ich will,
sondern das Böse, das ich nicht will,
das tue ich.
20 Wenn ich aber tue,
was ich nicht will,

So vollbringe nicht
mehr ich es, sondern die in
mir wohnende Sünde.

21 So finde ich nun das Gesetz, das ich zwar das Gute tun will, daß bei mir
aber nur das Böse steht. 22 Denn dem inneren Menschen nach habe ich am
Gesetz Gottes Freude. 23 Ich sehe aber ein anderes Gesetz in meinen Glie-

dern, das dem Gesetz meiner Vernunft widerstreitet und mich zum Gefangenen des Gesetzes der Sünde macht, das in meinen Gliedern ist. 24 O ich unglückseliger Mensch! Wer wird mich aus dem Leibe dieses Todes erlösen? 25 Dank sei Gott durch Jesus Christus, unseren Herrn!

II. Das Problem

Ist Röm 7 ein Text, aus dem die christlichen Leser ohne weiteres Gewinn ziehen können, weil er ihre eigene Erfahrung – oder doch die Erfahrung einiger unter ihnen – wiedergibt?
Oder handelt es sich nur um die persönliche Erfahrung Pauli? Wenn ja: zu welchem Zeitpunkt seines Lebens hat er diese Erfahrung gemacht?
Oder handelt es sich um die Erfahrung von Menschen, die vor und ohne Christus gelebt haben? Wenn ja: an welcher Stelle der Menschheits- und Heilsgeschichte ist der beschriebene Konflikt anzusiedeln?

III. Überblick über die bisherigen Auslegungen

1. Psychologische Interpretationen

a) Autobiographisch:
Röm 7 beschreibt die christliche Erfahrung des *»simul iustus et peccator«*, die auch Paulus gemacht hat: Augustinus, die Reformatoren; in Spuren bei gewissen zeitgenössischen Kommentatoren (A. Sabatier, Deissmann, Leenhardt, Stacey); Auslegungstendenz der Dogmatiker.
Röm 7 beschreibt die Erfahrung Pauli vor seiner Bekehrung, die Erfahrung eines jungen Israeliten beim Eintritt in die Jahre der Unterscheidung: Cornely, Sanday-Headlam, Prat usw.
b) Universalistisch:
Röm 7 beschreibt (oder mündet in) eine universale Erfahrung, die Erfahrung der Menschheit ohne die Gnade: Cerfaux.

2. Heilsgeschichtliche Interpretationen

a) Es werden die Phasen der *Heilsgeschichte* beschrieben: von Adam zur Tora – die Herrschaft der Tora – die Situation des Christen. Das erwähnte Drama spielt in der zweiten Phase. So Benoit, Schrenk, Kümmel, Bultmann, H. Braun usw.

b) Die angeführten Phasen sind nicht eigentlich Phasen der Heilsgeschichte im eingeführten Sinne dieses Wortes, sondern die Phasen der Erfahrung des *ersten*, für die Menschheit als ganze stehenden *Menschen:* die Zeit der Freundschaft des ersten Menschen mit Gott – die Übertretung des erkannten Gebotes und so der Fall der Menschheit in den Machtbereich der Sünde – die Situation des Christen. So zahlreiche Kirchenväter, Lagrange, Michel, Prümm, Leenhardt, Lyonnet. Diese Position ist im Grunde identisch mit der von 1 b); nur kommt hier noch das Moment der symbolischen Repräsentation der Menschheit in Adam hinzu.

IV. Möglichkeiten, einen Zugang zum Text zu gewinnen

1. Die Stellung des Abschnitts im Zusammenhang des Briefs

a) Welche Stelle nimmt unser Abschnitt im Rahmen der literarischen Struktur und der lehrhaften Entfaltung des Römerbriefs ein? Worin besteht der Beitrag von Kap. 8 zum Verständnis von Kap. 7? These – Antithese?
b) Wo genau fängt der Abschnitt an, wo hört er auf?

2. Fragen, die den Text aufschließen

a) Vermittels des Gesetzes macht die Sünde sündig (7,7–13).
Was macht das Gesetz? Was macht das Gebot? Worin besteht sein Wesen? Handelt es sich um das mosaische Gesetz? Gehört es zur Selbstwerdung des Ich? Gilt es für alle Menschen?
b) Der Sünder ist wider seinen Willen dem Tod geweiht (7,14–25).
7,14–20: die beiden Gesetze: Die Gedankenbewegungen von 14–17 und von 18–20 charakterisieren! Ist das Ich überhaupt noch vorhanden? Was fehlt ihm?
7,21–25 a: Kann man hier von einer »literarischen Übertreibung« sprechen? Ist es zulässig, von einem Bestimmtsein zur Sünde, vom schicksalhaften Verhängtsein des Todes zu sprechen? Was wird nun aus dem Gesetz? Was ist seine Funktion? Was ist die Rolle der Sünde? Woher kommt ihre Macht? Wie kann das Ich, das doch tot ist, um Hilfe rufen?

3. Zusammenfassende Fragen

Ist die Basis unseres Textes eine dualistische Anthropologie? Handelt es sich um einen Konflikt zwischen zwei Willen? Geht es um eine radikale Unfähigkeit, das Gute, das man tun will, in Angriff zu nehmen, d. h. um eine Verkehrung des Menschen, der als ganzer das Gute zu tun versuchte, aber das Böse vollbrächte? Schließlich: An wen denkt Paulus bei der Beschreibung dieses Dramas? Haben wir wirklich alle Akteure unseres Abschnittes hinreichend beachtet? Was will Paulus hier den Christen sagen?

V. Bibliographie

1. Exegetische Literatur

Außer den älteren Kommentaren besonders *W. G. Kümmel,* Römer 7 und die Bekehrung des Paulus, Leipzig 1929, und O. *Kuß,* Der Römerbrief, Regensburg 1959, 462–485.

Für die paulinische Bedeutung der Termini σάρξ, σῶμα, νοῦς, ἐπιθυμία usw.: *Kittel,* Theologisches Wörterbuch zum Neuen Testament und das Wörterbuch zur biblischen Botschaft von *X. Léon-Dufour* (Freiburg 1964).

Hilfreich sind auch:

H. Conzelmann, Grundriß der Theologie des NT, München ^{2}1968, 198–206; *H. Braun,* Röm 7,7–25 und das Selbstverständnis des Qumran-Frommen, in: ZThK 56 (1959) 1–18, auch in: *H. Braun,* Gesammelte Studien zum NT, Tübingen 1962, 100–119 – ein interessanter Vergleich der Sünden- und Heilsvorstellung in Qumran mit der Pauli, der auch eine synthetische Studie unseres Abschnittes, besonders in anthropologischer Hinsicht, einschließt. Vgl. auch: *S. Schulz,* Die Rechtfertigung aus Gnaden in Qumran und bei Paulus, in: ZThK 56 (1959) 155–185. Siehe auch *R. Bultmann,* Theologie des Neuen Testaments, Tübingen ^{8}1968, 189, 248–249, 265–266.

2. Psychologische Literatur

A. Vergote, Religionspsychologie, Olten-Freiburg 1970, Kap. 3; A. *Vergote,* Psychanalyse et anthropologie, in: *Huber-Piron-Vergote,* La

Psychanalyse, science de l'homme, Brüssel 1964, 147–255; *J. M. Pohier*, Au nom du Père ... Recherches théologiques et psychanalytiques (Cogitatio fidei 66), Paris 1972.

Antoine Vergote: Der Beitrag der Psychoanalyse zur Exegese. Leben, Gesetz und Ich-Spaltung im 7. Kapitel des Römerbriefs

Die Psychoanalyse hat das Interesse der Exegeten noch kaum gewonnen; sagen diese doch nicht selten, sie fühlten sich von der Psychoanalyse weniger betroffen als von anderen modernen Methoden, wie etwa der strukturalen Poetik oder der Soziologie. Zwar haben sie sich im Lauf der Jahrhunderte allerlei Werkzeuge zugelegt und bereitwillig jede neue Technik der Auslegung in sich aufgenommen. Die Psychoanalyse aber bleibt im allgemeinen außerhalb ihres Gesichtskreises.
Dafür können mehrere Gründe angeführt werden. In einer Kultur, die stark durch das Ideal der Vernünftigkeit und die Herrschaft des Intellekts geprägt ist, nimmt sich der Begriff des Unbewußten fremd aus. Der Mißbrauch, der mit der Heranziehung pathologischer Phänomene getrieben wird, trägt oft zu einer Verfälschung der psychoanalytischen Sichtweise bei. Der offene Imperialismus zahlreicher Psychoanalytiker weckt das Mißtrauen gegenüber einer Interpretationsmethode, die von einem hochentwickelten Geschmack fürs Destruktive beseelt zu sein scheint. Die persönliche Infragestellung des Auslegers durch die Psychoanalyse scheint uns aber ein ebenso wichtiger Grund für die Zurückhaltung zu sein, mit der man ihr begegnet. Unmöglich, die Psychoanalyse als bloße Auslegungstechnik zu verstehen! Die Methode der strukturalen Analyse von Erzählungen liefert zwar das Handwerkszeug für eine formale Auslegung; die Ausgrenzung eines Textes, die Nachzeichnung seines inneren Aufbaus und die Darstellung seines Beziehungsgefüges treffen aber noch keine Entscheidung über den Inhalt des Textes. Die strukturale Analyse leistet zwar die Entzifferung des Code, zielt aber noch nicht auf die Offenlegung des zu übermittelnden Sinnes. Die Psychoanalyse hingegen trifft uns selbst, insofern sie aus den Zeugnissen und Überresten (den Texten, Einrichtungen usw.) die bewußte und unbewußte Erinnerung

von lebendigen Menschen erhebt und die Zeugnisse der Vergangenheit in Botschaften für die Gegenwart verwandelt. Ist die Tatsache, daß sich die Exegeten durch die Psychoanalyse nicht betroffen fühlen, nicht vielleicht das Anzeichen für ein dunkles Wissen, das die Exegeten echt gefordert würden, wenn sie sich entschlössen, die Psychoanalyse ernstzunehmen – nicht zwar im engen Bereich der objektiven Texterklärung, wohl aber auf der Ebene ihrer verstehenden Aneignung? Fürchten sie für die wissenschaftliche Strenge ihrer Arbeit? Läuft eine exakte, durch die Anstrengung von Jahrhunderten errungene Wissenschaft nicht Gefahr, sich durch eine subjektive und willkürliche Interpretationsweise auflösen zu lassen?

Die angedeuteten Gefahren sind real. Nicht selten war die Anwendung der Psychoanalyse auf biblische oder völkerkundliche Dokumente zügellos. Die Beiträge der Psychoanalyse zur Interpretation alter Dokumente, Mythen, Legenden und religiöser Symbole beweisen jedoch, daß sie in der Lage ist, auch für die Auslegung biblischer Texte ein wenig Licht zu spenden. Die Psychoanalyse ist ein neues Menschenverständnis und keineswegs nur die klinische Untersuchung abwegiger Phänomene. Als solches ist sie ein Teil der Hermeneutik, und dies auf zweifache Weise. Einerseits gestattet sie eine Überprüfung der anthropologischen Konzeptionen, die einer Auslegung mehr oder weniger unbewußt zugrunde liegen, und anderseits bildet sie wissenschaftliche Theorien über die in gewissen Dokumenten zur Sprache kommenden Existenzstrukturen, über deren gegenseitigen Zusammenhang wie über ihre Bruchstellen.

In einer kurzen theoretischen Einleitung werden wir zunächst rechtfertigen, warum wir Exegese und Psychoanalyse überhaupt miteinander in Beziehung bringen. Die Tragweite dieser prinzipiellen Überlegungen wird allerdings erst in der psychoanalytischen Auslegung von Röm 7 deutlich werden, die den Hauptteil unseres Versuches ausmacht. Ganz wie jeder Exeget und Psychoanalytiker werden wir uns bemühen, uns in den paulinischen Text einzuhören. Eine erste Durchsicht von Röm 7 und eine kritische Übersicht über die verschiedenen Interpretationen wird uns eine vorläufige Idee von der gedanklichen Schichtung des paulinischen Textes geben sowie die verbindenden und trennenden Elemente hervortreten lassen, die seit langem Gegenstand der exegetischen Diskussion sind. Besondere Aufmerksamkeit werden wir den diversen *dramatis personae* widmen, die die verschiedenen

Abschnitte des Textes tragen und dessen Mittelpunkt verschieben. Drittens werden wir uns in die innere Auseinandersetzung vertiefen, von der Paulus Zeugnis ablegt. Die Auslegung einiger Bauelemente der Sprache Pauli wird unsere zugleich exegetische und psychoanalytische Interpretation des Ich und des Konflikts, der es mit sich selbst entzweit, abrunden. Abschließend werfen wir dann einen Blick auf die Lösung des Konflikts durch eine neue Existenzweise (Röm 8); von daher werden sich auch die Engpässe des überwundenen Konflikts in einem neuen Licht zeigen.

I. Der Beitrag der Psychoanalyse zur Hermeneutik

Einen Text verstehen heißt auf den Sinn zugehen, den ihm der Schriftsteller gegeben hat. Das heißt aber auch, ihn als man selbst zu verstehen, sich seinen Sinn zu eigen zu machen. Zu jeder Interpretation gehört ein Austausch zwischen Leser und Text; dessen Sinn ist nicht anders da als im Hin und Her seiner Botschaft zwischen dem Schriftstück und dem Ausleger. Früher war es möglich zu glauben, die Exegese könne nur dadurch Wissenschaft sein, daß sie das interpretierende Subjekt einklammere; in unseren Tagen hat ein gewisser Strukturalismus diese objektivistische Illusion zu erneuern vermocht. Die gesamte nach-kantische Erkenntnistheorie belehrt uns jedoch, daß der objektiven Sichtweise eine gewisse intentionale Aktivität des Subjekts innewohnt. Mehr noch: Die Subjektivität des beobachtenden Wissenschaftlers bedingt die Objektivität der untersuchten Phänomene. Um objektiv sein zu können, muß der Ausleger von sich selbst absehen und in die Welt jener Bedeutungen eintreten, die in den Semantemen und Strukturen des Textes enthalten sind. Dem Blick der kritischen Analyse zeigt sich aber, daß dies Von-sich-Absehen nichts anderes als eine Verschiebung des Zentrums der Subjektivität sein kann. Es ist also wichtig, sich der subjektiven Bedingungen einer objektiven Lektüre bewußt zu sein. Wenn wir uns von den anthropologischen Schemata befreien wollen, die unsere Interpretationen leiten, schwächen wir nur deren Objektivität durch die Auswirkungen einer nicht kontrollierten Subjektivität.

Der Wechselbezug von Subjektivität und Objektivität wird noch wichtiger, wenn wir uns entschließen, einen bestimmten Text als eine an uns gerichtete Botschaft entgegenzunehmen, als einen Anruf, der uns in unserem Verständnis des Menschen und seiner Bezüge zu Welt und Gott betrifft. In der Phase der Aneignung wird der Anteil der psychologischen Interpretation bedeutsamer und offensichtlicher als im Stadium der ersten Lektüre, die sich einfach den Text geben läßt. Untersuchen wir nun etwas genauer, wie die Psychologie in beiden Momenten der Exegese präsent ist!

1. Die objektive Exegese

Ein alter Text ist ein geschichtlicher Überrest, der die sprachliche Verleiblichung der Aussageabsicht und der persönlichen Erlebnisse eines Schriftstellers ist. Dieser Schriftsteller aber ist einer Kultur verpflichtet, die durch ihn hindurch spricht und seinen Aussagen einen Bedeutungsüberschuß verleiht, der weit über seinen bewußten Gesichtskreis hinausgeht. Um den Text zu verstehen, muß der moderne Leser also aus seiner Subjektivität heraustreten und muß, soweit möglich, mit der Lebens- und Denkart des Schriftstellers, seiner Hörer bzw. Leser und ihrer kulturellen Umwelt gleichzeitig werden. Mehrere Disziplinen vereinen sich zum Studium eines Textes. Sie betrachten ihn hinsichtlich seiner verschiedenen Komponenten und Dimensionen. Die Psychologie hat unter den hermeneutischen Disziplinen die Aufgabe, die anthropologischen Konzeptionen des Schriftstellers mit dem modernen Menschenverständnis zu konfrontieren, an dem auch der Ausleger in gewisser Weise teilhat. Sie thematisiert die Distanz, die das Menschenverständnis und die Kultur des Auslegers von den älteren oder fremdländischen Schriftstellern trennt. Durch die Konfrontation der beiden Welten bewahrt sie zugleich den Eigencharakter und die Verständlichkeit der Texte.
Jeder Leser gehört einer bestimmten Kultur an, deren Kraftlinien großenteils in einem Netz vorbewußter Kategorien verlaufen. Unser Verständnis der Welt und des Anderen wird geführt von einem Vorverständnis, das durch die Zugehörigkeit zu unserer Kultur und zu bestimmten Gruppen geprägt ist. Neuere Untersuchungen haben so etwa aufzeigen können, daß eine ganze Reihe von anthropologischen Interpretationen fremder Kulturen unbewußt die eigene Kultur in den Mittelpunkt des Interpretationssystems gerückt hatte. Je mehr wir die Kategorien klären, die wir spontan projizieren, desto mehr erhellen

wir unsere eigene Art zu leben, desto mehr sind wir auch imstande, einen Schriftsteller zu verstehen, der uns durch die Verschiedenheit seiner Kultur mehr oder minder fern liegt.

Die besseren Exegeten waren sich des Kulturabstandes, der sie von Paulus trennt, natürlich immer bewußt. Um einen Zugang in diese andere Welt zu gewinnen, haben sie von gewissen Begriffen Gebrauch gemacht, die dem Vokabular Pauli an sich fremd sind: vom Begriff der Geschichte, der Erfahrung oder des Konflikts. Ist damit nicht wenigstens implizit anerkannt, daß jegliche Exegese dem kulturellen Milieu des Interpreten ihren Tribut zu entrichten hat? Eine Auslegung, die strikt innerhalb des Textes bliebe, wäre ja ein Widersinn. Unfähig, in den schöpferischen Akt des Schriftstellers selbst einzutreten, wäre der Exeget zur blinden und tauben Wiederholung des Buchstabens eines Textes verdammt, der so aufhörte, Träger von Sinn zu sein. Gewiß verfügt kein Exeget über jene souveräne Übersicht, die alle endlichen Gesichtspunkte in sich vereinigen könnte, und es gibt keine *personnalité de base,* keinen Normaltypus, der der alleinige und der gesamten Menschheit gemeinsame Träger alles Menschlichen wäre. Objektives Verstehen des anderen vollzieht sich schrittweise: Zuerst wird man der Unterschiede gewahr; dann arbeitet man Begriffe aus, die diese in gewissem Maße überwinden. »Lesen« das heißt: sinnvolle Zeichen unter unsere Kategorien sammeln, die selbst durch das Hin und Her zwischen uns und dem fremden Text geschmeidiger werden. Der Beitrag der Psychoanalyse zu diesem Gespräch besteht in der Kenntnis der Kategorien, die das explizite und implizite Menschenverständnis des Lesers wie des Schriftstellers zur Sprache bringen.

In unserem Falle, dem von Röm 7, ist es nützlich, jene Begriffe zu klären, die das psychologische Terrain abstecken, auf dem der rätselhafte, von Paulus in der ersten Person beschriebene Konflikt sich abspielt. Dabei muß auseinandergehalten werden, was auf das Konto der rhetorischen Technik geht und was ausdrücklich vom Text bezeugte Aussageabsicht ist. Und wenn sich dann herausstellt, daß die Redeform der ersten Person hier mehr als eine bloß stilistische Figur ist, wenn sie also etwas bedeutet, dann müssen wir, um den Text zu begreifen, notwendig auf die Kategorien zurückgreifen, in denen sich unser eigenes Denken des Ich bewegt.

Indem wir unsere Kategorien mit denen des Paulus konfrontieren, gehen wir allerdings über sein ausdrücklich Gedachtes hinaus. Wir haben die Wahl: Entweder machen wir durch eine minimalistische Exegese aus dem Text einen Leichenstein, oder wir geben ihm das ihn beseelende Leben eigens zurück, indem wir unsererseits die sinnschöpferische Handlung nachvollziehen, aus der er herausgewachsen ist. Kann sich denn die minimalistische Exegese wirklich einer größeren Texttreue rühmen? Verkennt sie nicht vielmehr gründlich jenen Sachverhalt, den uns die Wissenschaften von der Sprache und der Interpretation gelehrt haben, daß nämlich jedes Wort, das an einer bedeutsamen Stelle einer Rede vorkommt, über-bestimmt ist, und daß sein Sinn sich aus dem Ganzen der Sprache eines Schriftstellers mit-bestimmt? Überschreitet nicht jedes Wort immer ein wenig seinen thematischen Gehalt? Um die Botschaft Pauli so objektiv wie nur möglich zu entschlüsseln, müssen also seine anthropologischen Kategorien mit Hilfe einer wohlunterrichteten Psychologie entfaltet werden. Indem diese die Strebungen und Strukturen auch des modernen Menschen erforscht, ist sie in der Lage, sowohl die kulturbedingten Unterschiede wie die bleibenden Strukturen des Menschseins zu erkennen.

2. Lesen als Versammlung und Aneigung

Die Auslegung kann über die objektive Entschlüsselung hinausgehen und sich bemühen, den zu interpretierenden Text als eine Botschaft zu hören, die den Menschen von heute anspricht. Einem alten Schriftstück einen Sinn zuerkennen, das heißt letztlich, ihn als bedeutsam für uns zu verstehen. Während die bloß objektive Exegese von ihren Voraussetzungen her keine Stufung des Sinnes kennt, verlangt der Schritt darüber hinaus die Unterscheidung zwischen dem Vollsinn und dem, was sich auf den ersten Blick als Sinn zeigt. Diese Ausdrücke sind freilich nicht sehr glücklich. Denn der Text ist nicht Träger des Vollsinnes, insofern er etwas sagt, sondern insofern er Teil eines umfassenderen Systems von Bedeutungen ist, das wir »objektiven Geist« nennen können und wovon der Text selbst nur eine unter vielen Gestalten ist. Interpretation geschieht also dadurch, daß der Text in einen Verweisungszusammenhang eingefügt wird, der jenem gegenüber metasprachliche Funktion hat. Ein Bibeltext ist immer nur ein Fragment, das seinen eigentlichen Sinn erst aus dem Ganzen der Gedankenwelt der biblischen Schriften gewinnt; wobei diese selbst die urkundlichen Niederschläge einer lebendigen Überlieferung sind, die sich durch verschiedene Brüche hindurch entwickelt und durchgehalten hat. Die traditionelle Exegese war also im Recht, als sie einen Vollsinn annahm, durch den ein Fragment ins Ganze einer religiösen Überlieferung zurückgebunden wird.

Die Auslegung hat folglich die Pflicht, eine Entscheidung über den letzten Sinn eines Textes zu treffen, und dies nicht nur hinsichtlich der historischen Schubladen, in die er einzuordnen ist, sondern auch bezüglich der sie konstituierenden anthropologischen und religiösen Kategorien. Gehen die Exegeten nicht tatsächlich so vor, wenn sie z. B. die Erzählungen von der Weltschöpfung und vom Sündenfall interpretieren? Sie analysieren die literarische Gattung dieser Erzählungen und gewinnen ihnen gegenüber so einen gewissen Abstand, der es ihnen ermöglicht, sie in das größere Ganze bestimmter Weisen von Sprache und religiösen Denkens zurückzustellen. Indem sie so die grundlegenden Aussagen von ihrer kontingenten Form unterscheiden, bereiten sie die wiederholende Aneignung der Botschaft der Texte durch den heutigen Menschen vor.

Natürlich kann sich das Bemühen um Auslegung damit zufriedengeben, die verschiedenen Formen der Darstellung und die darin gefaßten Gehalte zu erheben. Letztlich jedoch stellt die von den alten Texten angezielte Sache unser eigenes Sein in Frage. Wer immer anerkennt, daß durch die biblischen Texte der Mensch eine Frage für Gott und Gott eine Frage für den Menschen wird, der verwirklicht schon ein Stück jener vertiefteren Exegese. Wenn die Exegese die von unserer Epoche gebotenen Möglichkeiten des Textverständnisses ergreift, ohne dabei aus der lebendigen Verbindung mit den alten Zeugnissen herauszufallen, wird sie zur umfassenden Auslegung.

Zu einer vollkommenen Interpretation hat immer auch das philosophische Denken gehört. Philosophieren bedeutet ja, Rechenschaft abzulegen von all den Vorverständnissen, die unseren Vorstellungen und Fragen über den Menschen, über die Welt und über Gott die Richtung vorzeichnen. Die Frage des Menschen nach sich selbst ist aber in der neueren Zeit durch den beträchtlichen Beitrag der *sciences humaines*, der Wissenschaften vom Menschen, bereichert worden. Seitdem ist eine vollständige Auslegung der biblischen Texte nicht mehr denkbar, ohne daß man das Instrumentarium durch die Einführung der diversen Disziplinen der interpretierenden Wissenschaften erweiterte. Man kann Bultmann nur loben, daß er versucht hat, den Sinn der Schrift

dadurch zu erhellen, daß er sich nicht nur von den klassischerweise zur Exegese gehörenden Wissenschaften hat etwas sagen lassen, sondern auch von der Philosophie, der Psychologie und der Kosmologie.
Es versteht sich von selbst, daß es in dieser zweiten Phase, der der verstehenden Aneignung des Textes, keine allgemeine Regel der Auslegung mehr geben kann. Der Ausdruck »Vollsinn« ist deswegen trügerisch. Denn er suggeriert die Idee einer Sinnfülle, die in sich die von sämtlichen Interpretationsweisen bereitgestellten Möglichkeiten aufhöbe. In Wirklichkeit aber geht jeder Entscheidung für einen letzten Sinn nicht nur die Bemühung um einen Gesamtsinn, sondern auch der Ausschluß anderer Interpretationen voraus. Hat man nicht auch schon immer gesagt, daß Christus, wenn er die Texte zur Fülle ihrer Bedeutung bringt, sie zugleich entmythologisiert?
Die Aneignung eines Textes vollzieht sich jeweils nach äußerst verschiedenen Kriterien, weil erst in ihr die Verbindung des Lesers mit dem Schriftsteller, durch den hindurch eine bestimmte Überlieferung zur Sprache kommt, hergestellt wird. Die Lektüre eines biblischen Textes ist niemals ein einheitlicher Vorgang. Denn die uns eigene Gegenwart des Geistes setzt sich aus mannigfachen Bedeutungsbereichen zusammen, die wir zueinander in Beziehung setzen und die wir im Hinblick auf eine letzte Wahrheit für miteinander verträglich oder unverträglich erklären können. So geht etwa die Interpretation, die Freud von gewissen biblischen Dokumenten gegeben hat, aus einer sehr spezifischen Entscheidung hervor, der wir uns selbst dann nicht notwendig und überall anschließen, wenn wir darin einige Wahrheit finden. Bultmann gegenüber nehmen wir eine ähnliche Position ein, ebenso wie gegenüber katholischen Exegeten. Letztlich heißt »einen Text lesen«: ihn so, wie er ist, bewohnen, um seine vielfältigen Bedeutungen in eins zu versammeln – und dies im Lichte von Wahrheitsordnungen, die das Bruchstück übersteigen, von jenem aber mitkonstituiert werden.
Röm 7 kann also von verschiedenen Blickrichtungen her betrachtet werden. Der ethisch gesinnte, dem religiösen Glauben aber fernstehende Mensch sieht darin einen markanten Ausdruck des Dramas der Sittlichkeit. Man kann den Text auch als das Zeugnis einer psychologischen Auseinandersetzung lesen, die jedem Psychoanalytiker vertraut ist, welchen religiösen oder philosophischen Standpunkt er auch immer vertreten mag. Der religiöse, jedoch nicht an Christus glaubende Mensch gewinnt dem Text Pauli eine Botschaft ab, die ihm

Führung auf seinem eigenen geistlichen Weg sein kann. Die Gemeinschaft der Christen, die dieser Text in ihrem, für sie grundlegenden Glauben anspricht, wird all diese verschiedenen Weisen des Textverständnisses entfalten und in ihren Glauben integrieren müssen; sonst bliebe die Botschaft des Christentums diesem selbst in seinen psychologischen, ethischen und religiösen Dimensionen äußerlich.

In der vorliegenden Arbeit verfolgen wir die Linie in Richtung auf die gläubige Aneignung des Paulinischen Textes kaum, obwohl wir die Rechtmäßigkeit und Notwendigkeit einer solchen Bemühung voll anerkennen. Der Abstand zwischen einer objektiven Lektüre und der sogenannten geistlichen oder anagogischen ist jedoch vielleicht nicht ganz so groß, wie es zunächst den Anschein hat.

Die von der Psychologie erhellte Exegese erbringt zwei innerlich zusammengehörige Leistungen: sie hilft, den Text an ihm selbst zu verstehen, und sie bringt ihn dem Christen von heute näher. Sie befreit die Aussage Pauli sowohl von ihrer kontingent-geschichtlichen Einkleidung wie von den vorgefaßten psychologischen Meinungen, die sich in sie eingeschlichen haben; so legt diese Exegese wieder die exemplarische Bedeutung der Schilderung Pauli für den geistlichen Weg jedes Christen frei.

Ob nun aber die Exegese ihre ganze Aufmerksamkeit dem Text um seiner selbst willen zuwendet oder ob sie ihre Vollendung in der verstehenden Aneignung sucht – immer bewegt sie sich dabei auf einem Feld, das unendlich ist. Jeder Text ist Träger vielfacher Botschaften, die nicht in eine abschließende Synthese gebracht werden können, weil sie sich dem *cogito* auch des reflektiertesten Schriftstellers entziehen. Entsprechend wird unsere von der Psychologie angeregte Exegese dem Sinn des Textes selbst nachfragen. Sie wird sich nicht auf eine Untersuchung der Psyche Pauli einlassen, um von dorther den Sinn seiner Schriften zu erhellen. Unsere Art des Vorgehens ähnelt also der der Strukturalisten, die die Struktur erzählender, kerygmatischer oder prophetischer Texte analysieren, um dann erst zur Aussage-Intention des Schriftstellers vorzudringen, die ihren Ausdruck in kategorialen Formen findet, die jenem weitgehend unbewußt bleiben und doch seine Intentionen tragen. In analoger Weise werden wir die psychologischen Strukturen freilegen, die der Aussage des Textes tragend zugrunde liegen und die der Autor nur teilweise in sein bewußtes Denken aufgenommen hat.

3. Der Anteil der Psychoanalyse

Aus dem weiten Bereich der Fragen zum Verhältnis von Hermeneutik und Psychologie haben wir uns das Gespräch von Exegese und Psychoanalyse als ein zwar begrenztes, aber doch grundlegendes Thema ausgewählt. In der Psychologie gibt es mehrere Strömungen: Ein Anhänger von W. James wird die von Paulus beschriebene menschlich-religiöse Auseinandersetzung anders verstehen als ein Behaviorist oder ein Jungianer. Die verschiedenen exegetischen Auslegungen von Röm 7 sind wohl auch deswegen so verschieden, weil die Exegeten mehr oder minder bewußt verschiedenen psychologischen Auffassungen anhängen. Einige haben diesen Text als die Schilderung einer Versuchung gelesen; andere haben darin die autobiographische Beschreibung einer inneren Erfahrung gesehen; wieder andere bringen, unter Ausschluß jeder psychologischen Bedeutung, den Text in Zusammenhang mit einer Theologie der Heilsgeschichte. All diese Interpretationen treffen eine Entscheidung über den Sinn des »ich«, das Paulus unvermittelt in den Vordergrund seines Briefes rückt; d. h., sie arbeiten alle mit bestimmten anthropologischen Begriffen. Selbst jene, die dem Text eine psychologische Bedeutung abstreiten, rechtfertigen ihre Stellungnahme dadurch, daß sie eine Psychologie ablehnen, die ihnen mit dem Gedankengang Pauli nicht zusammenzugehen scheint. Läßt man die verschiedenen Interpretationen vor seinem geistigen Auge Revue passieren, so kann man feststellen, daß diese aus einer doppelten Entscheidung des Exegeten hervorgegangen sind: aus einer Entscheidung über die Bedeutung der im Text verwendeten Begriffe und aus einer Entscheidung über die diesen zugrundeliegenden theologischen und anthropologischen Sachverhalte.

Die Ausleger dieses Kapitels streiten sich um den Sinn des »ich«. Ist es individuell oder allgemein? Verweist es auf eine »persönliche Erfahrung«, oder ist es nur ein literarischer Kunstgriff, der es erlaubt, von der Menschheit im ganzen und ihrer Geschichte vor Gott zu sprechen? Da ein ausgearbeitetes psychologisches Bezugssystem noch fehlt, hat man sich jedoch kaum jemals Gedanken über den Sinn dieser Alternativen, die sich dem Exegeten darbieten, gemacht. Die Exegeten stehen unter dem kaum faßbaren Einfluß diffuser Theorien. Die Kultur, in der sie sich bewegen, ihre Sprache, ihre Ideen: all das färbt automatisch auf sie ab. So nehmen sie psychologische Begriffe wie »Erfahrung«, »Autobiographie«, »Versuchung« oder »Schuld« als selbstverständliche Größen hin.

Die Psychoanalyse überprüft kritisch die mit unserer Kultur gegebenen psychologischen Konzeptionen. Ihr hauptsächlicher Gegenstand ist ja gerade das Ich mitsamt den Kräften, die es umringen, die seiner Herrschaft entgehen, aber sein Werden tragen. Auf den ersten Blick zeigt sich also eine Art Übereinstimmung zwischen der Thematik der Psychoanalyse und der von Röm 7. Hier wie da werden dieselben großen Ideen angesprochen: Der Mensch ist der aktive Ursprung seiner Handlungen, zugleich aber von dunklen Mächten überwältigt und gezwungen. In sich selbst durch die Dazwischenkunft des Gesetzes gespalten, ist er aufgerufen, im Durchgang durch ein verwickeltes Drama von Konflikten und Zweideutigkeiten, dessen er sich im Lichte des Gesetzes bewußt wird, er selbst zu werden. Verantwortlich und machtlos zugleich, muß er in einer Versöhnung im Zeichen des Vaters sich selbst als Schuldigen annehmen. Es ist also offenbar, daß *die* Psychologie, auf die uns Röm 7 verweist, nur die Psychoanalyse sein kann. Dies gilt um so mehr, als die Psychoanalyse ja von Anfang an als Kritikerin einer Anthropologie aufgetreten ist, die, rationalistisch verengt, auf das Ich autobiographischer Erfahrungen fixiert war; im selben Maße als die westliche Kultur das Ich in den Griff des reflexen Bewußtseins brachte, vergaß sie dessen Einbettung im Un- und Vorbewußten, das den Aufgang des Ich trägt.

Indem die Psychoanalyse das Ich in seinen natürlichen Bezugsrahmen zurückstellt, ist sie dem Strukturalismus verwandt. Sie zeigt, daß das menschliche Subjekt (die »Person«) selbst eine Struktur, eine psychische Topik ist (Es-Ich-Überich oder Unbewußtes/Vorbewußtes/Bewußtes Ich). Seitdem ist es nicht mehr möglich, das Ich als das Zentrum all seiner Handlungen und Gedanken anzusehen. »Die Sprache (parole) – das ist auch *das, was* in mir spricht«, sagt J. Lacan. Man könnte hinzufügen: Eine Handlung – das ist auch *das, was* in mir handelt.

Wenn wir nun versuchen, die Psychoanalyse mit unserem Paulinischen Text in Kontakt zu bringen, so beabsichtigen wir damit nicht, uns von dessen unmittelbarer Lektüre zu dispensieren und ihm theoretische Begriffe aufzuzwingen, die ihm äußerlich sind. Wir haben auch nicht die Absicht, etwaige Übereinstimmungen zwischen den Begriffen der beiden Texte zusammenzustellen. Aus dem Willen heraus, sowohl intellektueller Gewaltanwendung wie apologetischem Konkordismus zu widerstehen, vermeiden wir es, von den als etabliert geltenden psychoanalytischen Begriffen, wie z. B. »Überich« oder »Verdrängung«, Gebrauch zu machen. Denn nichts berechtigt uns, aus dem Paulinischen Text (im eigentlichen Sinn) analytische Prozesse herauszulesen, wie Verdrängung, Verschiebung, Kompensation, Kompromiß usw. Diese Begriffe dem Text aufzuzwingen wäre nichts anderes als psychoanalytischer Wildwuchs und geistiger Terror. Wir verstehen unseren Versuch also nicht als »angewandte Psychoanalyse«. Die Psychoanalyse der Person des Paulus interessiert uns in keiner Weise – wohl aber die Blickrichtung des Briefes auf das Sein des Christen hinsichtlich der allgemeinen Gesetzlichkeit seines Werdens. Es ist diese theologische Fragestellung, die gewisse Existenzstrukturen freilegt, deren Homologie mit den von der Psychoanalyse untersuchten Strukturen nicht übersehen werden kann. Darin liegt nichts Überraschendes. Denn auf beiden Seiten geht es um menschliches Werden, um die Anerkennung der Ursprünge, um das Begehren und den Tod, um das Gesetz des Vaters, um einen Konflikt und seine Lösung.

II. Die Funktion von Kapitel 7 in der Struktur des Römerbriefs

Kapitel 6 des Römerbriefs lehrt, daß der Christ mit Christus *gestorben* ist, um mit ihm zu *leben;* er ist von nun an nicht mehr unter dem *Gesetz,* und die *Sünde* ist nicht mehr Herr über ihn (6,8–14). Kapitel 8 schildert das Leben des *Geistes* und das neue Verhältnis zu Gott, der nun als *Vater* erkannt ist.

Wie hängen die Grundbegriffe von Kapitel 6 zusammen: Gesetz, Sünde, Tod und Leben? In Kapitel 6 wird nur gesagt, daß der Tod von der Sünde befreit (6,7), weil er den Leib der Sünde zerstört (6,6). Was ist genau dieser »Leib der Sünde«? Wie verhält er sich zum Gesetz, von dem der Christ befreit ist? Es ist das Kapitel 7, das die innere Beziehung dieser vier Größen – Fleisch, Sünde, Gesetz und Tod – klarlegt. Das Verständnis des Zusammenhangs dieser vier Größen ist entscheidend. Denn in diesem Licht beschreibt Paulus in Kapitel 8 das neue Sein des Christen. Drei grundlegende Wirklichkeiten bestimmen das Sein des Christen: der Geist, der Vater und die Hoffnung. Wie verhalten sich zueinander: Sünde, Gesetz und Tod einerseits und Geist,

Vater, Hoffnung anderseits? Der Geist wird in Kapitel 6 noch nicht genannt. In Kapitel 7 wird er an der Stelle eingeführt, an der sich die Grundbegriffe Fleisch, Sünde und Gesetz zu einer Einheit zusammenfinden. Kapitel 8 bringt den Geist dann in Verbindung mit dem besonderen Verhältnis des Christen zu Gott. Der in 6,11 angekündigte Gedanke des »Lebens *für* Gott« erhält hier seinen konkreten Inhalt.

Die Stellung von Kapitel 7 in der Struktur des Briefes läßt sofort erkennen, daß Paulus hier keine apologetischen Ziele verfolgt, jedenfalls nicht in erster Linie. Er will »zeigen, daß für den, der durch Taufe und Glauben am Tod Christi teilhat, das Gesetz seine Kraft verloren hat«.[1] Er will begreifen und begreiflich machen, warum man Christ sein müsse, warum man mit Christus sterben müsse, um zu leben. Was bedeutet es, wenn man sagt, es gebe kein Leben außer in Christus? Oder – was auf dasselbe hinauskommt: Inwiefern gehören Sünde, *Gesetz* und Tod (ohne Leben) zusammen? Um das Wesen des Christseins zu begreifen, reflektiert Paulus auf das Gesetz als auf den entscheidenden Bezugspunkt jedes Frommen vor Christus, und keineswegs nur des Juden. In dem Augenblick aber, in dem Paulus tiefer in den Zusammenhang von Gesetz, Sünde und Tod eindringt, eröffnet sich ihm auch das Eigentliche des christlichen Glaubens; in einer Art Kehre schließt sich um den Geist herum eine neue Gestalt zusammen, die des Christen. Die Neuheit des Geistes ist nur aus dem Gegensatz zur Verkettung von Sünde, Gesetz und Tod zu verstehen. Die Absicht von Kapitel 7 ist also streng theologisch. Es geht um eine Erhellung des neuen Seins des Christen in Abhebung gegen den früheren Zustand. Damit ist auch schon gesagt, daß dieses Kapitel eine zentrale Position im Gesamt der paulinischen Theologie einnimmt.

Aus der Verknüpfung der Kapitel 6, 7 und 8 können wir schließen, daß die Aussage von Kapitel 7 theologisch-geschichtlicher Natur sein wird. In der Tat schildert dieses Kapitel die einzelnen Stadien der Heilsge-

---

[1] *F. J. Leenhardt*, L'Epître de saint Paul aux Romains (Commentaire du Nouveau Testament, VI), Genf 1957, 102. Leenhardt scheint in seinem an sich sehr wertvollen Kommentar die apologetische Zielsetzung des Paulus zu überschätzen. Wir meinen, daß Paulus sich hier vielmehr bemüht, die sowohl positive wie negative Funktion des Gesetzes im göttlichen Heilsplan zu begreifen. Gewiß ist ein polemischer Ton nicht überhörbar, wenn Paulus triumphierend die Befreiung des Christen verkündet. Aber der fragliche Kampf (die »Polemik«) ist doch in erster Linie ein innerlicher: der Durchgang, der notwendig ist, um Christ zu werden, und der folglich auch das dialektische Prinzip abgibt, um die Christ-Werdung zu begreifen.

schichte: von Adam bis zur Tora; die Herrschaft der Tora; die Situation des Christen. Das Drama, von dem die Rede ist, spielt sich im zweiten Stadium ab.[2] Im Grunde vergleicht Paulus zwei Seinsweisen: die des Menschen unter dem jüdischen Gesetz und die des Christen; diesen beiden Seinsweisen entsprechen zwei aufeinander folgende Zeiten in der Geschichte der Menschheit vor Gott. Jedoch bleibt die Heilsgeschichte dem Einzelnen nicht äußerlich: Indem einer sich bekehrt und taufen läßt, übernimmt er notwendig auch das Gesetz, die Heilsgeschichte als sein eigenes (Röm 6).

Mehrere Exegeten[3] verstehen diesen Text als die Darstellung der Erfahrung des ersten, die ganze Menschheit symbolisierenden Menschen. Der Ablauf der Geschichte wäre der folgende: die Freundschaft des ersten Menschen mit Gott; der Fall der (in seiner Person versammelten) Menschheit in die Sünde durch die Übertretung des erkannten Gebots; die Situation des Christen. Wir können uns dieser Auslegung nicht anschließen. Denn der erste Mensch steht strenggenommen nicht unter der Herrschaft des Gesetzes. Adam steht außerhalb der hier betrachteten Etappen der Heilsgeschichte. Einige Elemente einer Psychologie der Versuchung, als bloßes Beiwerk zur Analyse der Herrschaft des Gesetzes (wie wir gleich sehen werden) – das ist alles, was Paulus der Genesis entnimmt. Im Gegensatz zu Bultmann möchten wir jedoch die psychologische Interpretation nicht ausschließen.[4] So wie die Umkehrung, die die zwei Etappen der Heilsgeschichte von einander scheidet, die Möglichkeit des Christseins überhaupt erst begründet, so finden sich die beiden Phasen auch in jedem einzelnen Prozeß des Christ-Werdens. Dem Christen, der Paulus heißt, ist die Geschichte nichts Äußerliches. Für Paulus wächst das Christsein im Drama der Bekehrung, die jeweils neu und auf ihre Weise die Menschheitsgeschichte wiederholt und verinnerlicht. Ebenso würden wir nicht sagen, daß Paulus in Röm 7 eine »Erfahrung« beschreibt, sei sie nun individuell oder universell. Denn das Kapitel 7 ist die Interpretation einer Seinsweise im Lichte der Bekehrung. Es handelt sich um eine *Neu-Interpretation (relecture) des Geschehenen* im Koordinatensystem des Glau-

---

[2] Das ist die Interpretation von Benoit, Huby, Feuillet, Stauffer, Schrenk, Kümmel, Bultmann und Braun. Vgl. die Skizze der verschiedenen exegetischen Auffassungen im »Arbeitspapier« S. 70–71.

[3] So viele Kirchenväter, aber auch Lagrange, Michel, Prümm, Leenhardt und Lyonnet.

[4] *R. Bultmann*, Theologie des Neuen Testaments, Tübingen [5]1965, 248 f.

bens, ähnlich derjenigen, die Augustinus unter dem so bezeichnenden doppeldeutigen Titel der »Confessiones« geschrieben hat. Die »Confessiones« sind ja zugleich die Anerkenntnis meiner Vergangenheit, so wie ich sie jetzt erkenne (Confessio, Bekenntnis im Sinne des Eingeständnisses), und die Anerkenntnis des wahren Gottes (Bekenntnis im Sinne der lobenden Glaubensbezeugung), in deren Licht mir meine Vergangenheit erst verständlich wurde. Die gemeinte Anerkenntnis der Vergangenheit ist mehr als die bloße Erinnerung früherer Erfahrungen; durch sie erscheint die vorher verhüllte Vergangenheit in ihrer Wahrheit. Der äußerst vieldeutige und ungeklärte Begriff der Erfahrung ist unfähig, den beschriebenen psychologischen Sachverhalt wiederzugeben.

Die gebräuchliche Unterscheidung zwischen psychologischen und theologisch-heilsgeschichtlichen Interpretationen ist recht unglücklich. Zweifellos entspricht diese Einteilung den verschiedenen, faktisch vorliegenden Arten, unseren Text auszulegen; daraus folgt aber nur, daß die Exegeten einzuladen sind, über eine Weise des psychologischen Verstehens hinauszugelangen, die sich darauf beschränkt, Erfahrungen als Bewußtseinszustände der Seele zu beschreiben.

Geschichte ist nicht bloß die Bestückung der an sich objektiven Zeit mit Geschehnissen, die sich objektiv, außerhalb eines Subjekts abspielen. Zur Geschichte gehört das Werden des Subjekts, die Geschichtlichkeit. Sie ist ein Geschehen, das sich im Menschen vollzieht und durch ihn neues Sein hervorbringt. Der Gegensatz zwischen psychologischen und theologisch-geschichtlichen Interpretationen beruht auf der Voraussetzung eines Gegensatzes zwischen objektiver und subjektiver Zeit, der jedoch von der Geschichte als der sich konkret verwirklichenden »menschlichen« Zeit schon überholt ist. So liegt denn auch die Erfahrung nicht außerhalb der Geschichte. Vielmehr ist die Erfahrung (im Sinne der Psychologie) die subjektive Erinnerung jener bedeutsamen Strukturen, die ihr selbst als Bedingung vorausliegen. Im dritten Teil unseres Aufsatzes werden wir auf den psychologischen Begriff der Erfahrung und seine Beziehung zu den historischen Begriffen noch zurückkommen.

Die schlechthin autobiographischen Interpretationen schließen wir also aus.[5] Weil das aus den Kapiteln 6, 7 und 8 bestehende Gesamt

---

[5] Innerhalb dieses typisch »psychologischen« Modells von Exegese lassen sich noch zwei verschiedene Varianten unterscheiden: Für die einen beschreibt Röm 7 die

darauf hinausläuft, den Aufgang des auf die sündige Existenz folgenden Christseins zur Sprache zu bringen, kann der Sinn des Textes nicht eigentlich darin liegen, die Erfahrung des Juden oder das Bekenntnis der Zerrissenheit eines Christen darzustellen, der sich *simul iustus et peccator* fühlt. Wir hoffen dennoch zu zeigen, daß auch an diesen Interpretationen etwas Wahres ist.

Jetzt gilt es, vorläufig den Sinn des »ich« zu umreißen, das im Vers 7 in den Vordergrund tritt und diesen bis zum Ende des Kapitels behauptet. Bekanntlich war der Gebrauch des »ich« ein weitverbreitetes rhetorisches Stilmittel der Antike. Tut diese Erklärung aber unserem Text Genüge? Eine solch bescheidene Erklärung mag klug und vorsichtig sein – sie ist nichtsdestoweniger eine Entscheidung für eine bestimmte Bedeutung. Zwar beruhigt eine solche Reduktion des Sinnes aufs Minimum das Gewissen des Auslegers durch den Anschein größerer Objektivität; sie könnte aber sehr wohl auch das Ergebnis einer Vergewaltigung der Aussageabsicht des Verfassers sein. Jedenfalls muß sie sich nicht weniger rechtfertigen als jede andere Interpretation auch.

Die rhetorischen Figuren stellen, wie jedes Sprachspiel überhaupt, einem Autor strukturierte Zeicheneinheiten zur Verfügung, mit deren Hilfe sich sehr verschiedenartige Aussageabsichten ausdrücken können. Nun ist aber die Wahl, selbst die unreflektierte Wahl, dieser oder jener Kette linguistischer Formen keineswegs nur vom Zufall abhängig, sondern richtet sich nach bewußten oder unbewußten Absichten. So verrät die Entscheidung für diese oder jene Redefigur dem Exegeten die Richtung, in der sich das Denken des Verfassers bewegt. Wenn also Paulus ausgerechnet an dieser Stelle auf ein rhetorisches Mittel zurückgreift, das das sprechende Ich in den Mittelpunkt rückt, dann doch deswegen, weil das »ich« einen ganz besonderen Gehalt ausdrückt, der den vorausgehenden Begriffen (»der Mensch«, »wir«) mangelt. Wir haben hier wieder einmal die Tatsache, daß die Unterscheidung im Gebrauch der Wörter das hervortreten läßt, was der Text eigentlich mitteilen will. Dennoch ist die Bedeutung dieses »ich«

---

christliche Erfahrung des *simul iustus et peccator* – auf dieser Seite stehen Augustinus, die Reformatoren, in gewisser Weise auch Sabatier, Deissmann, Leenhardt und Stacey. Für die andern schildert der Text die Erfahrung, die der junge Israelit Paulus vor seiner Bekehrung gemacht hat – hier finden wir die Namen von Cornely, Bardenhewer, Sanday-Headlam und Prat.

nicht sofort und unmittelbar klar. Erst die Art, wie sich die Rede (discours), skandiert durch die verschiedenen, die Gliederung anzeigenden Wörter abwickelt, wird uns diese Bedeutung aufdecken können.

Paulus wendet diese literarische Form genau an jener Stelle an, wo er dem Menschen das Gesetz gegenüberstellt.[6] Bis hin zum Vers 6 gebraucht Paulus die Pronomina »wir« und »ihr«, um sowohl vom Gesetz und der Sünde wie von der Gnade zu sprechen. Sobald er jedoch beginnt, die Verknüpfung von Sünde und Gesetz darzulegen, spricht er in der ersten Person. Das »ich« taucht als Antwort auf das Gesetz auf, das sich als ein Spruch in der zweiten Person Singular Indikativ präsentiert: »Du sollst nicht begehren!« Das Gesetz provoziert ein Bewußtsein von der Sünde in der ersten Person. Durch seine bestimmte Befehlsform ist das Gesetz dialogischer Struktur. Die gleichzeitige Bewußtwerdung des Gesetzes und des verantwortlichen Ich, das jenem entsprechen soll, steht am Eingang der in der ersten Person geschriebenen Schilderung des mit sich selbst uneinigen Ich; wir werden gleich darauf zurückkommen. Am Ende der Analyse des Konflikts, wenn Paulus zur Darstellung des Christseins überleitet, klingt noch ein Echo dieser ersten Person nach: »Das Gesetz des Geistes hat *dich* vom Gesetz der Sünde befreit« (8,2). Nachdem das Gesetz dem Geist Platz gemacht hat, verwendet Paulus die erste, zweite und dritte Person des Plural.

Was ist also dieses »ich«? Wir meinen, es bezeichne den Menschen unter der Herrschaft des Gesetzes, den Menschen, der, als Antwort auf das ihm auferlegte Gesetz, verantwortlich, in der ersten Person, das Urteil Gottes über die Sünde entgegennimmt. Dies »ich« ist also sehr

---

[6] Für *F. J. Leenhardt* ist eine autobiographische Interpretation ausgeschlossen, mag es sich um den unglücklichen Juden handeln, der Paulus vor seiner Bekehrung angeblich gewesen ist, oder um den innerlich bedrängten Christen. Leenhardt stützt diese zweifache Ablehnung auf ausgezeichnete Gründe, die wir hier nicht zu wiederholen brauchen. Er folgert daraus jedoch, daß die Rede in der ersten Person nichts weiter als ein literarischer Kunstgriff mit dem Zweck der Dramatisierung sei, wobei das »ich« für den Menschen überhaupt stünde. Diese Formulierungen sind nicht eindeutig. Für uns drückt die literarische Dramatisierung das gelebte Drama der Suche nach der Wahrheit und der Bekehrung aus. In dem Augenblick, da Paulus die Wahrheit Christi erkennt, wird ihm auch erst das Drama des gesetzestreuen Juden, der er gewesen ist, deutlich. Die autobiographische Interpretation und die Zuweisung des »ich« an den Menschen überhaupt schließen sich also nicht ohne weiteres aus. Beide Seiten dieser exegetischen Alternative müssen geändert werden, wenn man dem Text gerecht werden will.

wohl Paulus selbst; nach dem Zusammenhang aber ist es auch jeder Jude; und, gestützt auf die ersten Kapitel des Briefes, können wir auch schließen, daß das »ich« jeden religiösen Menschen meint, der sich dessen bewußt wird, daß er dem Gesetz Gottes zu entsprechen hat. Zweifellos ist der Jude der Prototyp, von dem aus die Lage jedes religiösen Menschen vor Christus begriffen werden kann. Das Gesetz verleiht ihm den Vorzug eines klaren Bewußtseins (phänomenologisch ausgedrückt: eines thematischen Bewußtseins) seines Ich, das in seiner Individualität vom Gesetz aufgerufen wird.

Steht diese unsere Auslegung nicht im Widerspruch zu der oben aufgestellten Behauptung, Röm 7 sei eine im Lichte des Glaubens vollzogene Neu-Interpretation der Vergangenheit? Wie können wir beweisen, daß das »ich« hier das jüdische Bewußtsein in seiner Eigenart bezeichne? – Die Schwierigkeit löst sich ohne weiteres, wenn man nur die psychologische Komplexität des hier analysierten Weges zur Wahrheit beachtet. Es genügt, die Bedeutungsschattierungen herauszubringen, die in diesem heftigen Text sonst leicht übersehen werden. Zu Beginn des in der ersten Person gehaltenen Textes spricht Paulus in der Vergangenheitsform; es handelt sich also um einen Augenblick der Geschichte, und zwar um den, in dem die Sünde ans Licht kam. Dann, vom Vers 14 an, spricht Paulus wieder in der ersten Person, aber nun in der Gegenwart (V. 14.15). Haben die Exegeten diesen Wechsel der Zeitform bemerkt? Oder haben sie ihn zu den Zufälligkeiten eines diktierten Textes gerechnet? Im allgemeinen halten sie solche sprachlichen Phänomene ja nicht für Zufallsprodukte. Versuchen also auch wir, von jedem Anzeichen unseres Bruchstückes etwas für uns zu erwarten! Offensichtlich sind wir jetzt nicht mehr auf eine geschichtliche Erfahrung, sondern auf eine sich in der Gegenwart vollziehende Reflexion verwiesen – allerdings nicht auf die Gegenwart des Christen als solchen. Nur aus einem falschen Verständnis der Gesetze der erlebten Zeit hat die psychologische Interpretation des *simul iustus et peccator* herauswachsen können. Vielmehr handelt es sich um die Gegenwart jenes Christen, der auf den Zustand des Menschen unter dem Gesetz *zurückschaut* und die Folgen dieses Zustandes entfaltet, so wie er sie *jetzt* versteht. Die Gegenwart ist nicht die Gegenwart der Erfahrung, so wie sie in der Geschichte erlebt worden ist, sondern die Gegenwart der Interpretation, die die notwendigen Strukturen einer früher erlebten Erfahrung freilegt: der Erfahrung des Bösen und der Anstrengung, inner-

halb des Herrschaftsbereichs des Gesetzes über das Böse hinauszukommen.
Wir bestreiten nicht, daß der Jude Paulus den Widerspruch erfahren hat, den er nun thematisiert. Aber unser Text legt doch nahe, daß Paulus, bevor er noch Christ geworden war, diesen Konflikt nicht in die begriffliche Form eines universalen religiösen Gesetzes hätte bringen können. Vorher war es nicht erkennbar, daß der Konflikt aus innerer Notwendigkeit heraus unlösbar bleiben muß. Es ist aber gerade jene innere Widersprüchlichkeit der Gesetzesreligion, die Paulus von V. 14 ab zeigt. Folglich greifen alle abschwächenden Auslegungen, die aus unserem Text nur die lastende Schwere eines drückenden Gesetzes herauslesen, nicht tief genug und psychologisieren zu viel. Indem sie den Text auf der Ebene eines bewußt gelebten Konflikts ansiedeln, verkennen sie den von Paulus herausgestellten Strukturzusammenhang von Gesetz, Sünde und Tod.
Diese Strukturnotwendigkeit findet ihre Entsprechung im »ontologischen« Charakter der Lösung des Konflikts: das Christsein ist eine Wirklichkeit ontologischer Ordnung: Der Geist tritt an die Stelle des »Fleisches der Sünde«. Jedoch wirkt sich, wie wir sehen werden, die neue Seinsweise auch in einer neuen Einstellung und in einer durchsichtigen Erfahrung aus. Auch hier erweist sich also der Gegensatz zwischen einer psychologischen Interpretation und einer theologisch-heilsgeschichtlichen Exegese als falsch, insofern dadurch die Psychologie aufs Erfahrene und Erlebte, die Geschichte aber auf bloß objektive Abläufe beschränkt wird.

III. Der unlösbare Konflikt

Wie wir gesehen haben, sind die Kapitel 6, 7 und 8 voneinander als die Etappen im fortschreitenden Prozeß der Christwerdung unterschieden, ein Prozeß, der durch den notwendig scheiternden Versuch jüdischer Existenz hindurch bis zur Verwandlung im Geist führt. Die in der ersten Person geschriebenen Abschnitte bekennen einen Konflikt, den Paulus nach seiner Lösung als notwendigen, wenngleich aus sich selbst zum Scheitern verurteilten Durchgang erkennt. Nun wollen wir versuchen, den inneren Widerspruch einer religiösen Existenz unter dem Gesetz etwas zu vertiefen. Zuerst lassen wir dabei Paulus selbst in seiner eigenen Sprache zu Wort kommen. Dann sehen wir uns an, wie die Begegnung mit der Psychoanalyse den Brief des Apostels neu mit Leben erfüllt und in seiner universalen Wahrheit wiedererstehen läßt.

1. Der Text vom Röm 7,5–24

Der Text läßt drei Zeiten aufeinanderfolgen: die vor dem Gesetz (V. 7 und 9), die unter der Herrschaft des Gesetzes (V. 5–24) und die unter dem vom Gesetz befreienden Antrieb des Geistes (8,1–2).

Bevor er mit dem Gesetz in Berührung kam, kannte Paulus die Sünde nicht (V. 7 und 9). Wir interpretieren diesen Zustand als den einer noch unbestimmten Unschuld. Darin eine Beziehung auf den Urstand Adams zu erblicken, wie dies etwa Leenhardt tut, halten wir für ungerechtfertigt. Denn das, was folgt, will ja gerade beweisen, daß das Gesetz deswegen gegeben wurde, um die Sünde ans Licht zu bringen; diese existierte also schon, war nur noch untätig, latent geblieben. Im Paradies aber gab es keine Sünde; erst Adam hat sie als Macht dieser »Welt« eingeführt. In Kapitel 5 hat Paulus schon erklärt, warum alle Menschen sterben müssen, selbst jene, die selbst nicht gesündigt haben: weil aufgrund des Gerichts und der Schuldigsprechung durch Gott der Tod über die Menschheit Gewalt hat. Jetzt, in Kapitel 7, wendet sich Paulus dem geschichtlichen Menschen zu, dem Erben Adams, und versucht zu begreifen, warum selbst ein Leben in Treue zum Gesetz Gottes nicht vom Tod befreit. Die Verse 7 und 9 müssen also eine Phase bezeichnen, die unmittelbar vor der persönlichen Frömmigkeitsgeschichte Pauli oder irgendeines anderen Menschen liegt. In der Sicht von Röm 7 ist es das Gesetz, dessen Offenbarung am Anfang eines jeden persönlichen Weges vor Gott steht. Die erste Phase, die der Unschuld, muß also vor-geschichtlich genannt werden. Paulus geht von dieser vor-geschichtlichen Phase aus, um verstehen zu können, was geschieht, wenn das Gesetz auf den Plan tritt (V. 7: »Erst durch das Gesetz habe ich die Sünde kennengelernt«). Von diesem entscheidenden Punkt aus kommt er auf die vorherige Phase zurück, die, wie jeglicher Ursprung, ein Zustand der Undifferenziertheit, ein mythischer Zustand ist. Dies »einst lebte ich« bezeichnet also ein Leben ohne das Gesetz, aber auch ohne die Gnade – ein Leben, das in religiöser Hinsicht noch unbestimmt ist.

In der zweiten Phase – der ersten, die eigentlich geschichtlich ist –

erweckt das Gesetz die Macht der Sünde im Menschen, die seit Adam die Menschheit beherrscht.

In der dritten Phase – der zweiten der Geschichte – führt der Geist den Menschen aus dem Herrschaftsbereich des Gesetzes und des Todes heraus.

Von V. 7 bis 11 schildert Paulus die erste Phase der Geschichte: die des religiösen Ich. Ab V. 14 spricht er im Präsens, aber er ist ganz offensichtlich immer noch dabei, die erste Phase der Geschichte zu analysieren. Diese gerät also in die Schwebe einer zeitlosen Überlegung, einer Überlegung in der ersten Person der Gegenwart. Wir haben gesehen, welche Bedeutung diese Aufhebung der Zeit hat; auf diese Weise wird ein universales Gesetz angezeigt, nämlich dieses: Daß einer dessen inne wird, daß er persönlich dem Gesetz Gottes zu entsprechen hat, führt ihn an sich nicht weiter. Dies Innewerden ist unfähig, die der eschatologischen Ordnung angehörige Offenbarung der göttlichen Macht hervorzubringen. Es ist dazu verdammt, sich in die endlose Wiederholung des Konflikts zu verrennen.

Untersuchen wir nun die Weise, wie sich dieser Konflikt sprachlich ausdrückt! Erinnern wir uns zunächst, daß das Präsens der ersten Person der Verse 14 bis 25 eine doppelte Bedeutung hat: Einerseits bedeutet es die Erstarrung eines in sich verschlossenen religiösen Zustands, der in der ersten Phase steckengeblieben ist. Anderseits wird diese Blockierung erst im Licht des Glaubens sichtbar: Es ist der Glaube, der sieht, daß das Ich unter dem Gesetz an seinen sich immer neu wiederholenden Konflikt gekettet ist. Die Termini, in denen dieser Konflikt gefaßt wird, sind bekannt. Zur Rechtfertigung unserer Interpretation und zur Vorbereitung einer verstehenden Neuaneignung des Textes rufen wir sie kurz ins Gedächtnis zurück: Es handelt sich um acht Termini, deren Geflecht den Konfliktbereich konstituiert: Ich (ἐγώ), Leib (σῶμα) Fleisch (σάρξ), Begierde (ἐπιθυμία), Sünde (ἁμαρτία), Gesetz (νόμος mit seiner Variante ἐντολή), Wollen (θέλω) und Tun (πράττω und seine Synonyme). Fünf davon sind streng anthropologische Begriffe: Ich, Leib, Fleisch, Wollen und Tun. Das Gesetz steht für die personale Andersheit; es ist ein Anruf: »Du sollst nicht begehren!« Die Sünde ist eine Macht anonymer Andersheit: ein dunkler Trieb. Der Tod ist das Resultat eines ausweglosen Konflikts.

Dieser Konflikt wird in anthropologischen Termini gekennzeichnet: »Ich tue nicht, was ich will« (V. 15). Das Wollen ist zugleich ein Urteil, eine Anerkenntnis des Gesetzes (V. 16). Der Konflikt spielt also nicht zwischen dem Wollen und dem Gesetz; damit ist die gebräuchliche Versuchungspsychologie schon ausgeschlossen. In der typischen Seelenlage der Versuchung ruft gerade die Aufstellung des Gesetzes das Verlangen hervor, es zu übertreten. Adam *wollte* das Gesetz mißachten, um auf gleicher Stufe mit dem Gesetzgeber zu stehen. Nichts von alledem in V. 15 f.! Gewiß spielen einige Wendungen der vorhergehenden Verse in der Vergangenheitsform auf die Versuchung Adams an: »Ich wüßte nichts von der Begierde, wenn das Gesetz nicht gesagt hätte: ›Du sollst nicht begehren!‹ ...« (V. 7.8); und im Vers wird das Wort »versuchen« von Gen 3,13 aufgenommen. Aber diese Verse erklären nur den Vers 7: »Nur durch das Gesetz habe ich die Sünde kennengelernt.« Wie in anderen Texten auch, handelt es sich hier um eine praktische Erkenntnis, um eine Erkenntnis, die nicht bloß theoretisch ist, sondern ein konkretes Urteil impliziert. Das Gesetz führt hier nicht in Versuchung, sondern läßt die Begierde nur als solche erkennen: als eine bestimmte, erfahrene Begierde. Das Gesetz ist die Erscheinung, die Offenbarung dessen, was der Mensch in Wahrheit vor Gott ist. Es ist selber keine Macht. Deswegen kann es auch nicht vor dem Tode erretten.

Eine dualistische Interpretation unseres Textes, so wie sie etwa die Gnostiker vorgelegt haben, zurückzuweisen, halten wir heute nicht mehr für notwendig. Wir begnügen uns damit zu betonen, daß im gesamten Werk Pauli der Leib für das Sein des Menschen konstitutiv ist, sowohl vor wie nach der Auferstehung. Der Leib ist mit dem Ich selbig. Der Ausdruck »Leib« bezeichnet den konkreten Menschen: das Leibwesen, das sich auf sich selbst bezieht, das eine Erfahrung mit sich selbst macht und über sich selbst entscheidet. Von daher ist der Mensch auch jenes Leibwesen, das sich verlieren kann und das sich einer von ihm verschiedenen Macht hingeben kann: der Macht der Sünde oder – im Fall des Christen – der Macht des Geistes. In der Geschichtssituation der Sünde ist der Leib Sündenleib und Todesleib; unter der Herrschaft Christi ist der Leib ein Herrlichkeitsleib. Der Dualismus, der vorliegt, geht mitten durch den Leib selbst und entzweit in ihm Wollen und Handeln; er scheidet nicht Leib und Seele. Es sind nicht zwei Substanzen, die der Konflikt einander entgegensetzt. Vielmehr handelt es sich um eine Zerrissenheit im Innern des Ich selbst, die das Gesetz heraufbeschwört.

Soll man also sagen, Paulus denunziere die pharisäische Gesetzlichkeit? Diese scheint zwar am Horizont des Problemfeldes von Röm 7 auf, macht aber unmöglich dessen Hauptthema aus. Denn der Legalist lebt zwar in der Todeszone der Selbstzufriedenheit, aber er leidet an sich weder an Hunger nach Leben noch an einer unschließbaren inneren Spaltung. Für ihn gibt es nur vorläufige Konflikte. F. J. Leenhardt[7] weist in diesem Zusammenhang auf die Stellen hin, an denen sich Paulus seiner Gesetzestreue rühmt (Phil 3,6). Aber dies ist nicht der springende Punkt des Textes. Was Paulus jetzt begriffen hat, ist die Unmöglichkeit, das Gesetz aus eigenen Kräften zu erfüllen, und somit die Unerreichbarkeit der Heiligkeit durch das Gesetz.

So erkennen wir ohne Schwierigkeit an, daß zwischen unserem Text und der alten Klage der antiken Weisheit »video meliora proboque, deteriora sequor« eine Analogie besteht. Bultmann lehnt diese Analogie ab, weil er in unserem Text nicht die erlebte Erfahrung Pauli, sondern nur die beiden Phasen der Heilsgeschichte ausgedrückt findet. Wir unserseits haben uns der Alternative zwischen Autobiographie und Heilsgeschichte verweigert. Für uns stellt Röm 7 die Phasen der Heilsgeschichte dar, insofern sie Paulus in seiner Bekehrung verinnerlicht hat. Dennoch besteht ein wesentlicher Unterschied zwischen dem Bekenntnis Pauli und dem genannten Weisheitsspruch. Denn für den Menschen unter dem Gesetz geht es nicht darum, das Gute zu erblikken, sondern auf eine unbedingte Forderung zu hören, die das Gesetz in der zweiten Person ausspricht. Aus diesem Grunde kann er sich nicht mit der Entzweiung seines Innern zufriedengeben und verlangt er nach Befreiung. Nicht zwar so, daß dieses Verlangen ausdrücklich formuliert würde (was schon der erste Schritt aus dem Herrschaftsbereich des Gesetzes heraus wäre). Das Verlangen eines Menschen, der sich der aussichtslosen Aufgabe, das Gesetz zu erfüllen, verschrieben hat, kann nur implizit sein. Aber nun weiß Paulus, daß er, ohne es zu wissen, nach einem Befreier verlangte.

Diese Skizze unserer Interpretation ermöglicht uns, unsere Einsicht in das Wesen des Konflikts zu vertiefen. Der Konflikt ist das Problem eines Willens, der seine Vollendung in der Praxis nicht erreichen kann: κατεργάζομαι und πράττω stehen im Gegensatz zum Wollen. Das Ich steht auf der Seite des Wollens, es bleibt also im tiefsten gut. Aber es

---

[7] L'Epître de saint Paul aux Romains, 248.

ist einem »Tun« ausgeliefert, das es nicht in seiner Hand hat. So ist das Ich *auch* in den bösen Taten, ebenso wie im Wollen des Guten, und folglich ist es vor dem Gesetz verantwortlich. Darin liegt präzise sein Zwiespalt, der sowohl das Ich wie den Leib durchherrscht.
Das Ich ist also der Gefangene des Fleisches und der Begierden, die dieses bestimmen. Dies aber deswegen, weil das Fleisch, das in größere Tiefen reicht als das Ich, von einer fremden, anonymen Macht geknechtet und gefangengehalten wird: der Sünde. Fleisch und Sünde sind zusammengehörige Dinge, so daß sie sich in unserem Text wechselseitig definieren. Das Fleisch ist die konkrete Leiblichkeit in seiner Schwäche und seiner Widersetzlichkeit gegen Gott und den Geist. Die Macht der Sünde aber ist es, die den Zwiespalt ins Fleisch trägt und dessen Schwäche ausnützt.

2. Der Konflikt Pauli im Licht der Psychoanalyse

Das ganze Kapitel 7 des Römerbriefs beschreibt den kritischen Augenblick einer Selbstreflexion, die unter dem Zeichen des christlichen Verständnisses von Kreuz und Auferstehung steht. Die jüdische Existenz, zwischen dem Rückzug in die ahnungslose vor-religiöse Unschuld und dem Geistgeschenk des Vertrauens gelegen, erscheint als ein unglückliches Bewußtsein. Der Aufbau wie die Ausdrücke des Textes selbst zwingen uns zu dieser Auslegung. Die Ergebnisse der Psychologie haben uns nur geholfen, die Interpretationen, die den Text auf der Basis der vermeintlichen Evidenz gewisser anthropologischer Begriffe abschwächten, abzuweisen; hat doch die Interpretation der in der ersten Person geschriebenen Abschnitte oft unter dem Einfluß der Vorstellungen gestanden, die man sich von den Möglichkeiten der Erfahrung, der Autobiographie oder der Erinnerung machte. Mittels dieser Konzeptionen liest man dann leicht theologische Ansichten über das unglückliche Bewußtsein des Sünders, über die Existenz des Juden oder über den Legalismus in den Text hinein. Unsere Exegese von Röm 7 wirft natürlich auch bibeltheologische Probleme auf. Wie läßt sich etwa unsere Erklärung mit der biblischen Betonung der göttlichen Gnade versöhnen? Oder wie paßt unsere Auslegung zu anderen Stellen, an denen Paulus das Wesen des Judentums in der Hoffnung auf die Verheißung sieht, die Abraham empfangen hat? Man hat den Eindruck, daß Paulus hier seinen Blick nur auf einen der Grundzüge des Judentums richtet, um den herum er dann das Ganze des Judentums anordnet. Müßten wir die zahlreichen, ebenso präzisen wie bruchstückhaften Gedanken der paulinischen Theologie zu diesem Problem in eine Synthese zusammenfassen, so würden wir etwa folgendes sagen: Die Offenbarung der Macht Gottes in der Auferstehung Christi war notwendig, damit der Gläubige unter dem Gesetz der Verheißung wieder vertrauen konnte und nicht nur über einen selbstzufriedenen Legalismus, sondern zugleich auch über das unruhige Streben nach einer am Gesetz abgelesenen Heiligkeit hinauskam.

Treiben wir unsere Konfrontation mit der Psychoanalyse noch etwas weiter, um im Verständnis von Röm 7 voranzukommen und um uns besser gegen die Versuchung einer theologischen oder pseudo-psychologischen Verzerrung dieses Stückes zu schützen! Der von Paulus beschriebene Konflikt ist von frappierender Ähnlichkeit mit gewissen aus der Psychoanalyse bekannten inneren Spaltungen. Wie gesagt, handelt es sich für uns aber nicht darum, das Bekenntnis Pauli mit irgendeinem pathologischen Zustand in Verbindung zu bringen. Aus diesem Grund verzichten wir auch auf die Hilfe der theoretischen Begriffe der Psychoanalyse, die im Zusammenhang mit der Analyse infantiler oder morbider Existenzen entwickelt worden sind. Wir sind weit davon entfernt, den der jüdischen Existenz immanenten Konflikt in die Nähe der Neurose zu rücken, sei es der Neurose eines Kindes oder der eines Erwachsenen. Wir sprechen nur von Homologie. Es handelt sich um eine Strukturähnlichkeit, die uns den Zugang zur paulinischen Dialektik von Gesetz und Geist erleichtern soll.

Es scheint besonders interessant, Röm 7 mit der psychoanalytischen Theorie vom Ödipus-Komplex zu konfrontieren. Der Ödipus-Komplex bezeichnet eine Periode individualisiertester und tiefster Persönlichkeitsbildung und -umbildung. Er ist zugleich persönliche Prüfung und gemeinsames Schicksal aller Menschen. In ihm zeigen sich die Etappen, die notwendig sind, daß einer ein Mensch werden kann. Als ein für den Geist konstitutives dialektisches Element bringt er die Beziehungsstruktur hervor, die sich dann in allen Dimensionen menschlicher Existenz auf ihre Weise entfaltet.

Die Psychoanalyse lehrt, daß das Ich erst durch das Gesetz zu einer Person wird. Das Gesetz entreißt das Subjekt seiner bisher anonymen, vorpersonalen Existenz. Es zerreißt dieses Ich aber auch unausweichlich durch einen Konflikt. Die Lösung dieses Konflikts und die Aneignung der personalen Identität durch das Ich setzt die Überwindung des Gesetzes als bloß negativen Verbots in einer Versöhnung mit dem Vater, die von ihm ausgeht, voraus. Der Psychoanalyse zufolge ist die Periode dieses Konflikts auch die Zeit, in der man sich Illusionen über sich selbst macht und seine Ängste und Rebellionen auf den Vater projiziert, dessen wahre Natur so verzerrt erscheint. All diese Elemente gehören notwendig zur Mensch-Werdung. Die Parallele zu den Etappen, in denen sich, dem Zeugnis vom Röm 6–7 zufolge, die Christ-Werdung vollzieht, ist offensichtlich.

Betrachten wir einige Themen, die jenen Parallelismus bestimmen, etwas genauer! Nach Freud stellt der Vater kraft seiner Rolle unmittelbar das Gesetz dar, das es verbietet, die Mutter zu begehren – das, so können wir es sehen, jene grenzenlose Begierde verbietet, die der Begierde des Fleisches im Sinne Pauli entspricht. Bevor es die Erfahrung des Gesetzes macht, lebt das Kind zwar, aber es lebt kein eigentlich menschliches Leben. Erst das Gesetz öffnet ihm den Zugang zur Kultur und Sittlichkeit. Doch widersetzt sich die Begierde, die in ihm ist, dem Gesetz – das es doch auch wieder aufgrund der affektiven Bindung an seinen Vater anzuerkennen bereit ist. Das Gesetz bringt also eine Spaltung hervor zwischen dem vorherigen Zustand der Anonymität und der langsam Gestalt annehmenden Geschichte einer Person und Kultur. Doch laufen die beiden Etappen im selben Subjekt ab. Das zeitliche Nacheinander der beiden Etappen verinnerlicht sich zum Gegeneinander zweier Kräfte. Solange das Subjekt unter der ausschließlichen Herrschaft des Gesetzes bleibt, ist der Konflikt unlösbar. Denn das Gesetz ist ein Verbot. Auch im Ödipus-Komplex tritt das Gesetz als eine negative, weil neue und trennende Instanz auf: »Du sollst nicht begehren!« Die Vollkommenheit bestünde in der Entsagung, in der Erfüllung des Gesetzes, das der Vater gegeben hat. Aber zu dem Zeitpunkt, in dem das Gesetz in seiner negativen Gestalt erscheint, leisten die Wünsche und Begierden des Subjekts Widerstand. Erst nach der Phase des Konflikts kann sich das Subjekt in seiner inneren Einstellung wandeln und seine nun umstrukturierten Wünsche und Begierden wiederfinden. Die positive Bedeutung des Gesetzes kann erst nach der Phase seiner negativen, trennenden Leistung hervortreten. Erst dann kann das Subjekt seinen Vater anerkennen, so wie er wirklich ist, und sich mit ihm identifizieren: wenn es von seinem Vater seine eigene Identität – die des Sohnes – empfängt.

Weil die Triebe und primären Strebungen die psychische Substanz ausmachen, die älter als das Gesetz ist und diesem bleibend zugrunde liegt, können sie in keiner Weise mit dem Bösen gleichgesetzt werden. Sie in moralische Kategorien zu pressen hieße sich über den Strukturaufbau des menschlichen Seins schwer zu täuschen. An sich moralisch neutral, werden sie in dem Augenblick Teil der ethischen Organisation einer Person, in dem das Gesetz ihre Natur erkennen läßt, indem es sie mit einer neuen Forderung konfrontiert. Unter der Forderung des Gesetzes werden sie zu Anstiftern böser Taten, die ebenso unvermeidlich wie zu verantworten sind.[8] Muß man nicht zugeben, daß zwischen den vor-ödipalen Wünschen und den Begierden des Fleisches, die Paulus nicht als etwas Böses, sondern als den Ort der Sünde bezeichnet, eine Verwandtschaft besteht? Die weitgehende Ähnlichkeit der paulinischen und der psychoanalytischen Überlegungen sticht in die Augen. Doch bleibt der Bezugspunkt der Psychologie rein menschlich; für sie ist das Gesetz, das vom Vater verkörpert wird, eine notwendige Bedingung der Mensch-Werdung. Paulus dagegen begreift das Gesetz als die unbedingte Forderung der göttlichen Gerechtigkeit an den Menschen, der werden soll wie Gott.

Die psychologische Erforschung des Konflikts hilft uns auch, besser zu begreifen, warum Paulus vom Gesetz in einer Weise reden kann, die auf den ersten Blick einen recht abstrakten Eindruck macht. Bekanntlich subsumiert Paulus nicht das ganze Alte Testament unter die Herrschaft des Gesetzes. Abraham und die Propheten nehmen schon an der Bewegung des Glaubens teil. In unserem Text jedoch kann Paulus den Alten Bund mit der Herrschaft des Gesetzes gleichsetzen, insofern diese Phase der Heilsgeschichte hauptsächlich vom Gesetz geprägt ist. Desgleichen erscheint das Gesetz, insofern es das neue Element personaler Forderung mit sich bringt, in der ersten Etappe der Mensch-Werdung des einzelnen in der abstrakten Bedeutung einer negativen Forderung, d. h. eines Verbots. Man wundert sich manchmal darüber, daß das Gesetz negativ formuliert ist. Insofern jedoch das Gesetz eine Trennung zwischen dem Menschen und seiner früheren bestimmungslosen Begierde setzt, ist es unvermeidlich die negative Instanz des Verbots und des Gerichts. Es vollbringt die notwendige Leistung der

[8] Wir haben die sittliche Ambivalenz dieses Zustandes aufgezeigt in unserem Artikel: Le péché originel à la lumière de la psychanalyse, in: Démythisation de la morale, Paris 1965, 189–205.

Negativität, die das Subjekt sich selbst entfremdet und für seine personale Wahrheit zurüstet. Wir müssen hier weder auf die Psychologie des Unbewußten noch auf die des Über-Ich zurückgreifen. Denn, psychoanalytisch gesehen, ist es ja gerade das Ereignis des Gesetzes als eines wirkenden Wortes (parole performatrice), das Bewußtes und Unbewußtes voneinander scheidet und das Über-Ich hervorbringt. Der von G. Crespy [9] angestellte Vergleich zwischen dem Gesetz Pauli und dem Über-Ich Freuds scheint mir eher verwirrend als erhellend. Denn das Über-Ich ist eine durch die Interiorisierung des Gesetzes entstandene psychische Instanz, ein unbewußt-spontanes inneres Urteil. Die Situation eines versteinerten und gut ausgebauten Legalismus entspricht zwar einer Konfliktsituation zwischen dem Über-Ich und dem Es, deren Austragsort das Ich ist und die auf Kosten der berechtigten Forderungen der Triebwünsche geht; der religiöse Legalismus etwa läßt den Menschen zwischen der Welt und Gott hin und hergerissen sein, so wie überhaupt jeder, der an einer Obsession leidet, aus dem Konflikt zwischen dem Es und dem Über-Ich nicht mehr herauskommt. Der Mensch unter dem Gesetz aber, den Paulus in Röm 7 beschreibt, wird noch nicht vom Konflikt zwischen Welt und Gott zerrissen. Man kann höchstens vermuten, daß er, falls sich der Konflikt nicht löst, zwischen den beiden nun unversöhnlichen Polen – Welt und Gott – zerrieben wird.

In der Sicht von Röm 7 ist das Gesetz ein deutlicher, persönlicher Aufruf, der im klaren Bewußtsein des höheren Guts vernommen wird, das seiner Befolgung versprochen ist. Die Auferlegung des Gesetzes geht sowohl dem schlechten Gewissen wie dem verhärteten Legalismus voraus. Dennoch leitet die Erscheinung des Gesetzes eine gewisse Tragik der Existenz ein, insofern schon dunkel geahnt, wenngleich noch nicht klar begriffen wird, daß das Gesetz ohnmächtig ist. Das Gesetz gibt Hoffnung für einen Kampf, den zu gewinnen unmöglich ist. So sieht der Jude noch nicht, daß allein der Urheber des Gesetzes die Verheißungen wahrmachen kann, die dieses enthält – und zwar durch eine neue Initiative, die den gläubigen Juden in ein neues Verhältnis zu ihm setzt.

Gibt uns das nicht einen Hinweis auf eine mögliche Synthese der ver-

---

[9] *G. Crespy*, Exégèse et psychanalyse. Considérations aventureuses sur Romains 7,7 à 25, in: L'Evangile hier et aujourd'hui (Festschrift für F. J. Leenhardt), Genf 1968, 169–180.

schiedenen fragmentarischen, wenngleich jeweils scharf durchdachten Darlegungen Pauli? Das Herz des Judentums ist die Spannung zwischen Verheißung und Gesetz. Im Lauf seiner Entwicklung jedoch hat das Judentum die Verheißung verdunkelt; das Christentum wird sie wieder zu Geltung bringen, indem es sie erfüllt. Zugleich wurde es offensichtlich, daß der Jude nicht imstande war, das verlangte und vom Glauben versprochene Leben der Gerechtigkeit und Heiligkeit zu führen. Das Judentum ist eben nur ein Moment in der Geschichte der Menschheit vor Gott, ein Moment, das sich auf seine Weise in der Entwicklung jedes Menschen zum Glauben an Gott als den Vater wiederfindet – zu jenem Glauben, der den Rückbezug zur Verheißung darstellt. Der Geist ist es, der den Glauben verwirklicht und die Verheißung erfüllt, unter der Bedingung freilich, daß der Mensch am Tode Christi teilhat, der allein die Gesetzestreue in den Geistempfang wandeln kann.

Der Zweideutigkeit der Situation des Juden entspricht die des Kindes in der Phase des Ödipus-Komplexes. Auch dieses ist zerrissen durch seine Triebwünsche einerseits und seine Treue zum Gebot des Vaters anderseits und hofft, durch seine Unterwerfung unter die Forderungen des Vaters jenes bessere Menschsein zu erlangen, das ihm das Gesetz verspricht. Auch das Kind muß schließlich das unglückliche Bewußtsein, das das Gesetz mit sich bringt, überwinden; dazu kommt es durch eine Versöhnung, die das Kind in ein neues Verhältnis zu seinem Vater setzt: Indem es das Wort des Vaters aufnimmt, das ihm die Identität eines Sohnes zuspricht, findet es selbst seine eigene Identität.[10]

IV. Einzelne Bemerkungen zum Text Pauli

1. Die Redeform der ersten Person

Unsere Analyse hat gezeigt, daß die Bedeutung des »ich« aus dem Zusammenhang des Konflikts, in dem es sich findet, heraus notwendig undeterminiert ist, da es an der Zweideutigkeit eines Übergangszustandes teilhat und so überbestimmt ist. Die Interpretation des »ich«

---

[10] Nach dem Abschluß dieses Aufsatzes haben wir den Artikel in die Hand bekommen, den *E. Ortigues* dem Römerbrief gewidmet hat: La composition de l'Epître aux Romains I–VIII, in: Verbum Caro, 29/30, Neuchâtel 1954, 52–81. Wir haben mit Befriedigung festgestellt, daß sich unsere beiden Analysen im Grunde sehr nahe sind.

läßt sich deswegen so schwierig an, weil an diesem »ich« die ganze Reflexion über eine Prüfungssituation hängt, die Paulus erst später erhellen kann, da er aus ihr als Sieger hervorgegangen ist. Wer ist das Ich jenes dunklen Konflikts *vor* der Erscheinung Christi? Es ist die doppelgesichtige Gestalt des lebendig Toten, der die oben angeführten alternativen Auslegungstendenzen nicht Rechnung tragen. Verweilen wir dabei einen Augenblick!

a) Die Zusammengehörigkeit von Ich und Erfahrung

Die oben skizzierten, einander gegenüberstehenden Exegesen beziehen ihre Gegensätzlichkeit aus einer gewissen psychologischen Auffassung. Man versteht unter »Erfahrung« einen Bewußtseinszustand, der dann auch noch begrifflich ausgedrückt werden könne. So erblicken viele Zeitgenossen den Ursprung des Glaubens an Gott in einer »religiösen Erfahrung«; die begrifflich geformte religiöse Sprache wäre dann nur die Transposition einer primär affektiven Erkenntnis auf die Ebene der Theorie. Das Mißtrauen, das man heute oft der Theologie entgegenbringt, kommt zum Teil aus diesem psychologischen Apriori. Dasselbe Apriori zieht sich wie ein roter Faden durch zahlreiche soziologische Religionstheorien, nach denen die religiösen Begriffe nichts als die sich wandelnden Ausdrücke ein und derselben religiösen Erfahrung wären. Eine solche Auffassung kann subjektivistisch genannt werden. Denn man sieht das Subjekt, das Ich, als eine gegebene Tatsache an, die die Quelle allen Sinnes abgäbe. Die Begriffe wären nur sekundäre Formalisierungen der einzig wahren, durch die Initiative des Ich gegebenen Sinngehalte.[11]

Im Verein mit anderen anthropologischen Untersuchungen hat die Psychoanalyse überzeugend bewiesen, daß das Subjekt, das Ich, keine ursprüngliche Gegebenheit ist, sondern daß es sich durch die Interiorisierung kultureller Formen, der Sprache, der Gesetze und Institutionen sowie der Riten erst konstituiert. Es sind erst Symbol und Sprache, die den Menschen zu einem Menschen werden lassen, und nicht umgekehrt. So macht die innere Spaltung des Ich für die Psychoanalyse überhaupt keine Schwierigkeiten. Für sie ist das Ich anfänglich nur »zerstreut« vorhanden, und es wächst erst allmählich zu einer Einheit zusammen. Der Psychologe und Psychiater Dr. Szondi nennt das Ich

---

11 *A. Vergote,* Religionspsychologie, Freiburg–Olten 1970.

eine Pontifex-Instanz, d. h. eine Instanz, die zwischen den verschiedenen Tendenzen, die dem Menschen von Anfang an mitgegeben oder durch die Kultur vermittelt worden sind, Brücken schlägt.

Das, was man »Erfahrung« nennt, ist, von daher gesehen, also das Echo des Anspruchs, den eine kulturelle Umwelt an ein Subjekt stellt, in dessen Innenraum; dieselbe Sprache der Kultur verleiht den verschiedenen, einander widersprechenden und noch nicht bewußten Strebungen des Subjekts eine bestimmte Form. Gewiß kann es sein, daß das Subjekt nur blind wiederholt, was andere vor ihm gesagt haben, und sich in einem Begriffsgebäude bewegt, das mit seiner Person nichts zu tun hat. Aber von Erfahrung und Ich-Bildung kann man nur in dem Maße sprechen, als sich das Subjekt sowohl die auf ihn eindringende Kultur wie die in ihm nach Ausdruck drängenden Strebungen in persönlicher Weise angeeignet hat.

Der Gegensatz, in dem die oben angeführten zwei Typen von Exegese zueinander stehen, ist also unannehmbar, und dies sowohl vom Paulinischen Text selbst her gesehen wie aufgrund der angedeuteten anthropologischen Gesetze. Das »ich« ist nicht als das Subjekt einer typisch jüdischen »Erfahrung« zu verstehen; es ist mehr als der literarische Ausdruck für das Subjekt einer Heilsgeschichte, die selbst diesem äußerlich bliebe. Es bezeichnet vielmehr jenen besonderen Augenblick in der religiösen Entwicklung des Subjekts, in dem dieses mit den großen kulturellen und religiösen Konstellationen konfrontiert wird, die »Gesetz« und »geistgewirkte Offenbarung der Herrlichkeit Christi« heißen.

b) Der Zusammenhang von »ich« und Gesetz

Wir haben gesehen, daß in Röm 7 das »ich« als Antwort auf den vom Gesetz vermittelten personalen Anspruch des »Du sollst nicht begehren!« auftritt. Freilich ist auch das Gesetz nur eine Sammlung von Verschiedenem und ist in seine einzelnen Gebote »zerstreut«. Aber Paulus personifiziert es zu einer Einheit, und das nicht nur, um es zu einem abstrakten Begriff zusammenzuzwingen, sondern vor allem deswegen, weil es den Menschen anspricht.

Die Psychoanalyse hat ebenfalls an den Tag zu bringen versucht, wie es zu einer menschlichen Person kommt: Der Mensch wird ein Subjekt, das von sich in der ersten Person reden kann, wenn er einem Gesetz entsprechen muß, das ihm von einem anderen zukommt. Im primären und exemplarischen Beziehungsgefüge der Familie ist es das Verbot des Vaters, das dem Subjekt gegenüber die Rolle des grundlegenden personalen Anspruchs spielt.

Das »ich« nimmt, je nach den verschiedenen Bereichen, in denen es sich realisiert, einen verschiedenen Sinn an. Während das rein menschliche Ich als Antwort auf das Begehren eines anderen erwächst, entsteht das religiöse Ich als Antwort auf das Wort Gottes, der gleichzeitig als der persönliche, den Menschen meinende Gott zu erscheinen beginnt. Steht übrigens die hier beschriebene Genese des religiösen Ich nicht in Entsprechung zur historischen Entstehung des Monotheismus? Es wäre möglich, unsere Überlegungen auf Vergleichungen mit den Gotteskonzeptionen anderer (griechischer oder animistischer usw.) Religionen auszudehnen. Dann sähen wir, daß sich das religiöse Ich, das einem unpersönlichen, seinen Gläubigen nicht persönlich ansprechenden Gott gegenübersteht, nicht eigentlich individualisiert.[12] Ist die Religionsgeschichte so nicht eine weitere Illustration zu unserem Paulinischen Text, der das Werden des religiösen »ich« an das Sprachereignis des Gesetzes bindet?

c) Das »ich« des Bekenntnisses

Die klare Analyse des unter der Herrschaft des Gesetzes stehenden »ich« ist retrospektiv, haben wir oben gesagt. Paulus beschreibt deutlich eine Erfahrung in dem Sinn, in dem wir sie definiert haben, d. h. eine Situation, in der das religiöse Subjekt die Konturen einer Persönlichkeit annimmt, eine Situation, in der es, sich auf das Gesetz Gottes beziehend, zu einem religiösen »ich« wird. Dies aber um den Preis eines Uneinswerdens mit sich selbst: Im Augenblick der Erscheinung des Gesetzes erwacht das religiöse »ich« zu seiner bewußten Existenz in einer Art innerer Spannung, die einerseits das Vergangene, das heidnische, unbewußt und anonym gelebte Vergangene und anderseits den neuen Status des nun in der ersten Person sprechenden Subjekts umfaßt. Daß aber diese Entzweiung unaufhebbar ist, kann nur der sehen, der sie überwunden hat und dem neuen Sein zugehört. Die Sprache, in der diese Erfahrung beschrieben wird, bezeugt den Übergang: Das Innewerden des Gesetzes und das Bewußtsein der Sünde beschreibt Paulus in der ersten Person der Vergangenheit; um das Mit-sich-selbst-

---

12 Vgl. beispielsweise *J. P. Vernant,* Mythe et Pensée chez les Grecs. Etudes de psychologie historique, Paris ²1969, 265–282.

uneins-Sein zu kennzeichnen, wechselt er zur ersten Person der Gegenwart über. Aufgrund seiner persönlichen Erfahrung eines gesetzestreuen Juden, der sich zum christlichen Glauben bekehrt hat, kann Paulus sich auf den Standpunkt jedes Ich überhaupt stellen, das unter dem Gesetz steht. Er kann seine eigene Geschichte verallgemeinern, weil er sich selbst jetzt mit der Klarheit eines Menschen sieht, der mit den Augen Christi sieht, d. h., der die Dinge so sieht, wie sie vor Gottes Blick daliegen.

In der klinischen Psychologie beobachten wir einen analogen Vorgang. Jemand, der einen Konflikt überwunden hat, ist nun auch imstande, diesen zu formulieren, und er tut es in jenem zeitlosen Präsens, das das *Da* einer allgemeinen Wahrheit ist.

2. Der Widerstreit von Wollen und Vollbringen und seine Erklärung durch die quasi-mythische Redeweise von der Macht der Sünde

a) Ich, Leib und Fleisch

Wir haben die These vom *simul iustus et peccator* deswegen zurückgewiesen, weil die ganze Organisation der Kapitel 6 bis 8 beweist, daß jenes unter seinem inneren Widerspruch leidende »ich« der Mensch vor seiner Bekehrung zum christlichen Glauben ist, auf den der Bekehrte zurückschaut. Der Konflikt entzweit das Ich mit sich selbst. Es ist ein religiöses Ich, das das Gesetz erfüllen will, aber es bleibt ein seiner fleischlichen Vergangenheit verhafteter Mensch. Durch das Gesetz erkennt es sich als das, was es in Wahrheit ist: ein Feind des Gesetzes und jenes Ich, das dem Gesetz zustimmt. Das leibhafte Ich ist ein Wollen und Urteilen. Es ist aber auch Fleisch und Begierde und somit der Macht der Sünde ausgesetzt. Das Ich ist also zweifach: Wollen und Urteilen einerseits, Fleisch und Begierde anderseits. In seinem innersten Kern ist es ein Wollen, das dem ihm auferlegten Gesetz entspricht; denn durch diese willentliche Zustimmung ist der Mensch ja erst ein religiöses Ich geworden. Das Fleisch steht für das, was diesem Ich vorausliegt, was in ihm und um es herum als ein apersonaler Bereich bestehen bleibt. Jedoch kann das Handeln, das »Tun« nicht ohne das Fleisch zu seiner Wirklichkeit gelangen, mag auch das Ich nicht mit dem Fleisch identisch sein.

Die Wiedergabe dieser Doppelheit des Ich in unsere moderne Ausdrucksweise ist mit außergewöhnlichen Schwierigkeiten verbunden. Die überlieferte Sprache der Philosophie ist dazu kaum imstande, insofern sie Leib und Seele als zwei metaphysische Substanzen denkt. Die Sprache der Psychoanalyse scheint uns da geeigneter zu sein, und zwar gerade deswegen, weil die Psychoanalyse den Menschen hinsichtlich der Entwicklung seiner Persönlichkeit betrachtet. Für die Psychoanalyse baut sich das Ich auf der Basis vorpersonaler Kräfte, der Triebe, auf; die Triebe, die gleichzeitig körperliche und psychische Realitäten sind, werden als Energien und Wünsche begriffen. Die Psychoanalyse denkt den Menschen nicht mit Hilfe der Begriffe von Körper und Geist, sondern im Licht der Annahme von psychischen Realitäten (die zugleich und untrennbar körperliche Realitäten sind). Die psychischen Realitäten sind zunächst vorpersonal; erst im Verlauf einer unter dem Einfluß kultureller Gegebenheiten sich vollziehenden Geschichte personalisieren sie sich ein wenig. Die Ähnlichkeit mit der paulinischen Anthropologie ist offensichtlich, mit dem entscheidenden Unterschied allerdings, daß für Paulus der leibhafte Mensch ein Sein-zu-Gott und nicht nur ein In-der-Welt- und zum-anderen-Sein ist. Das Fleisch ist für Paulus offensichtlich eine vorpersonale Wirklichkeit. Auch es ist »Ich«, jedoch eher in der Weise der Zugehörigkeit oder des Habens als in der Weise des Seins. Aus diesem Grund kann das leibhafte Ich sein Verhältnis zum Fleisch in gewissem Maße modifizieren. Es kann dieses in seiner ersten Gestalt sterben lassen, um es verwandelt zurückzugewinnen (Röm 7). So verwandelt das Ich das Fleisch, unter der Bedingung allerdings, daß das Ich selbst nicht das bleibt, was es zuerst war, sondern zu einer neuen Seinsweise übergeht: dem Geist. Liegt hier nicht eine Verwandtschaft mit dem Freudschen Prinzip vor »Wo Es war, soll Ich werden«? Das Ich wird es selbst, indem es sich selbst und seinen Bezug zum Es verwandelt – zum Es: d. h. zur vorpersonalen Sphäre der Triebe und Wünsche, die das Ich vorbereiten, ihm innerlich bleiben, sich ihm widersetzen und schließlich in gewissem Maß von ihm integriert werden.

b) Die Sünde als Macht

Um das Ich herum erstreckt sich das Gebiet der anonymen Mächte: des Fleisches mit seinen Begierden und, weiter draußen, der Sünde, die auf dem Umweg über das Fleisch vom Ich Besitz ergreift. Darf man die seltsame Gestalt der Sündenmacht als das Produkt der literarischen

Technik der Dramatisierung und Personifizierung erklären? Diese Erklärung wäre offensichtlich zu einfach! Denn tatsächlich ist die Sünde nicht personifiziert, sondern ganz im Gegenteil gewissermaßen mythisiert. Die Sünde ist weit davon entfernt, etwas Personales zu sein; vielmehr steht sie dem Personalen, dem Ich, als Widerpart gegenüber. Die Sünde erst erklärt, warum das Ich durch seine vorpersonale Fleisch-Dimension mit sich selbst im Widerstreit liegt. Von der Sünde wird in zweifacher Weise gesprochen. Einerseits bezeichnet das Wort »Sünde« eine Kraft, und insofern meint es vom Gesichtspunkt des religiösen Ich aus gesehen, das als Person vor der Person Gottes steht, etwas Apersonales. Anderseits aber wird von der Sünde nicht wie von einer notwendig wirkenden Ursache gesprochen; es gilt ja, dem Handeln des Ich Rechnung zu tragen. Durch die Vermittlung des Fleisches ist die Sünde auch Teil des Ich. Dieses muß sich für die Sünde verantworten, weil es sich von ihr hat beherrschen lassen; es muß es aber auch wieder nicht, insofern die Sünde eine Macht ist, die das Ich beherrscht.

Wir kommen hier an die Grenzen dessen, was sich noch denken läßt, und zwar gerade deswegen, weil es sich hier um eine Wirklichkeit handelt, die zwischen der Natur (der Kraft und dem Mathematisierbaren) und dem Personalen (das im Bewußtsein gegeben ist) liegt. Der Exeget darf diesem Paradox nicht zu entfliehen suchen. Auch hier kann ihm die Verwandtschaft zwischen der religiösen und der psychoanalytischen Sprache eine Hilfe anbieten. Denn auch für die Psychoanalyse befindet sich das Ich außerhalb seiner selbst. Es ist in ein Netz psychischer Wirklichkeiten – der Triebe – verwickelt, die zwar Kräfte oder Mächte sind, aber doch im Subjekt Sinngehalte hervorbringen. Was der Mensch tut, ist in ihm verursacht; aber es ist er selbst, der es tut, und das bedeutet ihm etwas. Auch die Psychoanalyse hat also eine doppelte Sprache, die der Energie (der Macht) und die der Bedeutung. Die Energien bringen im Menschen Symptome hervor, die eine menschliche Bedeutung haben und für die der Mensch folglich (wenn auch nur in sehr beschränktem Maße) verantwortlich ist.[13] Freud hat selbst von einer Verantwortlichkeit für unsere Träume gesprochen, obwohl die Träume aufgrund eines gewissen Kräftespiels in uns aufsteigen und nicht eigentlich vom Ich hervorgebracht werden, wie es die alte deut-

[13] Vgl. *P. Ricœur,* Die Interpretation. Ein Versuch über Freud, Frankfurt/M. 1969.

sche Redeweise so schön ausdrückt: Es träumt mir. Auch die Psychoanalyse greift übrigens bewußt auf die mythische Sprache zurück. Freud scheut nicht davor zurück, die Triebe »mythische Wesen, großartig in ihrer Unbestimmtheit« zu nennen.[14] So ist es nicht weiter verwunderlich, wenn auch Paulus eine quasi-mythische Sprache verwendet, um von der Sünde zu sprechen.

Es ist ganz sicher, daß sich Exegeten und Theologen beim Versuch, unseren Text auszulegen, bisweilen durch eine zu rationalistische und moralisierende Anthropologie haben in die Irre führen lassen. Zwar hat Paulus die Psychoanalyse noch nicht gekannt. Ebensowenig aber hat er unter dem Einfluß der Bewußtseinsphilosophie oder einer psychologisierenden Anthropologie gestanden, die ganz auf der Vorstellung von einem bewußten und freien Ich aufgebaut sind.

3. Das Normale und das Pathologische

Schließlich gilt es noch darauf hinzuweisen, daß sowohl in der Auffassung Pauli wie in der Freuds keine exakte Grenze zwischen einem normalen und einem pathologischen Konflikt gezogen werden kann. Die Phase der Gesetzesherrschaft ist notwendig, und doch hat sie Paulus als eine Verirrung gekennzeichnet. Sie ist freilich noch nicht mit der Abwegigkeit des eigentlichen Legalismus zu identifizieren, der jeden Konflikt und alle Unruhe in ruhiger Selbstzufriedenheit verdrängt hat. Der innere Konflikt des gesetzesgläubigen und doch hoffenden Juden kann höchstens aufgrund der Zerrungen und Spannungen, durch die das religiöse Bewußtsein hindurch muß, eine Krankheit genannt werden. Die in der Selbstzufriedenheit liegende Verkennung des Konflikts jedoch ist eine echte Krankheit: eine Perversion der Religion, die die Dynamik der Geschichte endgültig blockiert. Keine befreiende Einladung kann den Legalisten mehr aus seiner Selbstgenügsamkeit heraus auf den Weg zu den Verheißungen locken, die seit der Zeit der Verkündigung des Gesetzes immer noch ausstehen.

Jeder Versuch, das Phänomen einer psychischen Krankheit und das von Paulus kommentierte Drama des Juden einander anzunähern, verlangt also sehr viel Fingerspitzengefühl. Dieses darf man sowohl bei Exegeten voraussetzen, die um die Komplexität des religiösen

---

[14] Neue Folge der Vorlesungen zur Einführung in die Psychoanalyse: *S. Freud*, Ges. Werke, Bd. IV, Frankfurt/M ^{4}1967, 101.

Menschen wissen, wie bei Psychoanalytikern, die die Wahrheit des Ödipus-Komplexes in sich aufgenommen haben. Freilich werden sich immer auch genügend »aufgeklärte« Geister finden, die, mit einer gehörigen Portion Rationalismus oder Voluntarismus begabt, sich darin gefallen, unseren Text in der Mappe der religiösen und seelischen Krankheiten verschwinden zu lassen.

V. Die Lösung des Konflikts

Wir haben allen Grund anzunehmen, daß Paulus nur kraft seiner Teilnahme an der heilsgeschichtlichen Epoche des Glaubens und des Geistes die Epoche des Gesetzes hat klar erfassen und bewerten können. Der Anfang von Kapitel 8 muß also zu Kapitel 7 hinzugenommen werden, soll dieses ganz verstanden werden. In der Tat hat das Kapitel 6 die beiden folgenden Kapitel zusammen angekündigt.

Die Neuheit des Christlichen wird in Kapitel 8 in drei Grundbegriffen angezeigt: Tod, Geist, Vater. Wir wollen ihnen unsere Aufmerksamkeit zuwenden, und zwar zunächst in enger Anlehnung an den Text und dann in einer psychologischen Interpretation.

1. Der Tod

a) Die Lösung des Konflikts ist für Paulus nur durch den Tod einer seiner Grundlagen möglich, weil nur so eine andere Wirklichkeit in das Subjekt einziehen und es von innen her erneuern kann. Vom Tod wird im Römerbrief in drei verschiedenen Bedeutungen gesprochen. Es gibt den Tod durch die Sünde, den Tod Christi und den Tod für die Sünde. Auch das Leben ist in dreifacher Weise präsent: als das Leben vor dem Gesetz, das Leben des Fleisches und das Leben des Geistes. Diese sechs Größen verteilen sich in ihrem Zusammenhang auf die folgenden vier Momente: das Leben vor dem Gesetz; das Leben unter dem Gesetz (das in Wirklichkeit der mit der Sünde gegebene Tod ist); der Tod Christi (dessen Folge der Tod des Fleisches ist); das Leben des Geistes.

Wir haben gesehen, daß das Leben vor der Zeit des Gesetzes in religiöser Hinsicht noch unbestimmt ist; die Augen des Glaubens können darin weder Leben noch Tod erblicken. Paulus hält sich deswegen auch nicht länger damit auf. Er erwähnt es nur deswegen, um den Tod unter der Herrschaft des Gesetzes denken zu können.

Der Tod als Folge der Sünde ist zugleich die unvermeidliche Konsequenz des Auftretens des Gesetzes im gegenwärtigen Zustand der fleischlichen Menschheit und die Strafe für die Sünde. Wir finden die beiden Überlegungen in Röm 8,13 und 7,24 (vgl. auch 1,32; 2,6–11). Diese beiden Gedankenreihen entsprechen denen über die Sünde: Die Sünde ist einerseits eine Macht, deren natürliche Frucht im Fleische der Tod ist, und anderseits eine Übertretung des Gesetzes durch das fleischliche Ich, das das Gesetz zwar kennt und anerkennt, aber nicht verwirklicht. Paulus muß die beiden Gedankenreihen über den Tod gleichzeitig festhalten. Denn er will ja jene Phase beschreiben, in der das religiöse Ich zu seiner Freiheit erwacht und doch noch von den Kräften, die älter als es selbst sind, gefangengehalten wird. Der Tod ist etwas Natürliches, so wie auch die Sünde eine Macht ist. Der Tod ist aber auch Strafe, so wie die Sünde eine Übertretung des Gebots ist. Tod und Sünde entsprechen einander in ihrer Doppelbestimmtheit.

Das Gesetz trägt eine Spaltung in das noch unbestimmte Leben hinein. Leben und Tod stehen nun nebeneinander, ohne sich zu vermischen. Was vorher Leben war, wird nun im Lichte des Gesetzes, das das Leben des Fleisches in seiner Versuchlichkeit offenbart, zum Tod. In den Augen des Fleisches hingegen ist das Leben des Glaubens ein Sterben.

Durch seine Teilnahme am Tod Christi erkennt der Christ an, daß das Leben des Fleisches in Wirklichkeit durch die Kraft der Sünde ein Tod ist; indem er sein fleischliches Ich dem Tode anheimgibt, erreicht er das wahre Leben. Wer annimmt, daß das Fleisch kraft der Sünde tot ist, stirbt als dieser fleischliche Mensch, um zu einem neuen Leben aufzuerstehen.

b) Der dialektische Bezug von Tod und Leben steht auch im Zentrum der Psychoanalyse. Auch diese bestimmt das Leben und den Tod im Zusammenhang dreier Phasen einer Entwicklung, die das Ich zu sich selber und zum Leben bringt. Bevor es das Gesetz des Vaters vernommen hat, lebt das Subjekt ein noch unbestimmtes, weil noch apersonales und kulturloses Leben. Das Inzestverbot, das etwas als Tod qualifiziert, was Leben zu sein schien, bewirkt den Übergang von einem nur natürlichen zu einem kulturell geprägten und sittlichen Leben. Die symbolische Kastration ist für die Psychoanalyse gleichbedeutend mit dem Tod. Durch den Verzicht auf die Allmacht der Wünsche und auf die unmittelbare Befriedigung des Trieblebens tritt das Subjekt in ein personales, bewußtes Leben ein. Jemand, der seinen ödipalen Konflikt nicht durch die Annahme des Todes löst, wird das Opfer des Todes, den das Gesetz androht; dieser Tod ist zugleich natürliche Folge und Bestrafung der Übertretung des Gesetzes. Denn das Subjekt, das in seinen ödipalen Wünschen gefangen bleibt, sieht sich ausgeschlossen vom menschlichen Geschlechts-, Sitten- und Kulturleben; zudem trifft es das Todesurteil für die (selbst nur eingebildete) Mißachtung des Verbots.

Wir können also auf beiden Seiten eine ähnliche Dialektik von Leben und Tod beobachten. Das ermöglicht uns ein tieferes Verständnis der Tatsache, warum die paulinischen Begriffe von Tod und Leben so ambivalent sind: Das Gleitende, Unbestimmte dieser Begriffe entspricht der im Brief dargestellten Übergangssituation des religiösen Lebens.

In der Begrifflichkeit von J. Lacan können die drei von Paulus angeführten Tode jeweils als »real«, »imaginär« und »symbolisch« gekennzeichnet werden. Das Leben des Fleisches unter dem Gesetz ist in Wahrheit ein Tod, ganz wie das im Gegensatz zum Gesetz des Vaters gelebte Triebleben in Wahrheit der Tod des Subjekts als menschlicher Person ist. Der Tod, den das Subjekt fürchtet, so daß es sich krampfhaft an das fleischliche Leben klammert, um sein bisheriges Leben weiterführen zu können, ist der imaginäre Tod. Der Mensch fürchtet, das Leben zu verlieren, während es doch gerade darum geht, sich von einem Leben zu befreien, das den Keim des Todes in sich trägt, um so erst das echte Leben zu gewinnen. Der frei angenommene Tod ist ein symbolischer Tod. Er ist kein Selbstmord, sondern der Verzicht auf ein nur imaginäres Leben. Weil dieser Tod symbolisch ist, entläßt er aus sich ein »symbolisches« Leben: das der echten religiösen Symbolsprache. In Röm 7 ist der symbolische Tod nur unausdrücklich präsent: Paulus erwähnt jene, die sich an das (imaginäre) Leben des Fleisches klammern, und gibt zu verstehen, daß sie aus Furcht vor einem in Wirklichkeit symbolischen Tod dem wirklichen Leben sterben. Weil jedoch Paulus anderes vorhat als eine Psychologie der Versuchung zu schreiben, arbeitet er dieses Thema nicht weiter aus.

2. Der Geist

Auf der Basis der bisher eingeführten Größen läßt sich der Konflikt nicht lösen. Aber nun nimmt der lebenspendende Geist die Stelle ein, die bisher der Tod (der am Tod Christi teilnehmende fleischliche Mensch) innehatte. Der Geist ist die Kraft Gottes, die sich in eschatologischer Weise in den Wundern und in der Auferstehung Christi geoffenbart hat. Während die Sünde eine anonyme Kraft ist, ist der Geist die selbst personale Kraft Gottes. Als solche befreit er das Ich von der Macht, die es gefangenhielt. Vergessen wir nicht, daß das Gesetz aus sich selbst heraus nichts vermag; es vermittelt nur Erkenntnis, keine Kraft.

Die Exegeten wissen, welch komplexer Ausdruck »der Geist« in den Paulinischen Briefen ist. Es ist nicht unsere Aufgabe, in diese Komplexität einzuführen. Nur eines möchten wir bemerken: der Geist Gottes kommt wirklich im Geist des Menschen an. Das neue Sein des Christen ist eine sowohl ontologische wie anthropologische Wirklichkeit. Der Geist ist zugleich ein Seiendes und ein Verhältnis zu Gott, anders ausgedrückt: ein Seiendes und eine Einstellung. Er weckt im Menschen ein neues Verlangen (φρόνημα Röm 8,6.27) und ein neues Verhältnis zu Gott.

3. Der Vater

Auch nach der Auflösung des Konflikts bleibt die vom Gesetz geschaffene Entscheidungssituation bestehen. Seit der Einführung des Gesetzes ist es dem Menschen nach Paulus unmöglich geworden, seiner Verantwortlichkeit vor Gott zu entkommen. Es kann zwar sein, daß auch ein Glaubender noch nach dem Fleische lebt; er wird dem Todesurteil jedoch ebensowenig entgehen wie der Jude. Was für den Christen keine Geltung mehr hat, ist eine Seinsordnung, die ausschließlich von einem Gesetz her bestimmt ist, das sich darin erschöpft, die Sünde und ihr todbringendes Werk an einem ohnmächtigen Fleisch aufzudecken. Insofern das Gesetz Forderung Gottes ist, ist es jedoch nicht hinfällig; es genügt in diesem Zusammenhang, auf die Kritik Pauli an der libertinistischen und gnostisierenden Auffassung der Korinther zu verweisen (1 Kor 6,12; 10,23).

Die Befreiung von der Herrschaft des Gesetzes hat zwei Konsequenzen oder vielmehr Voraussetzungen. Die eine besteht darin, daß der

Geist mit seiner Kraft an die Stelle des Fleisches tritt und so das Leben nach den Forderungen Gottes möglich macht: Wer den Geist empfangen hat, vermag es, nach den Wünschen des Geistes in ihm zu leben. Als zweites schenkt der Geist dem Menschen die Möglichkeit, sich zu Gott anders zu verhalten als nur zu einem Gesetzgeber. Dieses Element steht hinter dem ganzen Gedankengang von Kapitel 7. Zunächst wird Paulus der Unmöglichkeit eines Lebens nach dem Gesetz inne. (Vgl. auch Röm 6.6: Das Verlangen des Fleisches unterwirft sich dem Gesetz Gottes nicht, ja *kann* das auch gar nicht; die nach dem Fleische leben, *können* Gott nicht gefallen.) Jeder Mensch, der unter der Herrschaft des Gesetzes lebt, dieses aber dauernd aufgrund seiner fleischlichen Seinsweise bricht, zieht notwendig den Zorn Gottes auf sich herab. Sobald der Mensch seines Zustandes inne wird, kann er der Furcht Gottes (hier im Sinne einer lähmenden Furcht) nicht mehr entfliehen. Allerdings kann sich die Frage in voller Klarheit nur dem schon Glaubenden stellen, der allein dazu genügend Licht und Ehrlichkeit hat. Dann aber ist der Gläubige schon nicht mehr unter der ausschließlichen Herrschaft des Gesetzes. Kraft des Geistes in ihm erkennt er jetzt Gott nicht mehr nur als den Urheber des Gesetzes, sondern als Vater.

In unserem Rahmen können wir uns darauf beschränken, die Forschungen von J. Jeremias [15] über den Vaternamen zusammenzufassen. Jesus verwendet den Vaternamen, um von Gott zu sprechen, nur sehr selten, ausgenommen dann, wenn er sich an die Jünger wendet, und da sagt er dann »*euer* Vater«. Er selbst hat seine Gebete immer an Gott als seinen Vater gerichtet und zu ihm in seiner aramäischen Muttersprache »Abba« gesagt. Bei Paulus fehlt der Vatername ebenfalls in den Aussagen *über* Gott, kommt aber 42 mal in den Formulierungen liturgischer Gebete vor, die sich *an* Gott richten.

Wir dürfen also sagen, daß der Vatername ein unmittelbarer (dialogischer) Ausdruck des Glaubens und kein Begriff der Theologie ist. Er ist die Antwort auf jenen persönlichen Akt Gottes, durch den der Mensch seine Identität als angenommener Sohn gewinnt (υἱοθεσία).

Röm 8,15 ist also ein natürliches Glied in der Kette der Grundworte von Kapitel 7: Unbewußte Unschuld – Gesetz und Erkenntnis der Sünde – Glaube und Bewußtsein der Unfähigkeit eines fleischlichen

[15] *J. Jeremias*, Abba. Studien zur neutestamentlichen Theologie und Zeitgeschichte, Göttingen 1966, 15–66.

Wesens, nach dem Gesetz zu leben und Gott zu gefallen – Annahme des Todes für das Fleisch (in der Bekehrung) – Der Geist nimmt die Stelle des Fleisches ein – Der von der Furcht vor dem Gericht befreite Gläubige wendet sich an Gott und ruft ihn »Vater!«

Streichen wir ein letztes Mal die Ähnlichkeit zwischen der von Paulus nachgezeichneten Christ-Werdung und der von der Psychoanalyse erforschten Mensch-Werdung heraus! Auch der Ödipus-Komplex muß mit einer tiefgreifenden Verwandlung der Struktur der zwischenmenschlichen Beziehungen enden. Zwar hat der Vatername auch schon innerhalb des ödipalen Konflikts einen gewissen Platz; aber aufgrund seines polaren Spannungsverhältnisses zur Mutter erscheint der Vater in erster Linie als der Urheber des Verbots. Der Konflikt löst sich erst und nur dadurch, daß der Vater den ersten Schritt zu einer Versöhnung tut, die die ursprüngliche Verheißung erfüllt. Der Vatername hat jetzt eine neue Bedeutung. Nun, am Ausgang des unvermeidlichen Konflikts, zeigt sich der Vater als jemand, der das Kind frei annimmt, es als das seine anerkennt und ihm seine Identität als eines Sohnes schenkt. Auf die Anerkennung seiner Identität gestützt, kann das Kind sich jetzt mit ihm in einem neuen Lebensverlangen identifizieren. Solange der Vater nicht seine volle Väterlichkeit entfaltet hat und nicht als Vater Anerkennung gefunden hat, lebt das Kind unter dem ängstigenden Druck eines rein verneinenden Gesetzes.

Unsere anthropologischen Überlegungen haben dem Paulinischen Text nichts hinzugefügt. Sie haben aber, will uns scheinen, den inneren Zusammenhang des Gedankengangs der Kapitel 7 und 8 deutlicher sichtbar gemacht. Wir glauben nicht, über den Text des Paulus hinausgegangen zu sein. Vielmehr hat es unsere Beschäftigung mit den anthropologischen Gesetzen der Mensch-Werdung zweifellos ermöglicht, den dialektischen Zusammenhang des Römerbriefs besser zu verstehen. Jedenfalls hat uns der kurze Blick auf die Psychoanalyse geholfen, Auslegungsansätze auszuscheiden, die dem Text nicht voll gerecht werden. Denn, wie wir gesehen haben, treffen die Exegeten angesichts dieser oder jener dunklen Stelle ihre Entscheidung das eine Mal kraft ihrer anthropologischen Auffassungen, das andere Mal aufgrund ihrer theologischen Vor-Urteile.

Ein bestimmtes exegetisches Beispiel scheint uns in diesem Zusammenhang besonders bezeichnend zu sein. Ist es nicht erstaunlich, daß *Bultmann* in seiner »Theologie des Neuen Testaments« kein einziges

Wort über den »Vater« in der Theologie Pauli verliert? Unseres Erachtens liegt der Grund für diese Lücke in der Art und Weise, wie Bultmann die beiden Interpretationsmodelle, das heilsgeschichtliche und das psychologische, einander gegenüberstellt. Bultmann versteht das »ich« als das seine Untreue bekennende jüdische Bewußtsein, anstatt als das Subjekt, das auf persönliche Weise die Heilsgeschichte er-innert. Er beachtet auch nicht die Bekehrung der inneren Einstellung, die sich im geistgetragenen Anruf des Vaters ausdrückt.

Unsere Absicht war nicht, das vorzuführen, was man eine »geistliche Lesung« nennt. Dennoch ergibt sich aus unserer Interpretation eine praktische Folgerung für die Pastoral. Kann man, so hört man oft fragen, diesen schwierigen, als rabbinisch geltenden Text modernen Christen zum Lesen geben? Aufgrund unserer Erfahrung mit einer Bibelgruppe glauben wir diese Frage bejahen zu können. Wenn man den Prototyp des Gesetzes, das jüdische Gesetz, hernimmt und seine Bedeutung auf der anthropologischen oder psychologischen Ebene erklärt, kann man ein Verständnis für die negativ-dynamische Funktion des Gesetzes wecken. Dann kann man zeigen, daß das Gesetz auf allen Ebenen des menschlichen Seins das unglückliche Bewußtsein einer Entzweiung hervorruft, daß diese Entzweiung notwendig ist und daß das sich im Schuldgefühl äußernde Unbehagen an der Kultur nur durch einen radikalen Wechsel der inneren Einstellung beseitigt werden kann. Im Bereich der Religion heißt dieser Wechsel »Bekehrung«, d. h. der Verzicht auf den Willen, dem Gesetz in allen Stücken gerecht zu werden, und die Öffnung für den Geist, der Gott als den Vater offenbart und so dem Menschen ein vertrauensvolles Gottesverhältnis schenkt. An diesem Punkt werden sich dann alle, wie schon die seinerzeitigen Hörer Pauli, die Frage nach dem sittlichen Libertinismus stellen. Man kann die Christen jedoch dazu bringen zu begreifen, daß der Wechsel der Einstellung dem Leben einen neuen Schwung gibt. Der Geist beseelt das menschliche Verhalten, insofern er dem Herzen ein neues Verlangen und ein neues Gottesverhältnis einstiftet.

Die Aneignung des Textes Pauli kann nur langsam und schrittweise geschehen. Denn auch die Christen selbst sind durch die beiden gegensätzlichen Haltungen innerlich entzweit: durch die Gleichgültigkeit, wenn sie sich ihrer menschlichen Ohnmacht bewußt werden, und durch bedrückende Schuldgefühle, wenn sie nach dem Evangelium zu leben sich vorgenommen haben. Im Glauben aber ist der Gläubige imstande, aus dem Bereich eines Moralismus, der ihn immer neu an seine Schuld kettet, herauszuspringen und damit die spezifisch christliche Form einer Gesetzesherrschaft zu überwinden. Im Zusammenhang dieses Schrittes gewinnt der Vatername, der heute in unserer Gesellschaft, ja manchmal selbst in der Theologie so umstritten ist, seine tiefe Bedeutung zurück.

Abgesehen davon, daß sie unseren Paulinischen Text erhellt, erleichtert uns die Anthropologie heute die Aneignung eines Textes, der durch einen Kulturabstand von Jahrhunderten von uns getrennt ist und dessen Auslegung von allerlei theologischen Auffassungen behindert wird, die nicht selten das Erbe einer verengten Anthropologie angetreten haben.

III

STRUKTURALE TEXTANALYSE

Roland Barthes: Die strukturale Erzählanalyse am Beispiel von Apg 10–11

Meine Aufgabe besteht darin, über etwas zu referieren, was man bereits allgemein strukturale Erzählanalyse nennt. Dabei muß man zugeben, daß dieser Name mehr sagt, als die Sache in Wirklichkeit ist. Was man nämlich derzeit so nennen kann, das ist zwar schon eine Forschungsreihe, aber das ist noch keine Wissenschaft, ja noch nicht einmal eine wissenschaftliche Disziplin im eigentlichen Sinn; denn dazu müßte es eine Lehre der strukturalen Erzählanalyse geben, und das ist noch nicht der Fall. Das erste Wort dieser Ausführungen muß darum eine Warnung sein: es gibt derzeit keine Wissenschaft von der Erzählung (selbst wenn man dem Wort »Wissenschaft« einen sehr weiten Sinn gibt), es gibt keine »Diegetologie«. Ich möchte das noch näher präzisieren, um so nach Möglichkeit einigen Enttäuschungen zuvorzukommen.

Ursprung der strukturalen Erzählanalyse

Dieser Ursprung ist, wenn nicht gar verschwommen, so zumindest »verlegbar«. Man kann ihn als sehr weit zurückliegend betrachten, wenn man die der Erzähl- und Textanalyse zugrundeliegende Geisteshaltung bis zur aristotelischen Poetik und Rhetorik zurückführt; oder als weniger weit zurückliegend, wenn man sich auf die klassische Nachwelt des Aristoteles, auf die Theoretiker der Gattungen bezieht; oder als viel näher bei uns, ja als ganz nah, aber genauer, wenn man der Meinung ist, daß sie in ihrer heutigen Form auf die Arbeit der sogenannten russischen Formalisten zurückgeht, deren Arbeiten zum Teil von Tzvetan Todorov ins Französische übersetzt wurden.[1] Dieser russische Formalismus (diese Vielfalt ist für uns von Interesse) umfaßte Dichter, Literaturkritiker, Linguisten und Folkloristen, die um die Jahre 1920–1925 über die Formen des Kunstwerks gearbeitet haben;

---

[1] *T. Todorov*, Théorie de la littérature, Paris 1965.

die Gruppe wurde anschließend durch den kulturellen Stalinismus versprengt und zerstreute sich vor allem durch die Vermittlung der Prager Linguistengruppe ins Ausland. Der Geist dieser formalistischen russischen Forschergruppe ist im wesentlichen auf die Arbeit des großen heutigen Linguisten Roman Jakobson übergegangen.

Methodologisch (und nicht mehr historisch) gesehen, liegt der Ursprung der strukturalen Erzählanalyse zweifellos in der jüngsten Entwicklung der sogenannten strukturalen Linguistik. Diese Linguistik erlebte zunächst eine »poetische« Ausweitung durch die Arbeiten von Jakobson zur Erforschung der poetischen oder literarischen Botschaft; und sie erlebte durch die Forschungen von Lévi-Strauss über die Mythen und durch die Art, wie er den Folkloristen Wladimir Propp, einen der bedeutendsten russischen Formalisten auf dem Gebiet der Erzählforschung, wieder aufgegriffen hat, eine anthropologische Ausweitung. Heute wird dieses Gebiet in Frankreich hauptsächlich (ich hoffe, nicht im Unrecht zu sein) im Centre d'Etudes des Communications de Masse, an der Ecole pratique des Hautes Etudes und in der semiolinguistischen Gruppe meines Freundes und Kollegen Greimas erforscht. Allmählich dringt diese Art der Analyse auch in die Lehre der Universitäten ein, vor allem in Vincennes (Paris); im Ausland arbeiten einzelne Forscher in dieser Richtung, vor allem in Rußland, in den Vereinigten Staaten und in Deutschland. Ich möchte einige Versuche nennen, diese Forschungen zu koordinieren: in Frankreich das Erscheinen einer Revue de Poétique (im jakobsonschen Sinn des Wortes wohlgemerkt) unter der Leitung von T. Todorov und Gérard Genette; in Italien ein jährliches Kolloquium über die Erzählanalyse in Urbino; und schließlich wurde kürzlich auf hoher Ebene eine Internationale Semiologische Vereinigung (Semiologie = Wissenschaft der Bedeutungen) gegründet; sie hat bereits eine Zeitschrift, die sich *Semiotica* nennt, in der sehr oft Fragen der Erzählanalyse behandelt werden.

Trotzdem ist diese Forschung zur Zeit einer gewissen Zerstreuung ausgesetzt, und diese Zerstreuung ist in einem gewissen Sinn für die Forschung selbst konstitutiv – wenigstens sehe ich die Lage so. Zunächst bleibt diese Forschung individuell, und zwar nicht auf Grund eines Individualismus, sondern weil es sich um Präzisionsarbeit handelt. Den oder die Sinne eines Textes zu erarbeiten (darin besteht nämlich die strukturale Erzählanalyse), ist untrennbar an einen phänomenologischen Ausgangspunkt geknüpft: es gibt keine Maschine, um den Sinn zu lesen; es gibt zwar Übersetzungsmaschinen, die schon jetzt und zwangsläufig künftig auch Lesemaschinen sind; aber wenn diese Übersetzungsmaschinen auch den direkt gemeinten Sinn, den Wortsinn umformen können, so haben sie doch keinerlei Zugang zu den Nebensinnen, zur Begleitatmosphäre, zum Assoziationsfeld eines Textes. Immer braucht es zu Beginn die individuelle Tätigkeit des Lesens, und die Idee eines »Teams« bleibt meines Erachtens auf dieser Ebene höchst illusorisch. Man kann die strukturale Erzählanalyse als Disziplin nicht wie die Biologie, ja nicht einmal wie die Soziologie behandeln: es gibt keine Möglichkeit, allgemein verbindliche Grundregeln aufzustellen; kein Forscher kann irgendwie im Namen eines anderen sprechen. Zum anderen ist diese individuelle Forschung bei jedem Forscher im Werden begriffen: jeder Forscher hat seine eigene Geschichte; er kann andere Wege einschlagen, zumal die Geschichte des Strukturalismus um ihn herum eine schnell bewegte Geschichte ist: die Begriffe ändern sich schnell, die Polemiken spitzen sich schnell zu, und all das beeinflußt natürlich die Forschung.

Schließlich gestatte ich mir noch, Folgendes zu sagen, weil es meiner echten Überzeugung entspringt: Da es sich darum handelt, eine kulturelle Sprachform zu studieren, nämlich die Sprache der Erzählung, so ist die Analyse unmittelbar ihren ideologischen Implikationen ausgesetzt (und dies gilt es klar zu sehen). Was heute als »der« Strukturalismus gilt, ist in Wirklichkeit ein sehr soziologisches und sehr künstliches Gebilde, wenn man darin eine einheitliche Schule zu sehen glaubt. Das ist überhaupt nicht der Fall. Im Bereich des französischen Strukturalismus gibt es jedenfalls tiefgehende ideologische Divergenzen zwischen seinen verschiedenen Vertretern, z. B. zwischen Lévi-Strauss, Derrida, Lacan oder Althusser; es gibt folglich strukturale Fraktionsbildungen, die sich, wenn man ihren Platz angeben soll (was hier nicht meine Absicht ist), meines Erachtens um den Begriff »Wissenschaft« kristallisieren.

Dies habe ich gesagt, um soweit wie möglich einer Enttäuschung vorzubauen und um zu vermeiden, daß zuviel Hoffnung in eine wissenschaftliche Methode gesetzt wird, die kaum erst eine Methode und sicher keine Wissenschaft ist. Bevor ich nun zum Text der Apostelgeschichte übergehe, der uns interessiert, möchte ich drei allgemeine Prinzipien angeben, die meiner Meinung nach von allen, die sich gegenwärtig mit der strukturalen Erzählanalyse befassen, angenommen werden können. Ich werde dann noch einige Bemerkungen bezüglich der Arbeitsvorgänge der Analyse anfügen.

I. Allgemeine Prinzipien und Arbeitsweisen der Analyse

1. Das Formalisationsprinzip

Dieses Prinzip, das man auch *Abstraktionsprinzip* nennen könnte, kommt von der saussureschen Entgegensetzung von *Sprachsystem (langue)* und *Sprechakt (parole)*. Wir sind der Meinung, daß jede Erzählung – bedenken wir, daß auf der Welt und in der Weltgeschichte sowie in der Geschichte sämtlicher Völker der Welt die Menge der vom Menschen geschaffenen Erzählungen unzählbar ist! –, daß also jede Erzählung aus dieser anscheinend unzusammenhängenden Masse von Erzählungen der *Sprechakt (parole)* im Sinn von Saussure, die Botschaft einer allgemeinen Erzählsprache ist. Diese Erzählsprache befindet sich natürlich jenseits der Sprache im eigentlichen Sinn, die die Linguisten untersuchen. Die Linguistik der nationalen Sprachen (in denen die Erzählungen geschrieben sind) macht Halt beim Satz, der die letzte Einheit darstellt, die ein Linguist behandeln kann. Die Struktur jenseits des Satzes gehört nicht mehr zur Linguistik, sondern zu einer zweiten Linguistik, einer Translinguistik, die der Ort der Erzählanalyse ist: das, was nach dem Satz kommt, da, wo mehrere Sätze zusammengefügt sind. Was geschieht da? Wir wissen es noch nicht; lange Zeit hat man geglaubt, es zu wissen, die aristotelische oder ciceronianische Rhetorik gaben uns darüber Auskunft. Aber die Begriffe dieser Rhetorik sind überholt, denn es waren in der Hauptsache normative Begriffe; die klassische Rhetorik ist jedoch trotz ihres Ungenügens noch nicht ersetzt. Die Linguisten wagen sich selbst nicht daran. Benveniste hat einige diesbezügliche, wie immer äußerst scharfsinnige Hinweise gegeben; außerdem haben sich einige Amerikaner mit der *speech-analysis*, der Redeanalyse befaßt; aber diese Linguistik muß noch geschaffen werden. Und die Erzählanalyse, die Sprache der Erzählung, bildet einen Teil dieser künftigen Translinguistik, zumindest als Postulat.

Eine praktische Folgerung dieses Abstraktionsprinzips, im Namen dessen wir eine Erzählsprache bilden wollen, besteht darin, daß man einen Text allein weder analysieren kann noch will. Das muß klar gesagt werden, da ich ja über einen einzigen Text reden soll: Das bringt mich in Verlegenheit, weil die Haltung des klassischen Analytikers darin besteht, sich nicht mit einem isolierten Text abzugeben. In dieser Hinsicht besteht ein fundamentaler Unterschied zwischen der strukturalen Erzählanalyse und dem, was man herkömmlicherweise Texterklärung (Textinterpretation) nennt. Für uns ist ein Text ein Sprechakt (parole), der auf ein Sprachsystem (langue) verweist, eine Botschaft, die auf einen Code verweist, ein Sprechvollzug (performance), der auf eine Sprachkompetenz verweist – lauter Ausdrücke der Linguisten. Die strukturale Erzählanalyse ist in ihrem Grund und Wesen vergleichend: sie sucht Formen und nicht einen Inhalt. Wenn ich vom Text der Apostelgeschichte rede, dann geht es nicht darum, diesen Text zu erklären, sondern sich diesem Text gegenüber wie ein Forscher zu verhalten, der Material sammelt, um eine Grammatik zu konstruieren. Zu diesem Zweck muß der Linguist Sätze, ein Korpus von Sätzen zusammenstellen. Die Erzählanalyse hat genau dieselbe Aufgabe. Sie muß Erzählungen, ein Korpus von Erzählungen zusammenstellen, um zu versuchen, daraus eine Struktur herauszuarbeiten.

2. Das Relevanzprinzip

Dieses zweite Prinzip stammt aus der Phonologie. Im Gegensatz zur Phonetik sucht die Phonologie nicht die innere Beschaffenheit jeder sprachlichen Äußerung, die physikalische und akustische Eigenschaft des Lautes zu studieren, sondern sie sucht die Lautunterschiede einer Sprache festzustellen, und zwar in dem Maße, wie diese Lautunterschiede Sinnunterschieden entsprechen, und nur insoweit: Das ist das Relevanzprinzip. Man sucht Formunterschiede, für die Inhaltsunterschiede belegt sind; diese Unterschiede sind relevante oder nicht relevante Merkmale. Ich möchte das verdeutlichen und ein Beispiel dafür sowie eine Art Warnung vortragen.

Zuerst eine *Verdeutlichung* hinsichtlich des Wortes *Sinn:* In der Erzählanalyse sucht man nicht *Bezeichnete* (signifiés = Signifikate), die ich *voll* nennen würde, lexikalische Signifikate, Sinne im üblichen Verständnis des Wortes. »Sinn« nennen wir jede Art inner- oder außertextlicher Korrelation, d.h. jedes Merkmal der Erzählung, das auf ein anderes Moment der Erzählung oder auf eine andere Stelle der Kultur verweist, die zum Lesen der Erzählung nötig ist: alle Arten

der Anapher, der Katapher, kurz der »Diapher« (wenn dieses Wort gestattet ist), alle Verbindungen, alle paradigmatischen und syntagmatischen Korrelationen, alle Fälle von Bezeichnung und alle Fälle von Verteilung. Ich wiederhole, der Sinn ist also nicht ein Signifikat (signifié) im Vollsinn, wie ich es in einem Lexikon finden könnte, selbst wenn es ein Lexikon der Erzählung wäre; er ist wesentlich Korrelation oder der Bezugspunkt einer Korrelation, ein Korrelat oder eine Konnotation. Für mich ist der Sinn (und so habe ich ihn in der Forschung aufgefaßt) wesentlich ein *Zitat,* der Ansatz eines Codes, das, was uns die Richtung zu einem Code angibt und was einen Code miteinschließt, auch wenn dieser Code (ich werde hierauf zurückkommen) nicht rekonstruiert oder nicht rekonstruierbar ist.
Nun ein *Beispiel:* Bei der strukturalen Erzählanalyse sind wenigstens für mich (aber darüber läßt sich diskutieren) Übersetzungsprobleme nicht systematisch relevant. So betreffen die Übersetzungsprobleme im Fall der Erzählung von der Vision des Kornelius und des Petrus die Analyse nur innerhalb bestimmter Grenzen: nur wenn die Übersetzungsunterschiede eine strukturelle Modifikation mit sich bringen, d. h. eine Veränderung eines Funktionsgefüges oder einer Sequenz. Ich möchte dafür ein vielleicht etwas simples Beispiel anführen: Nehmen wir zwei Übersetzungen unseres Textes der Apostelgeschichte. Die erste verdanke ich dem vorzüglichen Beitrag von Edgar Haulotte, der diese Übersetzung für die ökumenische Bibelausgabe gemacht hat:

»In seiner Frömmigkeit [es handelt sich um Kornelius] und seiner Ehrerbietung gegenüber Gott, die sein ganzes Haus teilte, überhäufte er das jüdische Volk mit Spenden, und er rief allzeit Gott an.« (Apg 10,2)

Ich hatte meine Arbeit an diesem Text (ohne mir wegen der Übersetzung irgendwelche Probleme zu machen) nach der alten, übrigens sehr schönen Übersetzung von Lemaistre de Sacy (17. Jh.) begonnen; dieselbe Stelle lautet hier:

»Er war fromm und gottesfürchtig mit seiner ganzen Familie, er gab dem Volk viele Almosen, und er betete ohne Unterlaß zu Gott.«

Man kann sagen, daß es kaum ein oder zwei gemeinsame Wörter gibt und daß die syntaktischen Strukturen sich bei beiden Übersetzungen vollkommen unterscheiden. Das berührt jedoch im vorliegenden Fall in keiner Weise die Verteilung der Codes und der Funktionen, denn der strukturale Sinn der Stelle ist in der einen wie in der anderen Übersetzung genau derselbe. Es handelt sich um ein Signifikat (signifié) psychologischer oder charakterlicher Art, oder noch genauer, zweifellos evangelischer Art – das Evangelium bedient sich ja in ganz spezieller Weise eines bestimmten, völlig codierten Paradigmas –, das einen dreigliedrigen Gegensatz darstellt: die Beschnittenen / die Unbeschnittenen / die »Gottesfürchtigen«. Letztere bilden die dritte Kategorie, die neutral ist (wenn dieser linguistische Ausdruck erlaubt ist) und die genau im Zentrum unseres Textes steht: das Paradigma ist relevant, und nicht die Sätze, in die es eingekleidet ist.

Wenn man hingegen die Übersetzung von P. Haulotte mit der von Lemaistre de Sacy in anderen Punkten vergleicht, dann kommen strukturelle Unterschiede vor: Bei Haulotte sagt der Engel nicht, worum Kornelius den Petrus bitten soll, nachdem er ihn hat kommen lassen; bei Sacy heißt es dagegen: »Der Engel wird euch sagen, was ihr tun sollt.« (Vers 6). Wo beim einen eine Leerstelle ist, ist beim anderen etwas vorhanden (ebenso weiter unten bei den Versen 22 und 33). Ich weise nachdrücklich darauf hin, daß der Unterschied der beiden Fassungen einen strukturalen Bedeutungswert hat, weil die Sequenz des Auftrags des Engels abgeändert ist: Bei der Version von Sacy wird der Inhalt des Auftrags des Engels genau angegeben, es gibt so etwas wie den Willen, den Inhalt der Botschaft (die Sendung des Petrus, die Sendung des Wortes) mit dem späteren Geschehen zu harmonisieren: *Petrus wird ein Wort übermitteln.* Ich kenne den Ursprung dieser Übersetzung nicht, und ich kümmere mich nicht darum. Ich sehe nur, daß die Version von Sacy die Struktur der Botschaft rationalisiert. Dagegen wird in der anderen Version der Auftrag des Engels nicht genau bestimmt, bleibt somit leer und verleiht dadurch dem Gehorsam des Kornelius, der Petrus sozusagen blind und ohne Kenntnis des Grundes kommen läßt, ein besonderes Gewicht. Die Leerstelle funktioniert in der Version von Haulotte wie ein Merkmal, das Spannung hervorruft und die Spannung der Erzählung verstärkt und unterstreicht. Bei der Version von Sacy war das nicht der Fall; sie ist weniger erzählerisch, weniger dramatisch und mehr rational.

Schließlich ein Vorsichtszeichen und eine *Warnung:* man muß der *Natürlichkeit* der Ausdrücke mißtrauen. Wenn man einen Text analysiert, hat man sich jeden Augenblick gegen den Eindruck der Evidenz, der Selbstverständlichkeit dessen, was da geschrieben steht, zu wehren. Jede Aussage, so nebensächlich und so normal sie erscheinen mag, muß durch einen geistigen Umwandlungsversuch struktural eingestuft werden. Bei einer Aussage, bei einem Satzteil muß man immer überlegen, was geschähe, wenn dieses Merkmal nicht vorhanden wäre oder wenn es anders wäre. Der gute Textanalytiker muß so etwas wie eine Vorstellung vom *Gegentext* haben, eine Vorstellung von der Widersinnigkeit des Textes, von dem, was erzählerisch skandalös ist. Man muß ein Gespür für den Begriff des logischen, des narrativen »Skandals« haben; genau dadurch bekommt man mehr Mut, um den oft sehr banalen, schwerfälligen und selbstverständlichen Charakter der Analyse auf sich zu nehmen.

3. Das Pluralitätsprinzip

Die strukturale Erzählanalyse will (zumindest so, wie ich sie verstehe) nicht »den« Sinn des Textes feststellen, sie will nicht einmal »einen« Sinn des Textes herausarbeiten; sie unterscheidet sich grundsätzlich von der philologischen Analyse, denn sie möchte, wie ich es nennen will, den geometrischen Ort, den Ort der Sinne, den Ort der Möglichkeiten des Textes angeben. Ebenso wie eine Sprache ein Möglichkeitsbereich von Worten ist (eine Sprache ist der mögliche Ort einer bestimmten Anzahl von Worten, die in Wirklichkeit unendlich ist), so ist das Ziel des Analytikers bei seinem Suchen nach der Erzählsprache der mögliche Ort der Sinne beziehungsweise die Mehrzahl des Sinns oder der Sinn als Mehrzahl. Wenn man sagt, daß der Analytiker den Sinn als einen Möglichkeitsbereich sucht oder definiert, dann handelt es sich nicht um ein Vorgehen oder um eine Option, die ihm freigestellt wäre. Für mich handelt es sich jedenfalls nicht darum, in freier Weise die Möglichkeitsbedingungen der Wahrheit zu bestimmen, es handelt sich nicht um einen philologischen Agnostizismus. Ich betrachte den Möglichkeitsbereich des Sinns nicht als eine Art großzügiger freier Vorgabe für einen bestimmten Sinn; für mich ist der Sinn nicht eine Möglichkeit, nicht *ein* Möglichkeitsbereich, er ist *das Sein des Möglichkeitsbereichs selbst,* er ist das Sein der Mehrzahl (und nicht ein oder zwei oder mehrere Möglichkeitsbereiche).

Unter diesen Bedingungen kann die strukturale Analyse nicht eine Interpretationsmethode sein; sie will nicht den Text interpretieren, nicht den wahrscheinlichen Sinn des Textes darlegen. Sie arbeitet sich nicht anagogisch an die Wahrheit des Textes, an seine Tiefenstruktur, an sein Geheimnis heran; und darum unterscheidet sie sich grundsätzlich von der sogenannten literarischen Kritik, die eine interpretierende Kritik ist, sei sie marxistischer oder psychoanalytischer Prägung. Die strukturale Textanalyse ist etwas anderes als diese Kritiken, weil sie nicht das Geheimnis des Textes sucht: für sie liegen alle Wurzeln des Textes offen da; sie braucht sie nicht auszugraben, um die Hauptwurzel zu finden. Wohl gemerkt, wenn es bei einem Text einen Sinn, eine Monosemie, wenn es einen anagogischen Prozeß gibt, was bei unserem Text aus der Apostelgeschichte genau der Fall ist, dann werden wir diese Anagogie wie einen Code des Textes unter anderen Codes behandeln, der als solcher durch den Text gegeben ist.

4. Die Arbeitsvorgänge

Ich ziehe diesen Ausdruck gegenüber dem anspruchsvolleren Ausdruck *Methode* vor, denn ich bin nicht sicher, ob wir eine Methode besitzen; aber es gibt eine bestimmte Zahl von Arbeitsvorgängen bei der Untersuchung, über die zu reden ist. Mir scheint (und das ist eine persönliche Ansicht, die sich ändern kann), daß man, wenn man über einen einzigen Text arbeitet (vorgängig zur vergleichenden Arbeit, von der ich gesprochen habe und die das eigentliche Ziel der klassischen strukturalen Analyse darstellt), drei Operationen vorsehen muß.

1. *Die Zerlegung* des Textes, d. h. des materiellen Bezeichnenden (signifiant = Signifikant). Diese Zerlegung kann meines Erachtens völlig willkürlich sein; in einem bestimmten Stadium der Untersuchung bedeutet diese Willkür keinerlei Problem. Es ist das eine Art Rasterung des Textes, die die Fragmente der Aussage liefert, über die man arbeiten will. Nun ist gerade für das Evangelium und sogar für die ganze Bibel diese Arbeit bereits gemacht, denn die Bibel ist in Verse eingeteilt (wie der Koran in Suren). Der Vers ist eine hervorragende Einheit für die Erarbeitung des Sinns; da es darum geht, die Sinne, die Korrelationen abzuschöpfen, so ist das Sieb des Verses ein hervorragendes Maß. Es würde mich übrigens sehr interessieren, woher die Verseinteilung stammt, ob sie mit dem Zitiert-Werden des Wortes zusammenhängt und worin die exakten Beziehungen, die strukturalen Beziehungen zwischen dem Zitiert-Werden des biblischen Wortes und dem Vers bestehen. Bei anderen Texten habe ich vorgeschlagen, die

Aussagefragmente, über die man arbeitet, »Lexien«, Leseeinheiten zu nennen. Für uns ist ein Vers eine Lexie.

2. *Das Inventar* der im Text zitierten Codes: das Inventar, die Sammlung, die Ortung, oder wie ich gerade sagte, die Abschöpfung. Lexie für Lexie, Vers für Vers, so versucht man, die Sinne (in der oben genannten Wortbedeutung), die Korrelationen oder die Ansatzpunkte der Codes, die im jeweiligen Aussagefragment enthalten sind, zu inventarisieren. Ich werde hierauf zurückkommen, denn ich werde diese Arbeit ja für einige Verse machen.

3. *Die Koordination:* Das Herausstellen der Korrelationen der Einheiten, der gefundenen Funktionen, die oft getrennt, übereinandergelagert, vermischt oder verflochten sind. Ein Text ist ja, wie es schon die Etymologie des Wortes sagt, ein Gewebe, ein Geflecht von Korrelaten, die durch die Einfügung anderer Korrelate, die zu anderen großen Einheiten gehören, voneinander abgesondert sein können. Es gibt zwei Hauptarten von Korrelationen: innere und äußere. Hier ein Beispiel für die innertextlichen: Wenn man uns sagt, daß der Engel erscheint, so ist das *Erscheinen* ein Ausdruck, dessen Korrelat notwendigerweise das *Verschwinden* ist. Das ist eine innertextliche Korrelation, denn *Erscheinen* und *Verschwinden* kommt in derselben Erzählung vor. Es wäre ein richtiggehender narrativer Skandal, wenn der Engel nicht verschwände. Wir müssen also die Sequenz *erscheinen / verschwinden* festhalten, denn die Lesbarkeit beruht ja gerade auf dem *notwendigen* Vorhandensein gewisser Elemente. Es gibt auch äußere Korrelationen: ein Merkmal einer Aussage kann auf eine diakritische, suprasegmentale, globale Totalität verweisen, wenn ich so sagen darf, die über dem Text steht; ein Aussagemerkmal kann auf den globalen Charakter einer Gestalt oder auf die globale Atmosphäre eines Ortes oder auf einen anagogischen Sinn wie hier in unserem Text hinweisen, nämlich auf die Integration der Heiden in der Kirche. Ein Merkmal kann sogar auf andere Texte verweisen: die Intertextualität. Dieser Begriff ist ziemlich neu, er wurde von *Julia Kristeva* in Umlauf gebracht.[2] Er beinhaltet, daß ein Aussagemerkmal im fast unendlichen Sinn des Wortes auf einen anderen Text verweist; denn man darf die Quellen eines Textes (die nur die kleinere Version dieses Phänomens des Zitierens darstellen) nicht mit dem Zitieren verwechseln, das eine

---

[2] *J. Kristeva,* Sèmeiotikè. Recherches pour une sémanalyse, Paris 1969.

Art unauslotbarer Verweis auf einen unendlichen Text ist, nämlich auf den kulturellen Text der Menschheit. Das gilt vor allem für die literarischen Texte, die aus sehr verschiedenen Stereotypen zusammengewoben sind und bei denen folglich das Phänomen des Verweises, des Zitierens aus einer früheren oder benachbarten Kultur sehr häufig vorkommt. Zur sogenannten Intertextualität muß man auch die Texte rechnen, die *später* kommen: die Quellen eines Textes liegen nicht nur vor ihm, sondern auch nach ihm. Diese Auffassung vertritt in sehr überzeugender Weise Lévi-Strauss, wenn er sagt, daß die Freudsche Version des Ödipusmythos einen Teil des Ödipusmythos bildet: Wenn man Sophokles liest, so muß man ihn als ein Zitat von Freud lesen, und Freud als ein Zitat von Sophokles.

II. Strukturale Probleme im Text der Apostelgeschichte

Ich komme jetzt zum Text, Apostelgeschichte 10; ich fürchte, daß jetzt die Enttäuschung beginnt, denn wir werden jetzt konkret, und nach den großen Prinzipien kann die Ausbeute gering erscheinen. Ich werde den Text nicht Punkt für Punkt analysieren, wie ich es tun müßte. Ich bitte Sie, einfach Folgendes hinzunehmen: Ich bin ein Forscher, ich mache eine Untersuchung, eine strukturale Erzählanalyse. Ich habe beschlossen, vielleicht hundert oder zwei- oder dreihundert Erzählungen zu analysieren, und unter diesen Erzählungen befindet sich aus diesem oder jenem Grund auch die Erzählung von der Vision des Kornelius. Das ist die Arbeit, die ich mache und der ich keinerlei Vorrang einräume. Normalerweise würde das mehrere Tage dauern: ich würde die Erzählung Vers für Vers, Lexie für Lexie durchgehen, und ich würde alle Sinne, alle möglichen Codes abschöpfen, was eine bestimmte Zeit in Anspruch nähme, denn die Vorstellung der Korrelation kommt einem nicht unmittelbar. Eine Korrelation muß gesucht, erarbeitet werden; sie benötigt darum eine bestimmte Zeit und eine bestimmte Geduld. Ich werde diese Arbeit hier nicht machen, aber ich werde mich der Erzählung der Apostelgeschichte bedienen, um Ihnen drei große strukturale Probleme vorzuführen, die nach meiner Meinung in diesem Text enthalten sind.

1. Das Problem der Codes

Ich habe gesagt, daß die Sinne die Ansatzpunkte für die Codes, die Zitierungen des Codes darstellen. Wenn man unseren Text mit einem literarischen Text vergleicht (ich habe gerade ziemlich lange an einer Novelle von Balzac gearbeitet), dann ist es klar, daß hier die Codes von geringer Zahl und von einer gewissen Armut sind. Ihr Reichtum würde sich wohl besser auf der Ebene des Evangeliums als Ganzen zeigen. Ich will eine Sichtung der Codes in den ersten Versen (V. 1–3) versuchen, so wie ich sie sehe (vielleicht vergesse ich einige davon), und dann werde ich die zwei wichtigsten Codes, die in diesem Text enthalten sind, eigens behandeln.

1. »Es war in Cäsarea ein Mann namens Kornelius, Zenturio der sogenannten italischen Kohorte.« In diesem Satz lese ich vier Codes. Zunächst die Formel »Es war«, die kulturell (ich spreche hier nicht in der Terminologie der biblischen Exegese, sondern in einer allgemeineren Weise) auf einen Code verweist, den ich *narrativ* nennen möchte: Diese Erzählung, die mit »Es war« beginnt, verweist auf alle Erzählanfänge. Hier möchte ich einen kurzen Exkurs einfügen, um zu sagen, daß das Problem der Eröffnung der Rede ein wichtiges Problem ist, das in pragmatischer Hinsicht von der antiken klassischen Rhetorik sehr gut gesehen und behandelt wurde: Sie gab äußerst präzise Regeln für den Beginn einer Rede. Meiner Meinung nach hängen diese Regeln mit dem Gefühl zusammen, daß es eine angeborene Sprachlosigkeit des Menschen gibt, daß es schwer ist zu reden, daß man vielleicht gar nichts zu sagen hat und daß man folglich ein ganzes Arsenal von Verhaltensvorschriften und Regeln braucht, um zu finden, *was* man sagen will: *invenire quid dicas.* Die Eröffnung ist eine gefahrvolle Zone der Rede; der Beginn des Sprechakts (parole) ist ein sehr schwieriger Akt; er ist das Herausgehen aus dem Schweigen. Es gibt tatsächlich keinen Grund, eher *hier* als *da* anzufangen. Die Sprache (langage) ist eine unendliche Struktur, und ich glaube, daß eben dieses Gefühl der Unendlichkeit der Sprache in allen Eröffnungsriten des Sprechens (parole) gegenwärtig ist. In den uralten vorhomerischen Epen begann der Aöde, der Vortragende, die Erzählung mit einer rituellen Formel: »Ich greife die Geschichte an diesem Punkt auf...«. Er gab so zu verstehen, daß er sich des Willkürlichen seines Einschnitts bewußt war. Beginnen heißt ein Unendliches auf willkürliche Weise abschneiden. Es

ist darum wichtig, den Erzählbeginn zu untersuchen, und das ist noch nicht geschehen. Ich habe bereits öfters Studenten als Thema ihrer Doktorarbeit vorgeschlagen, die ersten Sätze von Romanen zu studieren: Das ist ein großes und schönes Thema. Bis jetzt hat es noch keiner genommen; aber ich weiß, daß diese Arbeit in Deutschland gemacht wird, wo es sogar eine Veröffentlichung über die Romananfänge gegeben hat. Von der strukturalen Analyse her wäre es spannend zu sehen, welche Informationen ein Anfang implizit enthält, da diesem Ort der Rede ja keine andere Information vorausgeht.

2. »In Cäsarea ...« Das ist ein *topographischer* Code, der in Beziehung zur systematischen Organisation der Orte in der Erzählung steht. Bei diesem topographischen Code gibt es zweifellos Assoziationsregeln (*Wahrscheinlichkeits*regeln), gibt es eine narrative Funktionalität der Orte: man findet hier ein Paradigma, einen bezeichnenden Gegensatz zwischen Cäsarea und Jafo. Dem Abstand zwischen den beiden Städten hat ein zeitlicher Abstand zu entsprechen: ein typisch strukturales Problem, nämlich ein Problem der Übereinstimmung, des Miteinander nach einer bestimmten Logik, die übrigens noch zu erforschen ist, die aber auf den ersten Blick die Logik des *Wahrscheinlichen* ist. Dieser topographische Code findet sich an anderen Stellen des Textes wieder. Der topographische Code ist selbstverständlich ein kultureller Code: Cäsarea und Jafo setzen eine gewisse Kenntnis beim Leser voraus, auch wenn es als selbstverständlich vorausgesetzt wird, daß der Leser diese Kenntnis hat. Mehr noch: wenn wir in die Sprache der Erzählung die Weise mit hineinnehmen, auf die wir als moderne Leser die Erzählung aufnehmen, dann finden wir hier alle orientalischen Nebenbedeutungen des Wortes Cäsarea, alles, was wir in das Wort Cäsarea hineinlegen, weil wir es seitdem bei Racine oder bei anderen Autoren *gelesen* haben.

Eine andere Bemerkung zum topographischen Code; im Vers 9 haben wir ein Merkmal dieses Codes: »Petrus stieg auf die Terrasse.« Das topographische Zitat hat hier eine sehr wichtige Funktion innerhalb der Erzählung, da es die Tatsache rechtfertigt, daß Petrus die Ankunft der Gesandten des Kornelius nicht hört und daß darum der Hinweis des Engels nötig ist: »Hier sind Leute, die nach dir fragen ...« Das topographische Merkmal wird zur narrativen Funktion. Ich nehme diese Gelegenheit wahr, um ein wichtiges Problem der *literarischen* Erzählung anzuschneiden: Das Thema der Terrasse ist ein Ausdruck des topographischen Codes, d. h. eines kulturellen Codes, der auf eine Wohnungsweise verweist, wo es Häuser mit Terrassen gibt, und zugleich ein Ausdruck eines Codes, den ich aktionell nennen möchte, Code der Handlungen, der Handlungssequenzen: Hier ist es das Eingreifen des Engels. Außerdem könnte man diesen Ausdruck sehr gut mit dem symbolischen Bereich in Verbindung bringen, insofern die Terrasse ein erhöhter Ort ist und somit einen aufsteigenden Symbolismus enthält, wenn die Erhöhung mit anderen Ausdrücken des Textes gekoppelt ist. So entspricht das Vorkommen der Terrasse drei verschiedenen Codes: dem topographischen, dem aktionellen und dem symbolischen. Nun aber besteht die Eigenart der Erzählung darin, und das ist gewissermaßen eines ihrer Grundgesetze, daß diese drei Codes in einer unentscheidbaren Weise vorliegen: Man kann nicht entscheiden, ob es einen vorrangigen Code gibt. Und diese Unentschiedbarkeit konstituiert meiner Meinung nach die Erzählung, denn sie definiert die Sprachleistung (performance) des Erzählers. »Eine Geschichte gut erzählen« heißt im Sinn der klassischen Lesbarkeit so vorangehen, daß man nicht zwischen zwei oder mehr Codes unterscheidet, sondern eine Art Drehkreuz bildet, durch das ein Code immer zum natürlichen Alibi des anderen werden kann, durch das ein Code den anderen heimisch macht. Anders gesagt, was für die Geschichte nötig ist, was unter die Zuständigkeit der Rede fällt, scheint durch die Realität, durch den Bezugspunkt, durch die Natur determiniert.

3. »Ein Mann namens Kornelius...« Hier liegt ein Code vor, den ich *onomastisch* nennen möchte, denn es ist der Code der Eigennamen. Neuere Analysen haben das Problem des Eigennamens neu gestellt. Es war übrigens noch nie von der Linguistik wirklich gestellt worden. Diese Analysen stammen zum einen von Jakobson und zum anderen von Lévi-Strauss, der in der *Anthropologie structurale*[3] den Problemen der Klassifizierung der Eigennamen ein Kapitel gewidmet hat. Auf der Ebene des Textes würde die Untersuchung nicht sehr weit führen, aber im Hinblick auf eine Grammatik des Erzählens ist der onomastische Code natürlich ein sehr wichtiger Code.

4. »Zenturio der sogenannten italischen Kohorte...«: das hier ist ganz einfach der *historische* Code, der ein geschichtliches Wissen, oder bei einem Leser, der Zeitgenosse des Bezugspunkts ist, eine Ge-

---

[3] C. *Lévi-Strauss*, Anthropologie structurale, Paris 1958 (deutsch: Strukturale Anthropologie, Frankfurt 1967).

samtheit von politischen, sozialen, administrativen und anderen Informationen voraussetzt. Es ist ein kultureller Code.

5. »In seiner Frömmigkeit und seiner Ehrerbietigkeit gegenüber Gott, die sein ganzes Haus teilte, überhäufte er das jüdische Volk mit Spenden, und er rief allzeit Gott an.« Hier haben wir das vor uns, was ich einen *semischen* Code nenne. Das Sem ist in der Linguistik eine Einheit des Signifikats (signifié) und nicht des Signifikanten (signifiant). Einen semischen Code nenne ich die Gesamtheit des Bezeichneten der Konnotation im üblichen Sinn des Wortes; die Konnotation kann charakterlicher Art sein, wenn man den Text psychologisch liest (man hat dann ein charakterliches Bezeichnetes von Kornelius, das auf seinen psychologischen Charakter verweist), oder nur strukturaler Art, wenn man den Text anagogisch liest, wobei die Kategorie der »Gottesfürchtigen« keinen psychologischen, sondern einen relationellen Bedeutungswert im eigentlichen Sinn bei der Einteilung der Partner des Evangeliums hat, wie ich gesagt habe.

6. Es gibt auch einen *rhetorischen* Code in diesem Vers, denn er ist nach einem rhetorischen Schema konstruiert, nämlich: Es gibt einen allgemeinen Satz, ein Bezeichnetes, die Frömmigkeit, die in zwei »exempla« ausgemünzt wird, wie die klassische Rhetorik gesagt hätte: die Spenden und das Gebet.

7. »Er sah deutlich in einer Vision ...« Wir haben hier einen der Ausdrücke eines äußerst wichtigen Codes, auf den ich zurückkommen werde und den ich vorläufig den *aktionellen* Code oder den Code der Handlungssequenzen nenne. Die Handlung ist hier das »Sehen in einer Vision«. Wir werden dieses Problem später nochmals behandeln.

8. »Um die neunte Stunde.« Das ist der *chronologische* Code; er wird mehrmals im Text zitiert. Für ihn gilt dieselbe Bemerkung wie für den topographischen Code: Dieser Code hängt mit den Problemen der Wahrscheinlichkeit zusammen; der Geist regelt den Synchronismus der beiden Visionen. Der chronologische Code hat eine strukturale Wichtigkeit, da die beiden Visionen von der Erzählung her gesehen zusammenfallen sollen. Für das Studium des Romans ist dieser chronologische Code natürlich sehr wichtig; außerdem sei daran erinnert, daß Lévi-Strauss die Chronologie als Code im Zusammenhang mit dem Problem der historischen Daten untersucht hat.

9. »Er sah in einer Vision, wie ein Engel Gottes bei ihm eintrat und ihn anredete: ›Kornelius‹ ...« Ich stelle hier das Vorkommen eines

Codes fest, den ich nach einer Klassifikation von Jakobson den *phatischen* Code nennen möchte (vom griechischen Wort φάσις: Wort). Jakobson hat nämlich sechs Funktionen der Sprache (langage) unterschieden, und unter ihnen auch die phatische Funktion oder die Gesamtheit der Aussagemerkmale, durch die man den Kontakt mit dem Gesprächspartner sicherstellt, aufrechterhält oder erneuert. Es sind das also Merkmale der Sprache, die keine Botschaft zum Inhalt haben, sondern die Rolle eines erneuten Ansprechens spielen. (Das beste Beispiel ist der Telefonruf »Hallo«, der nichts bedeutet, sondern den Kontakt eröffnet und sehr oft aufrechterhält: Er ist ein Merkmal des phatischen Codes.) Die Merkmale der Anrede gehören also zum phatischen Code; sie sind eine Art verallgemeinerter Vokativ. Später werden wir zu diesem Code eine Angabe wie »Das [die Vision] fand dreimal statt« rechnen. Denn man kann diese Angabe als ein Merkmal der Redundanz, des Insistierens und der Kommunikation zwischen dem Engel und Petrus, zwischen dem Geist und Petrus interpretieren: ein Merkmal des phatischen Codes.

10. Man kann weiter unten in »dem Zelt, das von oben herabkam« (V. 11) ein Zitat des *symbolischen* Feldes (ich möchte hier lieber vom symbolischen Feld als von symbolischem Code sprechen) sehen, nämlich der Organisation der Signifikanten (signifiants) nach einem aufsteigenden Symbolismus. Der symbolische Sinn ist natürlich bedeutsam: Der Text gestaltet auf der Ebene der Erzählung durch ein Herausarbeiten von Signifikanten die Schilderung einer Übertretung; und wenn diese Übertretung in symbolischen Ausdrücken zu analysieren ist, dann deshalb, weil sie mit dem menschlichen Körper zusammenhängt. Unter dieser Rücksicht ist der Text bemerkenswert, denn die beiden im Text behandelten und empfohlenen Übertretungen sind alle beide körperlich. Es geht im einen Fall um die Nahrung und im anderen um die Beschneidung. Und diese beiden echt körperlichen, also (im psychoanalytischen Sinn des Wortes) symbolischen Übertretungen werden ausdrücklich durch den Text miteinander in Verbindung gebracht, denn die Übertretung bei der Nahrung dient als Hinführung oder, wenn man so sagen darf, als *Exempel* für die Übertretung des Ausschließungsgesetzes auf Grund der Beschneidung. Eine symbolische Beschreibung würde übrigens nicht an der Hierarchie festhalten, die ich zwischen den beiden Übertretungen angegeben habe. Diese logische Hierarchie ist durch die Anagogie des Textes gegeben, ja sie ist der

Sinn, den der Text selbst seiner Erzählung geben wollte; aber wenn man den Text symbolisch »interpretieren« wollte, dann dürfte man die Übertretung bei der Nahrung nicht *vor* die religiöse stellen, sondern man müßte versuchen herauszubekommen, welche allgemeine *Form* von Übertretung hinter der anagogischen Konstruktion des Textes steht.

11. Der *anagogische* Code, von dem ich gerade sprach, ist das System, auf das alle Merkmale verweisen, die genau *den* Sinn des Textes aussagen, denn der Text sagt hier seinen eigenen Sinn aus und an – was nicht immer der Fall ist. In einem normalen literarischen Text gibt es keinen anagogischen Code: Der Text sagt seinen tieferen Sinn, seinen geheimen Sinn nicht aus, und weil er es nicht tut, darum kann sich die Kritik seiner bemächtigen. Zu wiederholten Malen entstammen Zitate diesem anagogischen Code, wie etwa der Versuch des Petrus, sich selbst die Bedeutung seiner Vision zu erklären; oder die Diskussion des Sinnes, die Beruhigung der Gemeinde von Jerusalem durch den Sinn. Der anagogische Sinn ist also durch den Text gegeben: Es ist die Aufnahme der Unbeschnittenen in die Kirche. Vielleicht müßte man mit diesem Code alle Merkmale in Verbindung bringen, die die Frage der Gastfreundschaft erwähnen: Sie gehörten auch zu diesem anagogischen Code.

12. Ein letzter wichtiger Code ist der *metasprachliche* Code. Dieses Wort bezeichnet eine Sprache, die über eine andere Sprache spricht. Wenn ich zum Beispiel eine Grammatik der französischen Sprache schreibe, dann betreibe ich Metasprache, denn ich spreche eine Sprache (nämlich meine Grammatik) über eine Sprache, das Französische. Die Metasprache ist also eine Sprache, die über eine andere Sprache spricht, beziehungsweise deren Bezugspunkt eine Sprache oder eine Rede ist. Was hier nun interessant ist, das ist die Wichtigkeit und die Häufigkeit der metasprachlichen Episoden: die vier oder fünf Zusammenfassungen, aus denen der Text besteht. Eine Zusammenfassung ist eine metasprachliche Episode, ein Merkmal des metasprachlichen Codes. Es gibt eine Bezugserzählung, eine Bezugssprache: die Vision des Kornelius, die Vision des Petrus, die beiden Visionen, die Geschichte Christi ..., das sind die vier Bezugserzählungen. Dann gibt es metasprachliche Wiederholungen, je nach den verschiedenen Adressaten:

Die Abgesandten geben Petrus ein Resümee der Anweisung, die Kornelius erhalten hatte,

Kornelius gibt Petrus einen kurzen Bericht seiner Vision,
Petrus gibt Kornelius einen kurzen Bericht seiner Vision,
Petrus gibt vor der Gemeinde von Jerusalem eine Zusammenfassung beider Visionen,
schließlich faßt Petrus die Geschichte Christi für Kornelius zusammen.

Ich werde auf diesen Code zurückkommen. Aber jetzt möchte ich von zwei anderen wichtigen Problemen sprechen, die zwei besonderen beziehungsweise isolierten Codes im Text entsprechen.

2. Der Code der Handlungen

Dieser Code bezieht sich auf die Organisation der Handlungen, die von den in der Erzählung vorkommenden Handelnden unternommen oder erlitten werden. Er ist ein wichtiger Code, weil er alles umschließt, was uns in einem Text eigentlich und unmittelbar narrativ erscheint, nämlich den Bericht dessen, *was sich ereignet,* der normalerweise nach einer kausalen und zugleich temporalen Logik dargeboten wird. Diese Ebene hat sofort die Aufmerksamkeit der Analytiker erregt. Propp hat die großen »Funktionen« der volkstümlichen Erzählung aufgeführt, d. h. die gleichbleibenden, regelmäßigen Handlungen, die man mit nur kleinen Variationen in allen russischen Volkserzählungen findet; sein Schema (das eine Abfolge von etwa dreißig Handlungen fordert) wurde von Lévi-Strauss, Greimas und Bremond übernommen und verbessert. Man kann sagen, daß es heutzutage verschiedene Auffassungen von der »Logik« der narrativen Handlungen gibt, die sich ähneln und doch voneinander unterscheiden. Propp hält den Ablauf der narrativen Handlungen für unlogisch; er ist für ihn eine gleichbleibende, regelmäßige Abfolge, jedoch ohne Inhalt. Lévi-Strauss und Greimas haben gefordert, daß man diesen Abfolgen eine paradigmatische Struktur geben und sie als aufeinanderfolgende Gegensätze rekonstruieren müsse; hier bei unserem Text steht zum Beispiel der anfängliche Sieg (des Buchstabens) im Gegensatz zur Niederlage (am Ende). Eine mittlere Größe neutralisiert sie eine Zeitlang: die Auseinandersetzung. Bremond hat versucht, eine Logik der Handlungsalternativen zu rekonstruieren, wobei jede »Situation« auf die eine oder andere Weise »gelöst« werden kann, und jede Lösung eine neue Alternative erzeugt. Ich persönlich neige zur Idee einer Art kultureller Logik, die von keiner geistigen Vorgegebenheit abhängt, auch nicht auf anthropologischer Ebene. Für mich kleiden sich die narrativen Handlungsabfolgen in einen Anschein von Logik, der allein daher rührt, daß sie *bereits niedergeschrieben* sind: mit einem Wort – vom Stereotyp.

Nach diesen Ausführungen möchte ich Ihnen jetzt als Beispiel zwei Handlungssequenzen aus unserem Text vorlegen, wie man sie auch strukturieren mag.

a) Eine elementare Sequenz mit zwei Kernpunkten des Typs *Frage / Antwort:* die Frage des Petrus an die Abgesandten / die Antwort der Abgesandten; die Bitte des Petrus an Kornelius um Erklärung / die Antwort des Kornelius. Dasselbe Schema kann komplizierter werden, ohne seine Struktur zu verlieren: eine verwirrende Nachricht / die Bitte der Gemeinde um Aufklärung / die Erklärung durch Petrus / die Beruhigung der Gemeinde. Beachten wir, daß gerade die Banalität solcher Sequenzen sie interessant macht; denn diese Banalität bezeugt ja gerade, daß es sich um so etwas wie einen universellen Zwang oder um eine Regel der Erzählgrammatik handelt.

b) Eine entwickelte Sequenz mit mehreren Kernpunkten: die *Suche* (nach Petrus durch die Abgesandten des Kornelius): aufbrechen / suchen / an einem Ort ankommen / bitten / erhalten / mitnehmen. Einige dieser Ausdrücke sind (in anderen Erzählungen) *austauschbar:* An die Stelle von *mitnehmen* kann anderswo *verzichten, aufgeben,* usw. treten.

Wenn man dem Faden der Erzählung folgt, so sind die Handlungssequenzen, die nach einer logisch-zeitlichen Struktur aufgebaut sind, kompliziert angeordnet: Zwei Ausdrücke ein und derselben Sequenz können durch das Auftauchen von Ausdrücken, die zu anderen Sequenzen gehören, voneinander getrennt werden; diese Verzahnung von Sequenzen bildet das *Geflecht* der Erzählung (vergessen wir nicht, daß *Text* etymologisch Gewebe heißt). Hier ist die Verzahnung relativ einfach: Wir haben es mit einer gewissen *Simplifizierung* der Erzählung zu tun, und diese Simplifizierung kommt daher, daß die Sequenzen schlicht und einfach nebeneinandergestellt (und nicht ineinandergefügt) sind. Außerdem kann ein Ausdruck einer Sequenz für sich allein eine Untersequenz darstellen (was die Kybernetiker ein »Häufigkeitsprogramm« nennen). Die Sequenz des Engels umfaßt vier Punkte: eintreten / gesehen werden / mitteilen / weggehen; einer dieser vier Punkte, die Mitteilung, enthält einen *Auftrag* (ein Gebot), der sich seinerseits in Unterpunkte aufgliedert (anrufen / fragen / Grund der

Wahl / Inhalt des Anrufs / Ausführung). Wir haben es mit einer Art *Vollmacht* zu tun, die eine Handlungsfolge einem Punkt erteilt, der damit beauftragt wird, sie in einer anderen Handlungsfolge zu vertreten: *Begrüßen / antworten*, dieses Sequenzenfragment stellt einen bestimmten Sinn dar (»Auch ich bin ein Mensch«).

Diese wenigen Angaben bilden die Skizze der analytischen Operationen, denen die Handlungsebene einer Erzählung zu unterziehen ist. Diese Analyse ist oft undankbar, denn die Sequenzen machen den Eindruck der *Selbstverständlichkeit*, und ihr Herausfinden erscheint belanglos. Darum muß man sich immer vor Augen halten, daß gerade diese Belanglosigkeit, die ja die *Normalität* unserer Erzählungen ausmacht, zur Untersuchung eines grundlegenden Phänomens herausfordert, über das wir noch sehr wenig Aufschluß haben: Warum ist diese Erzählung *lesbar*? Was sind die Bedingungen der *Lesbarkeit* eines Textes? Was sind die Grenzen? Wie und warum erscheint uns eine Geschichte *sinnvoll*? Angesichts normaler Sequenzen (und die Sequenzen unserer Erzählung sind solche) muß man immer bedenken, daß Sequenzen auch logisch skandalös sein können, sei es durch Extravaganz oder durch Ausfall eines Punktes: So zeichnet sich eine Grammatik des *Lesbaren* ab.

3. Der metasprachliche Code

Das letzte Problem, das ich diesem Text der *Apostelgeschichte* entnehmen möchte, bezieht sich auf den Code, den ich den metasprachlichen nenne. Um etwas Metasprachliches handelt es sich, wie gesagt, dann, wenn eine Sprache über eine andere Sprache spricht. Das ist der Fall bei einer Zusammenfassung, die ein metasprachlicher Akt ist, denn sie ist eine Rede, die als Bezugspunkt eine andere Rede hat. Nun gibt es in unserem Text vier innertextliche Zusammenfassungen und außerdem eine, die dem Text äußerlich ist, weil sie auf das ganze Evangelium, d. h. auf das Leben Christi verweist:

Die Vision des Kornelius wird von den Abgesandten des Kornelius vor Petrus und von Kornelius selbst vor Petrus zusammenfassend wiederholt;

von der Vision des Petrus gibt dieser Kornelius ein Resümee;

von beiden Visionen gibt Petrus der Jerusalemer Gemeinde einen zusammenfassenden Bericht;

schließlich gibt Petrus für Kornelius und seine Freunde sozusagen ein Resümee von der Geschichte Christi.

1. *Die Zusammenfassung.* Wenn ich mich dem Text in der Absicht einer allgemeinen Untersuchung gegenübersähe, dann würde ich ihn unter die Rubrik der Probleme der Zusammenfassung, der Organisation der metasprachlichen Struktur der Erzählungen einreihen. Linguistisch gesehen, ist die Zusammenfassung ein Zitat ohne seinen Buchstaben, ein Zitat des Inhalts (nicht der Form), eine Aussage, die sich auf eine andere Aussage bezieht, deren Bezugnahme aber nicht mehr wörtlich ist, sondern die Arbeit einer Strukturierung erfahren hat. Es ist interessant, daß ein Resümee eine vorhergehende Sprache (langage) strukturiert, die ansonsten selbst schon strukturiert ist. Der Bezugspunkt ist hier bereits eine *Erzählung* (und nicht die »Wirklichkeit«): Was Petrus der Jerusalemer Gemeinde zusammenfassend berichtet, ist nur scheinbar Wirklichkeit; tatsächlich haben wir es schon durch eine Art Erzählung Null kennengelernt, welche die Erzählung des Verfassers des Textes, d. h., wie es scheint, des Lukas ist. Vom Gesichtspunkt der Problematik der Zusammenfassung aus wäre es also interessant zu verstehen, ob es wirklich einen Hiatus gibt zwischen der Ersterzählung, der Erzählung Null, und ihrem Bezugspunkt, der als wirklich angenommenen Materie der Erzählung. Gibt es so etwas wie eine Vorerzählung, die die Wirklichkeit, der absolute Bezugspunkt wäre; und dann eine Erzählung, nämlich die des Lukas; und anschließend die Erzählung aller Beteiligten, die man mit Erzählung 1, 2, 3, 4, usw. durchnumerieren könnte? In der Tat würde man heute sagen, daß von der Erzählung der *Apostelgeschichte,* d. h. von der Erzählung des Lukas, zur vorausgesetzten Wirklichkeit nur eine Beziehung von einem *Text* zu einem anderen *Text* besteht. Hier stehen wir vor einem der ideologischen Hauptprobleme, vielleicht weniger für die Forschung als für die Gruppen, denen es auf den Verpflichtungscharakter der Schrift ankommt, nämlich vor dem Problem des letzten Signifikats (signifié): Besitzt ein Text gewissermaßen ein letztes Signifikat? Kann man irgendwann, wenn man den Text aus seinen Strukturen herausschält, zu diesem letzten Signifikat gelangen, das im Fall des realistischen Romans die »Wirklichkeit« wäre?

Die philosophische Untersuchung von Jacques Derrida hat dieses Problem des letzten Signifikats auf revolutionäre Art wieder aufgegriffen, indem Derrida postuliert, daß es im Grund auf der Welt niemals etwas anderes gibt als die Schrift von einer Schrift: Eine Schrift verweist letztlich immer auf eine andere Schrift, und der Horizont der Zeichen ist gewissermaßen unendlich. Also stellt man sich gegen die Natur des Sinnes als solche, wenn man bei der Beschreibung von Sinnsystemen ein letztes Signifikat postuliert. Diese Überlegung liegt heute nicht in meiner Absicht, noch bin ich dafür kompetent; aber das Gebiet, das uns hier zusammenführt, nämlich die Schrift, ist ein vorzügliches Gebiet für dieses Problem. Denn einerseits steht es theologisch fest, daß ein letztes Signifikat postuliert wird: die metaphysische oder die semantische Definition der Theologie lautet ja, das letzte Signifikat zu postulieren. Andererseits führt uns der Ausdruck Schrift selbst, die Tatsache, daß die Bibel Schrift heißt, zu einem vieldeutigeren Verständnis der Problematik, wie wenn tatsächlich auch im Theologischen die Grundlage, der Ausgangspunkt wieder und immer wieder eine Schrift wäre.

2. *Die Katalyse.* Auf jeden Fall ist dieses Problem des Abhebens der Signifikanten (signifiants) durch die Zusammenfassungen hindurch, die sich ineinander in Spiegeln zu projizieren scheinen, für eine moderne Literaturtheorie sehr wichtig. Unser Text ist außergewöhnlich reich an Abhebungen, an Zusammenfassungen, die gestuft sind, wie wenn sie an einem ganzen Spiegelspiel teilnähmen. Das ist ein spannendes strukturales Problem, das noch nicht sehr weit untersucht wurde: das Problem der sogenannten *Katalyse.* In einer Erzählung gibt es mehrere Ebenen der Notwendigkeit. Die Zusammenfassungen zeigen, was man wegnehmen oder hinzufügen kann. Eine Geschichte hat ja im Durchgang durch ihre Zusammenfassung Konsistenz, man kann also diese Geschichte »auffüllen«. Daher kommt der Ausdruck *Katalyse.* Man kann sagen, daß die Geschichte ohne ihre Zusammenfassung, die Geschichte in ihrer Vollständigkeit eine Art katalytische Etappe eines zusammengefaßten Zustandes ist. Es gibt eine Beziehung des Auffüllens zwischen einer mageren und einer vollen Struktur, und es ist interessant, diese Bewegung zu studieren, weil sie das Spiel der Struktur illustriert. In gewisser Hinsicht ist eine Erzählung wie ein Satz. Ein Satz kann prinzipiell ins Unendliche katalysiert werden. Ich weiß nicht, welcher amerikanische Linguist (Chomsky oder jemand aus seiner Schule) Folgendes gesagt hat, was philosophisch sehr schön ist: »Wir sagen nie mehr als einen einzigen Satz, den erst der Tod unterbricht...« Die Struktur des Satzes ist so, daß man immer

Wörter hinzufügen kann, Epitheta, Adjektive, Nebensätze oder andere Hauptsätze, ohne die Struktur des Satzes zu verändern. Wenn man heute der Sprache ein solches Gewicht beimißt, dann liegt das im Grund daran, daß die Sprache (langage), so wie sie jetzt beschrieben wird, uns das Beispiel eines gleichzeitig strukturierten und unendlichen Objekts bietet: Es gibt in der Sprache die Erfahrung einer (im mathematischen Sinn des Wortes) *unendlichen* Struktur; und der Satz ist selbst das Beispiel dafür: Man kann einen Satz unendlich auffüllen; und wenn diese Sätze beendet, wenn sie abgeschlossen sind, was immer das große Problem der Rhetorik gewesen ist (wovon die Ausdrücke *Periode, Klausel,* die Operatoren des Abschließens sind, Zeugnis geben), dann geschieht das einzig unter dem Druck von Zufälligkeiten, wegen des Atems, des Gedächtnisses, der Ermüdung, aber nie auf Grund der Struktur: Kein strukturales Gesetz verpflichtet uns, den Satz abzuschließen, und wir können ihn struktural unendlich weit öffnen. Das Problem der Zusammenfassung ist dasselbe, auf die Ebene der narrativen Stufe gehoben. Die Zusammenfassung beweist, daß eine Geschichte gewissermaßen endlos ist: Wir können sie unendlich auffüllen: warum soll man sie gerade hier beenden? Das ist eines der Probleme, deren Inangriffnahme uns die Erzählanalyse ermöglichen sollte.

3. *Die diagrammatische Struktur.* Außerdem beinhalten das Abheben der Zusammenfassungen und ihre Vielfalt (es gibt im Text auf kleinem Raum fünf Resümees) bei unserem Text, daß es für jedes Resümee einen neuen Adressatenkreis gibt. Anders gesagt, die Vervielfältigung der Zusammenfassungen ist eine Vervielfältigung der Empfänger der Botschaft. Struktural, und ich würde sogar naiv sagen, auch phänomenologisch scheint dieser Text der privilegierte Ort einer intensiven Vervielfältigung, Verbreitung, Ausstreuung, Brechung von Botschaften. Dasselbe kann auf vier aufeinanderfolgenden Ebenen gesagt werden. Zum Beispiel wird die Anweisung des Engels an Kornelius als Erteilung der Anweisung, als Ausführung der Anweisung, als Bericht von dieser Ausführung und als Resümee des Berichts von dieser Ausführung gebracht. Und die Adressaten lösen sich selbstverständlich gegenseitig ab; der Geist macht Petrus und Kornelius Mitteilung, Petrus macht Kornelius Mitteilung, Kornelius Petrus, sodann Petrus der Jerusalemer Gemeinde und schließlich uns, den Lesern. Man hat gesagt, die meisten Erzählungen seien Erzählungen von einer Suche, wo ein Subjekt ein

Objekt wünscht oder sucht (das ist der Fall bei den Wunderberichten). Meiner Meinung nach – und hierin liegt die strukturale Originalität dieses Textes – ist die Triebfeder dieses Textes nicht die Suche, sondern die Mitteilung, die »Trans-mission«: Die Personen der Erzählung sind nicht Akteure, sondern Agenten [Aktanten] der Transmission, Träger der Mitteilung und der Verbreitung. Das ist interessant: Wir sehen konkret und, wenn ich so sagen darf, »technisch«, daß der Text, wie ich das nennen möchte, eine *diagrammatische* Struktur bezüglich seines Inhalts aufweist. Ein Diagramm ist eine proportionale Analogie (was übrigens pleonastisch ist, weil *Proportion* auf griechisch ἀναλογία heißt): es ist nicht eine bildliche Kopie (man braucht nur an die Diagramme in der Demographie, in der Soziologie und in der Wirtschaft zu denken); es ist eine Form, die sehr gut von Jakobson herausgestellt wurde. In der Aktivität der Sprache ist das Diagramm wichtig, weil die Sprache in jedem Augenblick diagrammatische Figuren hervorbringt: Sie kann nicht wörtlich einen Inhalt für eine Form nach Art einer vollständigen μίμησις kopieren, weil es kein gemeinsames Maß zwischen der sprachlichen Form und dem Inhalt gibt. Was sie aber tun kann, ist das Hervorbringen von diagrammatischen Figuren. Das Beispiel, das Jakobson dafür gegeben hat, ist berühmt: das poetische Diagramm (denn die Poesie ist der Ort des Diagramms), der Wahlslogan von General Eisenhower, als er Präsidentschaftskandidat war: »I like Ike«. Das ist ein Diagramm, denn das Wort *Ike* ist in die Liebe des Wortes *like* eingebettet. Es besteht eine diagrammatische Beziehung zwischen dem Satz »I like Ike« und dem Inhalt, nämlich, daß General Eisenhower in die Liebe seiner Wähler und Wählerinnen eingebettet war.

Diese diagrammatische Struktur haben wir in unserem Text, denn der Inhalt des Textes – und diesen erfinden ja nicht wir, denn wir haben es ja wiederum mit einem Text zu tun, den ich anagogisch nennen möchte, der selbst seinen Sinn angibt –, dieser Inhalt des Textes ist die Möglichkeit der Verbreitung der Taufe. Und das Diagramm ist die Ausbreitung der Erzählung durch die Vervielfältigung der Resümees; mit anderen Worten, es gibt gewissermaßen eine unbegrenzte, allgemein verbreitete diagrammatische Brechung um den Begriff der Kommunikation herum. Was die Erzählung diagrammatisch schildert, ist im Grund die Idee der *Unbegrenztheit*. Die Tatsache, daß es auf so knappem Raum vier Zusammenfassungen derselben Episode gibt, konstituiert ein diagrammatisches Bild des unbegrenzten Charakters der Gnade. Die Theorie dieser »Grenzenlosigkeit« wird von einer Erzählung vertreten, die die »Grenzenlosigkeit« der Zusammenfassung praktiziert. Folglich ist das »Thema« des Textes die Idee der Botschaft selbst. Für die strukturale Analyse hat dieser Text die Botschaft zum Thema, er ist eine Anwendung der Sprache, der Kommunikation; das ist übrigens das Thema von Pfingsten (worauf der Text anspielt). Das Thema ist die Mitteilung und die Verbreitung der Botschaften und der Sprachen. Wie wir gesehen haben, ist der Inhalt dessen, worum Kornelius Petrus bitten soll, struktural nicht ausgesagt: Der Engel sagt Kornelius nicht, warum er Petrus kommen lassen soll. Und jetzt erfassen wir den strukturalen Sinn dieser Leerstelle, von der ich anfangs gesprochen hatte: weil die Botschaft tatsächlich ihre eigene Form ist, so sind es auch ihre Empfänger. Was Kornelius im Grund von Petrus erbitten soll, das ist die Kommunikation mit Petrus. Der Inhalt der Botschaft ist also die Botschaft selbst; die Adressaten der Botschaft, nämlich die Unbeschnittenen, sind der Inhalt der Botschaft.

Diese Angaben werden zweifellos hinter dem Text *zurückzubleiben* scheinen. Meine Entschuldigung dafür ist, daß das Ziel der Untersuchung nicht die Erklärung, die Interpretation eines Textes ist, sondern die Befragung dieses Textes (neben anderen) auf die Rekonstruktion einer allgemeinen Erzählsprache hin. Angesichts der Verpflichtung, von einem und nur einem Text zu sprechen, konnte ich weder von der strukturalen Erzählanalyse im allgemeinen sprechen noch diesen Text im Detail strukturieren: Ich habe einen Kompromiß versucht, mit allen Enttäuschungen, die das mit sich bringen kann. Ich habe mich an die Arbeit einer teilweisen Rezension gemacht; ich habe das strukturale Dossier eines Textes skizziert, aber damit diese Arbeit ihren Sinn findet, müßte man dieses Dossier zu anderen hinzufügen. Diesen Text dem unermeßlichen Korpus von Erzähltexten auf der Welt einfügen. (1969)

Joseph Courtès: Apg 10,1–11,18 als System mythischer Vorstellungen

Bei der Suche nach einer tieferen Thematik des Textes Apg 10,1–11,18 kann man einstweilen wohl drei wesentliche Elemente herausarbeiten, die sich im Ablauf des Sprachgeschehens harmonisch abwandeln. Wenn man die Erzählung des Lukas (wobei wir uns einzig auf die Ebene der Oberfläche des Textes beschränken wollen, ohne uns über den Bedeutungswert des zugrundeliegenden Systems zu äußern) als Vorstellung (im Sinn von Vor-stellung,[1] was sowohl das wechselseitige Verhältnis als auch den Abstand zwischen dem Bezugspunkt und der Rede, die ihn zum – interpretierten – Gegenstand ihrer Aussage macht, mitbeinhaltet) betrachtet, dann entfaltet sie die drei konstitutiven Elemente einer »Inszenierung«: Akteure / Handlungen / Bühnenbild. Wir möchten die semantischen Pole dieser drei Elemente bezeichnen und ihre Gliederung zeigen. In dieser »theatralischen« Perspektive unterscheiden wir also:

1. Die »Akteure« (Aktanten)

Die Erzählung hebt eine Hauptfigur heraus, Petrus, um den herum sich die Handlungen gruppieren. Kornelius nimmt als Vertreter der Heidenwelt und als Gegenstand der Bemühungen des Apostels nur eine zweitrangige Stellung ein. Wir haben also in Wirklichkeit nur ein SUBJEKT, dem wir – entsprechend der diesbezüglichen Terminologie von Greimas – den HELFER (Adjuvant) und den GEGNER (Opponent) zugesellen können.

Bei der Mission, die Petrus anvertraut ist (= das Kommen des Geistes vorzubereiten: 10,44), identifiziert sich der *Helfer* mit dem Geist (10,19.44) und nimmt auch die Form des »Engels Gottes« (10,3.22) oder der »Stimme« (10,13) an; man könnte hier sogar Kornelius anführen, insofern er das Echo der Vision ist und auf den Geist verweist.

Diesem Bereich des Geistes, den wir als Helfer definieren, stellt sich nun die Welt des Buchstabens, des Gesetzes, des jüdischen Brauchtums entgegen, die »einem Juden untersagt, mit einem Ausländer zu verkehren« (10,28). Das ist also der *Gegner*, der in 10,14–15 implizit

---

[1] »Re-présentation« wörtlich: Wieder-Vergegenwärtigung, Neu-Aufführung, Neu-Darbietung, Neu-Inszenierung (Anm. d. Ü.)

vorkommt (er begründet das Zögern des Petrus), in 10,28 genannt wird, einen Augenblick lang in den »Beschnittenen« (11,2–3), mit denen sich der Apostel konfrontiert sieht, Gestalt annimmt, im Endergebnis aber unterliegt, wie 10,34–35 ankündigt: »Wahrhaftig, ich stelle fest, daß Gott nicht auf die Personen schaut, sondern daß ihm in jedem Volk der angenehm ist, der ihn fürchtet und Gerechtigkeit übt.«

Die drei so bezeichneten Akteure (Subjekt / Helfer / Gegner) setzen einander in jedem Augenblick der Erzählung voraus und stehen zueinander in einer Dreiecksbeziehung (ähnlich dem Vokaldreieck von R. Jakobson):

– Petrus untersteht dem Gesetz (dessen Gewicht sich in 10,14 zeigt), aber auch dem Geist (»Gott hat mir soeben gezeigt...« 10,28): in beiden Fällen nimmt er eine passive Haltung ein und stellt sich also gleichzeitig gegen das Gesetz und gegen den Geist, insofern diese beiden Autorität ausüben. Mit anderen Worten, das Subjekt steht auf seiten der Passivität, der Helfer und der Gegner auf seiten der Aktivität.

Der Geist stellt sich selbstverständlich in Gegensatz zum Buchstaben, zum Gesetz (dieses wird durch das Zeichen – gekennzeichnet, jener durch das Zeichen +), aber auch zur Vereinigung Petrus + Gesetz (insoweit der Apostel als Jude unter die Macht des Gesetzes fällt).

Schließlich hebt sich das Gesetz, das sich dem Geist entgegenstellt, gegenüber der Gruppierung Petrus + Geist ab (insoweit der Apostel hier in die Bewegung des Geistes eintritt).

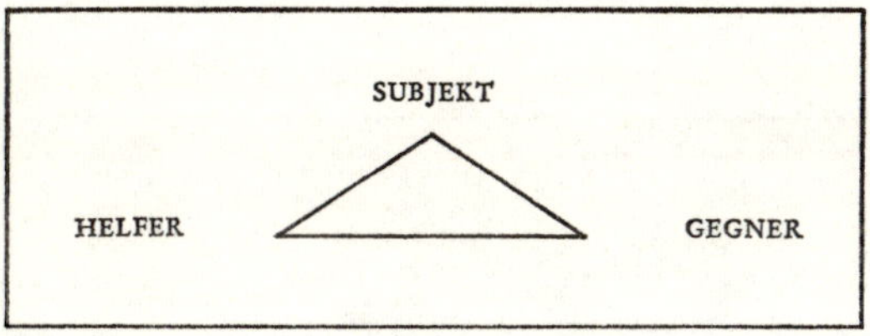

Das dreipositionale Schema erscheint nun also ziemlich streng; jedes Element bewahrt seine Eigenart und verbindet sich dennoch mit seinem unmittelbaren Nachbarn, um sich gegen das dritte zu stellen.

Hier können wir entsprechend zu den Positionen der »Akteure« ebenfalls drei semantische Pole in Dreiecksbeziehung feststellen:
– Dem Helfer entspricht auf der Ebene der Handlungen das Kommen des Geistes über die Heiden (10,44). Es handelt sich hier um den SIEG des Helfers, der die eingrenzende Perspektive des Gesetzes aufhebt und die zeitweilige Unentschiedenheit des Petrus überwindet (wodurch sich dieser in seiner Auslegung der Vision bestätigt sieht: »Petrus sprach noch, als der Heilige Geist herabkam...«).
– Dem Gegner (dem Gesetz als Verbot) entspricht die Ausschaltung, der Ausschluß der Heiden, der vom Text als bislang bestehendes Faktum vorausgesetzt wird (10,28; 11,3) und der in 11,2 nachklingt: »Als nun Petrus nach Jerusalem hinaufging, nahmen ihn die Beschnittenen auf die Seite...« In diesen Zusammenhang gehört auch (wir werden später noch darauf zurückkommen) die Beseitigung Christi (»Sie haben ihn an den Galgen gehängt«: 10,39); dies legt uns der Einschub des Petrus nahe: »Er, den sie sogar getötet haben...« (10, 39).
– Dem Subjekt entspricht schließlich die perplexe Situation des Petrus (10,17), die erst in 10,47 ihre Lösung finden wird (»genauso wie wir«). Diesen dritten Pol können wir noch genauer als den Ort der AUSEINANDERSETZUNG (die teils innerlich ist, was sich in die »perplexe Situation« übersetzt, teils äußerlich, insofern sie zu Diskussionen führt: 11,1–3) charakterisieren, die auch die Frage des Petrus veranlaßt: »Wer wäre ich, daß ich Gott im Weg stehen könnte?« (11,17)

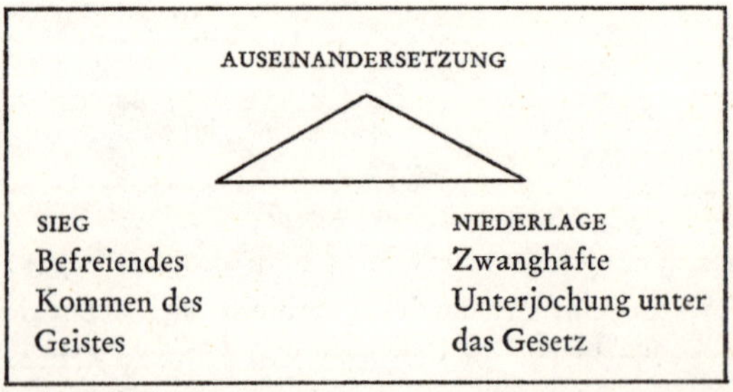

So erhalten wir noch ein dreipositionales Schema: den SIEG, der das Werk des Geistes ist und zum Bereich des »Lebens« gehört (11,18);

das, was wir im Gegensatz hierzu die NIEDERLAGE nennen können, die sich im Ausschluß, im Tod und noch weitreichender in der Sünde auswirkt (die durch das Gesetz offenbar wird); und schließlich die AUSEINANDERSETZUNG als Ort der Zwiespältigkeit des Subjekts.

3. Das »Bühnenbild«

Die letzte Dimension der Vor-stellung ist die Dimension des Raumes. Sie durchzieht die ganze Erzählung, die Visionen ebenso wie die Rede des Petrus oder die anderen Elemente der Erzählung; sie nimmt in der dauernden Entgegensetzung OBEN-UNTEN Gestalt an.

a. Der Gegensatz oben / unten

Er erscheint bereits in der Vision des Kornelius: »Deine Gebete und deine Almosen sind zu Gott emporgestiegen« (10,4); der Mensch ist also unten, während der Herr dem oberen Bereich angehört. Der Gegensatz wird noch mehr in 10,9–16 betont: »Petrus stieg auf die Terrasse..., um zu beten.« Dieser Bewegung nach oben entspricht die Ortsveränderung jenes »einer großen Tischdecke ähnlichen Gegenstandes«, den der Apostel »zur Erde herabkommen sieht«. Nebenbei bemerkt spricht der Vers 12 unabhängig von seiner Bezugnahme auf Genesis von Tieren, die wir summarisch (wir werden später darauf zurückkommen) in zwei Kategorien einteilen können: die von oben (»die Vögel des Himmels«) und die von unten (»Vierfüßler und Reptilien«). Bis jetzt ist das Oben mit dem Himmel und das Unten mit der Erde identisch: der Gegenstand der Vision kommt von oben, und der Christ wendet sich nach oben, um zu beten; in beiden Fällen ist die Aufmerksamkeit auf den himmlischen Bereich gerichtet, der die Sphäre des Göttlichen schlechthin darstellt.

Der Gegensatz oben / unten hält sich auch über die Beschreibung der Visionen hinaus mit der gleichen Regelmäßigkeit (und Stetigkeit) an der Oberfläche der Erzählung durch. So erscheint er klar in 10,19–21: »Während Petrus noch über seine Vision (die auf das Obere verweist) nachdachte, sprach der Geist zu ihm: ›Steig herab!‹ ... Petrus stieg herab zu diesen Menschen...« – 10,25–26 ist gleicherweise durch eine Wiederholung hervorgehoben: »Als Petrus eintrat, kam ihm Kornelius entgegen, fiel ihm zu Füßen und warf sich zu Boden. Aber Petrus hob ihn auf und sagte: ›Erhebe dich...!‹ ...« Petrus ist nämlich für Kor-

nelius Träger der göttlichen (= himmlischen) »Worte« (11,14), die das Heil bringen (das von oben kommt: 10,44).
Die Rede des Petrus enthält gleichfalls den Gegensatz oben / unten, aber mit anderen Implikationen.
Denn bis jetzt bezeichnete Oben den Himmel und Unten die Erde. Hier dagegen ist es anders, insofern Unten das Zeichen des Todes ist, und zwar eines geistigen Todes: »Die, welche in die Macht des Teufels gefallen waren« (10,38), aber auch eines leiblichen Todes: »Als sie ihn an den Galgen hängten« (10,39: Beachten wir, daß es sich hier keineswegs um eine Erhöhung handelt, der Ausdruck »hängen« blickt vielmehr nach unten!). Dagegen wird die Auferstehung Zeichen des »Lebens« (11,18) sein, – »...nach seiner Auferstehung von den Toten« (10,41) –, weil sie nach oben gerichtet ist.
10,43–44: »...jeder, der an ihn glaubt, wird...die Vergebung seiner Sünden erlangen. Petrus sprach noch, als der Heilige Geist auf alle die herabkam, die auf sein Wort hörten...« Oben ist also in Beziehung zum Göttlichen gesetzt, Unten gehört zum Bösen und zum Bereich des Gegners, der Niederlage.

b. Die Gliederung in Himmel / Erde / Unterwelt

Das vorangegangene Inventar, das uns zwei Arten von »Unten« unterscheiden ließ, erlaubt uns jetzt vielleicht, den Raum in drei verschiedene Zonen einzuteilen.
Für den Himmel wie für die Erde sind die Gegebenheiten klar.
Dagegen wird die Unterwelt als solche nicht ausdrücklich erwähnt. Wir haben jedoch einen Ort des Todes festgestellt, von wo Christus aufersteht (10,41), den der Sünder verläßt, wenn er den Weg einschlägt, der »zum Leben führt« (11,18): das ist also die Zone der Unterwelt, des Bösen und vielleicht sogar des Gesetzes (insofern es über die Heiden das Wort des Ausschlusses und des Todes spricht).
Übrigens scheint 10,12 diese Dreiteilung des Raumes zu bekräftigen: Die Vögel werden ausdrücklich dem Himmel zugeschrieben; die Vierfüßler gehören zum irdischen Bereich; die Reptilien können also nur die Unterwelt, das Böse bedeuten (vgl. Gen 3). – In derselben Richtung, aber auf eine sehr viel hypothetischere (!) Weise könnten wir vielleicht diesem unterweltlichen Bereich die unteren Wasser zurechnen: die Wasser des »Meeres« (10,6: auch wenn es sich hier zunächst um eine topographische Angabe handelt) und die »der Taufe« (10,47).

4. Das System der Vorstellung

Mit den so freigelegten und definierten Elementen können wir jetzt eine allgemeine Gliederung vorschlagen:

– Der Helfer (Geist) und seine Wirksamkeit, die sich im Sieg offenbart (befreiendes Kommen des Geistes), gehören zum himmlischen Bereich.

– Das Subjekt und seine zwiespältige Position (innere und äußere perplexe Situation) gehören zur irdischen Zone.

– Der Gegner (Verbot des Gesetzes), der die Sünde durch seine zwanghafte Unterjochung (die die Heiden und Christus ausschließt) anklagt und offenbart, kann schließlich seinen Platz in der Unterwelt finden.

Wir können also alle diese Elemente in einem zusammenfassenden Schema neu verteilen:

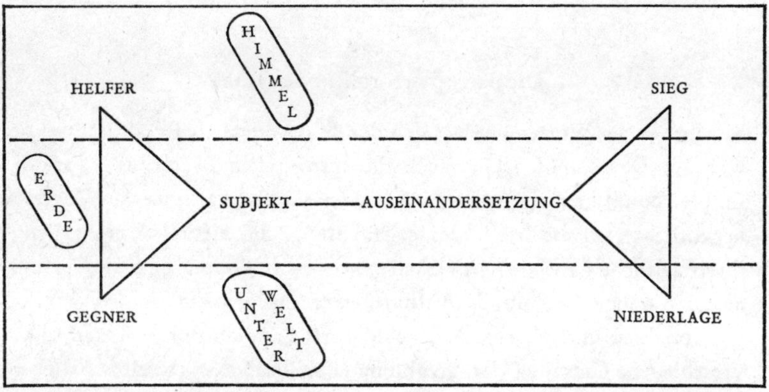

Es bleibt zu bemerken, daß trotz dieser wohl unterschiedenen Definition der drei semantischen Pole durch das Dreieck der »Akteure« (sowie durch das der Handlungen) die Erzählung dennoch nicht so starr ist, daß sie nicht eine gewisse Bewegung zwischen den charakteristischen Extremen zuließe. So kann zum Beispiel das Subjekt teilweise zum Helfer werden, insoweit es zum klärenden und unwiderleglichen Sprecher des Geistes wird. Der Text, den wir hier betrachtet haben, ist natürlich zu knapp, um eine echte Untersuchung der möglichen Substitutionen vorzunehmen.

Louis Marin: Versuch einer strukturalen Analyse von Apg 10,1–11,18

Unserem Versuch, Apostelgeschichte 10,1–11,18 struktural zu analysieren, müssen wir zwei Vorbemerkungen vorausschicken. Zum einen ist die Gliederung des Textes willkürlich: Wir haben diesen traditionellen Abschnitt aus Gründen, die dem Text äußerlich sind, beibehalten. Im Verlauf der Analyse werden gewisse »Markierungen« auftauchen, die ihn zu anderen Stellen hin aufsprengen werden (vor allem zu 9,31–43; 11,19–30; 12,1–23). Zum anderen wird der Text in seiner französischen Übersetzung untersucht[1], ohne daß wir uns mit irgendeinem Übersetzungsproblem abgäben. Was die strukturale *Erzähl*analyse angeht, ist diese Übersetzung nämlich im Vollbesitz des Rechtes, als Text genommen zu werden, und andere Übersetzungen oder auch die griechische Schrift würden als *andere* Texte behandelt werden, wenn sie in Betracht zu ziehen wären.

I. Die narrative Struktur des Textes

Mit den ersten Worten erweist sich der Text bereits als Erzählung: »Es war ...« Der ständige Gebrauch des historischen Präteritums (passé simple) bestätigt das, indem er den narrativen Charakter des Textes hervorhebt[2]. Es ist freilich eine Erzählung, die nicht kontinuierlich ihren zeitlichen Ablauf entwickelt; sie wird oft durch eine andersgeartete Sprache (die durch Anführungszeichen gekennzeichnet wird) unterbrochen und gleichsam durchlöchert: nämlich durch *Reden,* die verschiedene Gestalten der Erzählung einander oder sich selbst halten. Mehr als zwei Drittel des untersuchten Textes (Kap. 10: 15 von 48 Versen; Kap. 11: 14 von 18) sind aus Reden oder Gesprächen in »direkter Rede« gebildet. Dieses Verhältnis in einem erzählenden Text zeigt irgendwie die Wichtigkeit und das Übergewicht des lebendigen Wortes über das erzählte Ereignis. Genauer gesagt, verdoppelt sich der Text an seiner Oberfläche oder reflektiert sich auf sich selbst:
Wir nehmen nicht nur von außen am Werden der Geschichte teil, so wie sie sich auf der Ebene der Erzählung entfaltet, sondern auch die Hauptfiguren treten selbst in Erscheinung, greifen direkt in den Gang

---

[1] *Bible de Jérusalem, Paris 1956, 1415 f.*
[2] Vgl. *E. Benveniste,* Problèmes de linguistique générale, Paris 1966, 237 f.

der Geschichte ein, sprechen miteinander und zu sich selbst und weiten die Erzählung zu einem Schauspiel aus. Es handelt sich also um das genus mixtum, von dem *Platon* im »Staat« spricht, um eine Mischung von Erzählung und Schauspiel, von Geschichte und Drama [3]. Die seit jeher bekannten Anzeichen dieses Rollenwechsels sind in unserem Text gut sichtbar, speziell der Übergang vom historischen Präteritum (passé simple) zum Präsens oder zum zusammengesetzten Perfekt (passé composé). Aber es gibt noch viel deutlichere Anzeichen: Die Reden, die die ursprüngliche Erzählung unterbrechen, sind ihrerseits, wenigstens großenteils, wiederum Erzählungen. Die Hauptfiguren unterbrechen die Stimme des unsichtbaren »Erzählers« nur, um selbst zu erzählen, setzen sich somit an seine Stelle und erzählen, was der Erzähler erzählte. Diese erste Struktur ist eine Art reziproke Einkleidung des Textes durch sich selbst, des Ganzen durch die Teile und der Teile durch das Ganze. Eine Erzählung bildet den Rahmen für Reden, die ihrerseits (weitgehend) nur wiederum Erzählungen von der sie textlich umgebenden Erzählung sind, wenn nicht gar eine Erzählung über die Erzählung von einer Erzählung (IV).

1. Die Verschachtelung der Erzählungen

Eine der »Sinnquellen« des Textes wird sich zeigen, wenn wir diese zugleich verschachtelten und herausgelösten Erzählungen in Perspektive (im optischen Sinn des Wortes) zueinander setzen. So wird die Vision des Kornelius viermal erzählt, und die des Petrus zweimal. Diese »arithmetische« Asymmetrie bedarf selbst der Interpretation, denn sie steht in bezeichnendem Gegensatz zur Symmetrie der beiden Visionen in der ursprünglichen Erzählung; und dasselbe gilt von den Unterschieden, Verdichtungen und Erweiterungen, die die sekundären Erzählungen im Vergleich zur ursprünglichen Erzählung aufweisen.

a) Die Vision des Kornelius (siehe Fig. 1). Sie wird in vier Erzählungen berichtet: I. vom Erzähler: 10,1–16; II. von den Leuten des Kornelius: 10,22; III. von diesem selbst: 10,30–32; IV. von Petrus in Jerusalem: 11,13–14. Man beachte in I und III die Abwesenheit der Sequenz 13 (der Erzählung II, die wortwörtlich und vielleicht zurückschauend

---

[3] Vgl. *G. Genette,* Les frontières du récit, in: *Communications* 8 (1966) 152–163.

FIGUR 1:

SEQUENZEN	ERZÄHLUNG I	ERZÄHLUNG II
0	Es war in Cäsarea ein Mann namens Kornelius, Zenturion der italischen Kohorte. Fromm und gottesfürchtig ... gab er dem jüdischen Volk reichlich Almosen und betete ohne Unterlaß zu Gott.	Der Zenturion Kornelius, ein gerechter und gottesfürchtiger Mann, dem das ganze jüdische Volk ein gutes Zeugnis ausstellt,
1	Um die neunte Stunde des Tages	
2	trat der Engel Gottes	erhielt von einem heiligen Engel
3	– er sah ihn klar –	
4	bei ihm ein und rief ihn:	
5	»Kornelius«	
6	Er schaute ihn an	
7	und wurde von Schauer ergriffen.	
8	»Was gibt es, Herr?« fragte er ihn.	
9	»Deine Gebete und deine Almosen«, antwortete ihm der Engel, »sind vor Gott emporgestiegen, und er gedachte deiner.	die Aufforderung
10	Sende also nun Männer nach Jafo	
11	und laß Simon mit dem Beinamen Petrus kommen.	dich zu sich kommen zu lassen
12	Er wohnt bei einem gewissen Simon, einem Gerber, dessen Haus am Meer liegt.«	
13		und die Worte zu vernehmen, die du ihm zu sagen hast.
14		

FIGUR 1 (Fortsetzung):

SEQUENZEN	ERZÄHLUNG III	ERZÄHLUNG IV
0	Ich war gerade zu Hause beim Gebet,	
1	als vor drei Tagen zur neunten Stunde	
2	ein Mann	Einen Engel
3	mit strahlenden Gewändern	sah er
4	vor mir erschien. Er sagte mir:	vor sich stehen und sagen:
5	»Kornelius,	
6		
7		
8		
9	dein Gebet wurde erhört, und deiner Almosen wurde bei Gott gedacht.	
10	Sende also nach Jafo,	»Sende nach Jafo,
11	um Simon mit dem Beinamen Petrus zu holen.	um Simon mit dem Bei- namen Petrus zu holen.
12	Er wohnt im Haus des Gerbers Simon, am Meer.«	
13		Er wird dir Worte sagen,
14		die dir und deiner ganzen Familie das Heil bringen werden.«

durch IV kommentiert wird), und das symmetrische Fehlen der Sequenz 9 in II und IV, die indes wesentlich ist, da sie in I sowohl die Gegenwart des Engels als auch die Sendung der Diener nach Jafo zu motivieren scheint. »Ansatzpunkt« des Sinnes wäre vielleicht: Die Worte des Heils, die Petrus für Kornelius und seine Familie hat, »wiegen« die Gebete und Almosen des Kornelius »auf« (im physikalischen Sinn eines Gleichgewichtsgesetzes).

Das Fehlen der Zeit- und Ortsangaben in IV (ebenso wie in II) wie des Eigennamens und des »bürgerlichen und seelischen (Zu-) Standes« des Kornelius bewirkt, daß die Vision fast abstrakt wird, obwohl man hier in Asymmetrie zu den anderen Erzählungen eine Präzisierung der Worte des Heils findet (Sequenz 14), die dort fehlt. Während man in der Erzählung I eine »Überbenennung« des Kornelius durch den Erzähler (Sequenz 0: »Ein Mann namens...«) und durch den Engel (Sequenz 4–5) findet, die bei Petrus durch die Angabe seines Namens und seines Beinamens und durch seine Anwesenheit bei Simon dem Gerber (Sequenz 11–12) wettgemacht wird, taucht die Erzählung IV Kornelius in die Anonymität und hebt auch Petrus nicht mehr von seinem Namensvetter ab (Fehlen der Sequenz 12). Diese positiven und negativen Entsprechungen legen die Frage nahe, ob nicht der Gerber Simon etwas mit der Unreinheit zu tun habe, mit der Kornelius durch sein Unbeschnittensein behaftet ist und auf die durch die Vision von dem großen zusammengeknüpften Tischtuch hingewiesen wird (10, 11–12).

Der so angedeutete Ansatzpunkt des Sinnes könnte die Akzentuierung der Ungeschuldetheit und Zufälligkeit des zentralen Ereignisses in der Erzählung IV und in eins damit seine Verallgemeinerung sein: Kornelius ist zum anonymen Unbeschnittenen geworden. Und insoweit das Wohnen des Petrus bei seinem unreinen Namensvetter ihn bereits auf den Weg zur Unreinheit brachte und somit eine noch unvorhersehbare Zukunft vorbereitete und »voraussah«, verstärkt der Wegfall dieses An-Zeichens in der Erzählung das ereignishafte *hapax*.

b) Die Vision des Petrus (siehe Fig. 2). Sie wird zweimal berichtet: I' in der ursprünglichen Erzählung: 10,9–16; IV' in der Nacherzählung, die Petrus seinen Mitaposteln und Brüdern von Judäa, den Beschnittenen von Jerusalem, liefert: 11,5–10. Die große Ähnlichkeit dieser beiden Erzählungen macht ihren Vergleich nur noch interessanter, was die feinen Unterschiede und den verschiedenen Ansatz des Sinnes angeht.

Während die erste Erzählung die Beziehung zwischen dem »natürlichen« Hunger des Petrus und dem himmlischen »übernatürlichen« Angebot unreiner Nahrungsmittel zeigt, legt die zweite Erzählung durch den Wegfall der Sequenzen 1 und 2 das Gewicht auf die »Übernatürlichkeit« der Vision, löst sie aus ihrem »natürlichen« ursprünglichen Zusammenhang und schwächt zugleich die Idee des »Essens von Unreinem« ab. Man achte in diesem Zusammenhang auf den gleitenden Übergang vom genauen Ausdruck »Ich habe doch nie etwas ... *gegessen*« (I', Sequenz 9) zur Umschreibung »Es ist doch nie etwas Beflecktes oder Unreines in meinen Mund *gekommen*« (IV'), einen Übergang, der vielleicht auf der Ebene der diskursiven Ausdrucksweise das metaphorische Übergleiten der Erzählung dieser Vision im Verhältnis zum Textganzen wiederholt.

An die Klassifizierung der Tiere in I' (Sequenz 7) fügt die Erzählung IV' noch eine vierte Art, die wilden Tiere, so daß die Zahl der Arten gleich der Zahl der Ecken des himmlischen »Gegenstandes« wird, der sie enthält.[4] Der Übergang von einem System »vier/drei« zu einem System »vier/vier« zeigt eine »Rationalisierung« des Inhalts der Vision an, die in sich stimmiger und symbolischer, allegorischer als das Ereignis gemacht wird, insofern das metonymische semantische Nebeneinander der anderen Erzählung (natürlicher Hunger/Bereitung der Nahrung und übernatürliche Vision/Erscheinen ungenießbarer Tiere) getilgt wird.

Heben wir schließlich in IV' die Hinzufügung einer »subjektiven« Angabe hervor: »Ich betrachtete...« (Sequenz 6), die für die »direkte Rede« der Redeerzählung typisch ist. Die Erscheinung des himmlischen Gegenstandes wird in Beziehung zur Situation des sichtbaren Erzählers gesetzt, der der Bezugspunkt der Beschreibung ist, während diese Angabe beim unsichtbaren Erzähler fehlt, der dem Ereignis, das er erzählt und sich zutragen sieht, »äußerlich« ist. Er nahm sich jedoch mit Recht die Freiheit, durch eine ähnliche Angabe das Innere des Kornelius freizulegen (I, Sequenz 6–7), jedoch nicht das des Petrus: ein Hinweis auf die verschiedene Behandlung der beiden Visionen.

---

[4] Der Rückgriff auf alttestamentliche Texte würde auch eine Klärung dieses Punktes ermöglichen. Man vergleiche etwa die Klassifizierungen von Gen 1,20–31; 6,17–22; 7,1–15, oder auch Lev 11.

FIGUR 2:

SEQUENZEN	ERZÄHLUNG I′	ERZÄHLUNG IV′
1	Petrus stieg um die sechste Stunde auf die Terrasse, um zu beten. Er verspürte Hunger und wollte etwas zu sich nehmen.	
2	Während man ihm nun etwas zum Essen bereitete,	
3	fiel er in Ekstase.	Ich war gerade beim Gebet in der Stadt Jafo, als ich in Ekstase
4	Er sah den Himmel offen,	eine Vision hatte: Vom Himmel
5	und ein Gegenstand, einem großen Tischtuch ähnlich, mit Knoten an den vier Ecken, kam daraus herab zur Erde.	kam ein Gegenstand herab, einem großen Tischtuch ähnlich, das sich niederließ und an den vier Ecken gehalten wurde,
6		und er gelangte bis zu mir. Ich betrachtete ihn, ohne ihn aus den Augen zu lassen,
7	Und darin waren alle Vierfüßler und Reptilien und alle Vögel des Himmels.	und ich sah darin die Vierfüßler der Erde, die wilden Tiere, die Reptilien sowie die Vögel des Himmels.
8	Eine Stimme sagte ihm sodann: »Auf, Petrus, opfere und iß!«	Ich hörte dann, wie mir eine Stimme sagte: »Auf, Petrus, opfere und iß!«
9	Aber Petrus antwortete: »Aber nein! Herr, ich habe doch nie etwas Beflecktes oder Unreines gegessen.«	Ich antwortete: »Aber nein! Herr, es ist doch nie etwas Beflecktes oder Unreines in meinen Mund gekommen.«
10	Wieder sagt die Stimme zu ihm zum zweiten Mal: »Was Gott gereinigt hat, nenne nicht befleckt!«	Zum zweiten Mal erscholl die Stimme vom Himmel: »Was Gott gereinigt hat, nenne nicht befleckt!»
11	Das wiederholte sich dreimal,	Das wiederholte sich dreimal,
12	und sogleich wurde der Gegenstand in den Himmel weggetragen.	dann wurde alles wieder in den Himmel weggezogen.

2. *Zwei Paare von Erzählreden*

a) Die beiden Visionen

Durch die viermalige Erzählung erhält die Vision des Kornelius ein viel größeres Gewicht als die des Petrus. Petrus erzählt seine Vision seinen Mitaposteln in Jerusalem, weil er ihnen Rechenschaft schuldet, aber ihnen allein, während der wesentliche Beweggrund für seine Reise nach Cäsarea dem Kornelius verschleiert oder zumindest in eine allgemeine abstrakte didaktische Formulierung, in eine feststellende Behauptung eingekleidet wird: »Wahrhaftig, ich stelle fest, daß Gott nicht auf die Person schaut.« (10,34) Hingegen ist die Bitte, die ihm vorgetragen wird, präskriptiv: »Wir sind alle hier vor dir, um zu hören, was dir von Gott aufgetragen wurde.« (10,33) Der Akzent ist hier auf die Bitte gelegt, die ihm Kornelius von Gott überbringt, »Laß Simon kommen« (Fig. 1, Sequenz 11), eine Bitte um etwas, was Petrus besitzt, Worte des Heils (Fig. 1, Sequenz 13–14).

Die Verschachtelung der Erzählungen (I, II, III IV und I', IV') ist so, daß sie bei Kornelius einen »Mangelzustand« erkennen läßt, der viermal angezeigt wird, während seine »Reichtümer« (Gebete und Almosen: *a,* Sequenz 9) zugunsten derer des Petrus abgeschwächt werden. Entsprechend wird das, was Petrus fehlt – obwohl es viel realer ist als das, was Kornelius mangelt (er hat Hunger; er versteht seine Vision nicht; er soll aufbrechen, ohne zu wissen, warum[5]) –, abgeschwächt und bei der Wiederholung der Erzählreden ausgelassen. Das gleiche Ergebnis kommt durch den Bruch der bemerkenswerten Parallele zustande, die die ursprüngliche Erzählung durch die raumzeitliche Konvergenz der Serien der beiden Visionen schafft (10,1–8 und 9–17). Die »Mängel« des Petrus auf der Ebene des Ereignisses stehen im Gegensatz zu seinen »Reichtümern« auf einer Ebene, die das Ereignis transzendiert: die Worte, über die er verfügt und die das Heil bringen. Die einen wie die anderen sind umgekehrt symmetrisch zu den Reichtümern und Mängeln des Kornelius.

Der Gesamttext muß versuchen, diese leeren und vollen Stellen in Zusammenklang zu bringen. Dies gelingt ihm durch die Abhebung ein-

---

[5] Kornelius kennt den Grund seiner Vision: »Gott hat deiner gedacht«, und im gleichen Atemzug erkennt er das allgemeine Motiv der Anweisung des Engels: eine Art Belohnung für die Gebete und Almosen, die vor Gott als Gedenken »gespeichert« sind.

geschachtelter Erzählungen, deren scheinbare Asymmetrie die Funktion hat, in einer verborgenen Asymmetrie wieder eine Symmetrie herzustellen: Wie ist es möglich, daß ein »Armer« (Petrus) einem »Reichen« (Kornelius) etwas gibt, es sei denn, daß man den Armen (an Worten) reich und den Reichen arm (er bittet) macht? Aber hier spielt das Hauptparadox herein: Kornelius wird nicht durch das bereichert, was ihm Petrus gibt, sondern durch etwas anderes.

b) Geschichte und Zitierung Jesu

Wir haben bislang nur die Erzählreden untersucht, die auf die ursprüngliche Erzählung Bezug nehmen. Es gibt aber auch noch eine andere Rede im untersuchten Text, die auf eine andere Erzählung Bezug nimmt, die außerhalb des Buches der Apostelgeschichte liegt. Das ist die Rede des Petrus bei Kornelius (10,34–43), eine Rede, die (abgesehen von ihrer Einleitung, die bereits besprochen wurde) in Wirklichkeit eine Erzählung ist, die Erzählung von der Geschichte Jesu, die in den Evangelien berichtet wird: »Ihr wißt, *was sich ereignet hat ...:* Jesus von Nazaret, seine Anfänge in Galiläa nach der Verkündigung der Taufe durch Johannes, wie Gott ihn mit dem Heiligen Geist gesalbt hat« usw. (10,37–38). Die Hauptperson dieser Erzählung, Jesus, gehört nicht zur ursprünglichen Erzählung; sie kommt in unseren Text in Gestalt einer Fiktion, da sie nur innerhalb der Rede des Petrus vorkommt. Wenn nämlich in einer Rede eine Geschichte berichtet wird, dann spielt sich diese Geschichte nunmehr auf der Ebene einer Fiktion, einer fiktiven Vorstellung innerhalb einer Rede ab, die dadurch einen Grad mehr textliche Wirklichkeit als diese Geschichte erhält. Wenn nun in dieser erzählten Geschichte eine (somit fiktive) Person wiederum eine Geschichte erzählt, so ist diese letztere Geschichte gleichfalls eine Fiktion. Die genannte Person erhält also als Gestalt der ersten Fiktion einen geringeren Grad Wirklichkeit als die ursprüngliche Rede, jedoch einen höheren Grad als die zweite Fiktion. Das ist hier der Fall.

Denn diese neue Person findet sich wieder in der zweiten Rede des Petrus (in Jerusalem: 11,4–17). Als er den Geist auf Kornelius und die Seinen herabkommen sah, berichtet er, »erinnerte ich mich dieses Wortes des Herrn, der sagte: ›Johannes hat mit Wasser getauft, ihr aber werdet im Heiligen Geist getauft werden.‹« (11,16) Dadurch, daß sein Wort zitiert wird, erhält Jesus, fiktive Gestalt der ersten Rede des

Petrus, die Stellung der Wirklichkeit. Dieses Zitat ist selbst wiederum eine stark komprimierte, aber durchaus erkennbare Geschichte mit zwei zeitlichen Sequenzen, die durch den Gegensatz zwischen einer Vergangenheit und einer Zukunft deutlich markiert sind (hat getauft/werdet getauft werden). Dieser Gegensatz gliedert eine Reihe weiterer Gegensätze: den Gegensatz der Subjekte, markiert (Johannes)/nicht markiert *(x)*; den der Instrumente, markiert (mit Wasser)/nicht markiert *(y)*; den der Objekte, nicht markiert *(z)*/markiert (ihr); den der Orte, nicht markiert *(w)*/markiert (im Heiligen Geist).

Wenn man die beiden Reden des Petrus vergleicht, so erscheint diese »Mikro-Erzählrede« von 11,16 wie der Brennpunkt beider, wenn man sie in Perspektive sieht. Denn sie transponiert und komprimiert eine Sequenz der ersten Rede: 10,37–38. Im Verhältnis zu dieser Erzählrede des Petrus ist sie in metonymischer und metaphorischer Stellung, da sie ihren Sinn konstituiert: Sie ist sowohl ein Teil, der für das Ganze steht (Metonymie), als auch, wenn man so sagen kann, das Ganze des Ganzen auf einer anderen Ebene (Metapher). Genauer gesagt, scheint Petrus erst im nachhinein die metaphorische Bedeutung dieses Zitats zu erfassen: Nach dem Zentralereignis von 10,44–46, dem Herabkommen des Geistes, bringt er den kleinen Satz isoliert und für sich als Zitat, der vorher bereits genannt, aber nicht zitiert, sondern im Fluß der Erzählrede metonymisch angereiht worden war. Das Zitat 11,16 kann erst nachträglich im Mund des Petrus als Zitat Jesu erscheinen, wenn es im Rückblick von ihm als der Schlüssel für den Sinn der ganzen Geschichte begriffen wird.

Der Vergleich und die Korrelation von 10,36–43 und 11,15–17 rechtfertigen diese Bemerkung. Petrus hält bei Kornelius eine lange Rede, die die typischen Sätze der Geschichte Jesu entfaltet, und diese Rede bleibt unvollendet, weil »Petrus noch sprach, als der Heilige Geist auf alle herabkam, die auf sein Wort hörten« (10,44). Diese ganze lange Sequenz ist nun in der Erzählrede von Jerusalem in diesem einfachen Satz zusammengefaßt: »Kaum hatte ich zu reden begonnen, als der Heilige Geist auf sie herabkam, ganz wie auf uns am Anfang.« (11,15) Die neue Rede löscht die erste aus, wie wenn es sich nicht lohnte, sie zu wiederholen oder an sie zu erinnern, weil inzwischen das Zentralereignis geschehen ist. Dafür wird auf Grund dieses Ereignisses aus der ersten Rede die Sequenz 10,37–38 herausgenommen und erhält die Form des Wortes Jesu, auf das sie hinweist, als direktes Zitat, das jetzt

dieses Ereignis erläutern und das spätere Verhalten des Petrus erklären kann (Taufe des Kornelius und Aufenthalt bei ihm: 10,48).
Mit anderen Worten: Die Sequenz 10,37–38 findet sich überdeterminiert im Logion Jesu 11,16 und spielt im Gefüge des gesamten Textes in synchronischer wie in diachronischer Hinsicht eine wesentliche Rolle: synchronisch, insofern dieses Logion bei der Gliederung der Erzählung und der Erzählreden die tiefste Schicht darstellt; diachronisch, insofern es die Schlußfolgerung vorbereitet und in der Abfolge der Sequenzen die glückliche Wendung der Situation in Jerusalem begründet.[6]

c) Die Gliederung der Paare

Der Text, den wir analysieren, gliedert sich um zwei Erzählpaare: eine ursprüngliche Erzählung, die mit Reden gekoppelt ist, die von ihr

---

[6] Es gibt vier Ebenen des Textes, die zu je zweien gegliedert sind: eine erste Geschichte, die vom Autor und dann von ihren eigenen Personen erzählt wird, und eine zweite Geschichte (die Geschichte Jesu), die von einer der Personen der ersten (Petrus) erzählt wird, um dann von ihrer eigenen Hauptgestalt zusammengefaßt zu werden. Diese vier Ebenen nehmen durch Markierungen in ihrem Innern, die dem Text selbst angehören und eine genaue Untersuchung erforderten, aufeinander Bezug. Es geht dabei um die *Indizes des Wortwechsels zwischen Sender und Empfänger.* So heißt es in der Rede des Petrus bei Kornelius im V. 37: *»Ihr wißt,* was sich in ganz Judäa ereignet hat . . .«; im V. 39: *»Und wir sind Zeugen* alles dessen, was er getan hat . . .«; im V. 41 b: ». . . *uns,* die wir mit ihm gegessen und getrunken haben . . .« Das *»Ihr wißt«* bezieht die Rede auf die Empfänger: Es gehört zunächst der phatischen Funktion der Botschaft an (vgl. *R. Jakobson,* Essais de Linguistique générale. Paris 1970), es stellt die Verbindung mit den Hörern her und vergewissert sich ihrer. Aber das gibt der Rede des Petrus in etwa den Charakter einer relativen Überflüssigkeit: Wenn sie es schon wissen, wozu dann die Wiederholung? Es sei denn, sie wüßten wirklich nicht, und Petrus ebensowenig, bevor sich das Zentralereignis abspielt. »Wir« verbindet die Rede mit bestimmten Aussendern innerhalb der Rede, die als erwählte Zeugen und Verkünder definiert werden. Auch hier können wir sehen, daß die Charakterisierung der Aussender der Botschaft in der Botschaft selbst einen Ansatzpunkt für den Sinn liefert, der nicht nur die Botschaft beeinflußt, sondern nebenher eine der Hauptdimensionen des Textes angibt: *»Wir, die wir mit ihm gegessen und getrunken haben«,* das ist gewissermaßen die ursprüngliche Definition des Zeugen. Genügt es in Zukunft zu predigen, um ein wahrer Zeuge zu sein? Es ist immer noch nötig, mit dem anderen zu essen und zu trinken: ein Hinweis auf den großen Gegensatz zwischen Essen und Reden in der Botschaft selbst. Allgemein kann man sagen, daß abgesehen vom Autor, der der allgemeine Berichterstatter ist, Petrus an der Textoberfläche des Textes die vier Ebenen gliedert, die wir unterschieden haben; er ist auf allen vier Ebenen eine Art Hauptzeuge: er erinnert sich an die Worte Jesu, er hört den Bericht von der Vision des Kornelius und erzählt ihn weiter, er erzählt seine eigene Vision, deren Gegenstand er ist, und er verfaßt den Bericht über das Zentralereignis und zieht daraus die Lehre.

handeln; sodann innerhalb dieses Blocks eine zweite Einheit, die aus einer Erzählrede über das Leben Jesu besteht, die mit einer Mikroerzählung Jesu (er wird selbst in direktem Zitat angeführt) gekoppelt ist. Zwischen den Elementen dieser Paare spielen sich Verschiebungen, Verdichtungen und Überdeterminationen ab: weder geben die Erzählreden die ursprüngliche Erzählung treu wider noch die Mikroerzählung Jesu die Rede des Petrus. Diese Unterschiede zwischen den beiden Polen jedes Paares erzeugen ebenso wie die Unterschiede zwischen den Paaren selbst Sinnenergien, obwohl der Sinn auf dieser Ebene keine anderen Richtungen als die vorher bereits festgestellten »einschlägt«.

Das erste Paar hat die Aufgabe, in der von uns herausgestellten Asymmetrie wieder eine Symmetrie zu schaffen: Die »Mängel« des Kornelius (seine wiederholten Bitten) werden unterstrichen, um die Mängel des Petrus (Hunger, Unwissenheit) zu entwerten und seine »Reichtümer« herauszustellen: das Wort der Wahrheit und des Heils.

Dann kommt das zweite Paar: Dieses Wort ist die typische Rede über das Leben Jesu. Damit diese Rede zu ihrem Sinn findet, muß sie mit einer wesentlichen Überdetermination wiederholt werden, die den größten Teil der Rede bedeutungslos macht. Man könnte geradezu sagen, daß Petrus das Wort der Wahrheit verlieren muß, um es wiederzufinden. Das kommt auf dasselbe hinaus, wie wenn man sagt, daß sein »Reichtum«, der Besitz dieses Wortes als typischen Wortes, im Grund ein »Mangel« ist, da erst ein zweites, von dieser Rede des Petrus losgelöstes Wort alles zusammenrafft und zugleich der ganzen Geschichte ihren Sinn verleiht, indem dieses Wort sogar auf den Sinn des ersten Paares zurückwirkt.

Aber Petrus kann das Wort, das er besitzt und ausspricht, nur dann verlieren, wenn irgend etwas diesen Verlust verursacht: wenn »man« ihm im wahrsten Sinn des Wortes das Wort *abschneidet*. Und genau das ist das Zentralereignis in der Erzählung: »Petrus sprach noch, als der Geist...« (10,44); und genau so versteht es Petrus auch bei der diskursiven Wiederholung, die er davon gibt und die seine Rede außer Kraft setzt: »Kaum hatte ich zu reden begonnen...« (11,15).

Eben weil ihm das Wort »brutal« abgewürgt wurde, darum erscheint nachträglich im Wort das kurze Logion Jesu, ein von seiner Rede losgelöstes Wort, das sie komprimiert und überdeterminiert, das die Wahrheit und den Brennpunkt dieser Rede ausmacht und sich zu-

gleich im Fluchtpunkt der Energie des durch das erste Erzählungspaar erzeugten Sinns befindet.
Von jetzt an ist diese Unterbrechung des Wortes, die in einem ganz anderen Wort ihre Erfüllung – freilich nachträglich – findet, für uns das Anzeichen einer bedeutsamen und noch tieferen Gestaltung in der Erzählung.

II. Tiefenstruktur der Erzählung

Die Analyse der Gestaltung der Erzählung in ihrer Tiefe kann nach zwei Richtungen hin erfolgen, die, wie uns scheint, keine Ausschließlichkeit beanspruchen. Zum einen kann man die Sequenzen und Untersequenzen im Text abteilen und auf ihnen paradigmatische Reihen aufbauen, und zum anderen kann man den Text nacheinander in seine Syntagmata gliedern.

1. Der Archetypus: Das Leben Jesu

Wir wollen in der ersten Richtung, die mit der Entgegensetzung der Erzählpaare bei synchronischer Betrachtung anfängt, nicht sehr weit gehen. Man stellt hierbei fest, daß die Geschichte Jesu, die in dem von ihr überdeterminierten Zitat zusammengefaßt ist, das Modell und den Archetypus der Geschichte des Petrus und des Kornelius darstellt, die in den Erzählreden wiederholt wird, und daß letztere eine komplexe Umformung der ersteren an der Textoberfläche darstellt. Daraufhin muß die Analyse entschlossen den Text verlassen, um über jedem Element, das wir herauskristallisieren, eine komplexe paradigmatische Reihe zu errichten, die aus den Evangelien oder der Apostelgeschichte und aus allem, was sich auf das Leben Jesu bezieht, genommen ist, und zwar nach dem Modell, das der Text anbietet, nämlich einem Codierungsschema auf zwei Ebenen, wie es in seiner Oberfläche zutagetritt.

a) Bei Mattäus und Lukas
Man könnte zum Beispiel über der ersten großen Einheit 10,1–33 als segmentielles »Paradigma« Mt 8,5–13 und Lk 7,2–10 aufbauen, zwei Stellen, bei denen ein Zenturio des gleichen »Typs« wie Kornelius vorkommt. Der Text des Lukas und der unsere weisen Ähnlichkeiten auf

(Lk 7,4–5: gleicher räumlicher Abstand, gleiche Trennung und Nähe in der Ordnung des Geistes), aber auch nicht weniger bezeichnende Gegensätze. Lukas legt den Nachdruck auf die »Mängel« des Zenturios (kranker Diener, Gefühl der persönlichen Unwürdigkeit) und auf die beibehaltene, wenn auch verringerte Distanz zwischen Jesus, der zum Haus des Zenturios geht, und diesem, der Jesus am Eintreten hindert (Lk 7,6 = Mt 8,7) und so zeigt, daß die körperliche Anwesenheit Jesu durch sein wirksames Wort ersetzt werden kann und soll (Lk 7,7 = Mt 8,8). In der Apostelgeschichte wird die räumliche Distanz zunächst verringert und dann durch die Anwesenheit des Petrus unter dem Dach des Kornelius ganz aufgehoben; aber als eine Art Ausgleich wird die *Macht* des Wortes des Petrus vermindert, zumal Kornelius genaugenommen nichts von ihm zu erbitten hat. Bei Mattäus wird diese Distanz, die das wirksame Wort Jesu überwindet, *metaphorisch* getilgt, und zwar genau in der Dimension, die in unserem Text nicht mehr metaphorisch, sondern wirklich ist: durch das Gastmahl, denn »viele werden vom Aufgang und vom Untergang kommen« – viele Unreine und Unbeschnittene –, »um mit Abraham... beim Mahl im Himmelreich Platz zu nehmen« (Mt 8,11). Für den einen wie für den anderen Evangelisten geschieht die Übertretung der gesetzlichen Verbote durch die Stimme über eine Distanz im physikalischen Raum hinweg und durch die Metapher im Raum des Sinns. (Die Metapher fungiert als Überbrückung der Distanz zwischen zwei sprachlichen Reihen [7].) Dieses Auseinanderklaffen zwischen dem Kontakt als Gegenwart und der Stimme als Distanz könnte sogar in erster Annäherung eine Definition des Glaubens darstellen (vgl. Mt 8,10 = Lk 7,9): Wenn man das Wort an die Stelle der Gegenwart setzt,

---

[7] Die Vision des Petrus in *Apg 10,11–16* ist gleichfalls eine Metapher der »wirklichen« künftigen Situation (des Besuchs und der gastlichen Aufnahme des Petrus bei Kornelius). Aber einerseits ist die Übertragung im Text der *Apostelgeschichte* weniger bedeutsam als bei *Mattäus* (Jesus kehrt nicht beim Zenturio ein / Petrus ißt und trinkt beim Zenturio). In der Vision handelt es sich wie in der Wirklichkeit um ein Mahl, um eine gastliche Aufnahme, während es sich beim Wort Jesu *(Mt)* um eine Art Allegorie oder ein relativ stereotypes Bild handelt, das eine unerhörte, »utopische« Situation ausdrückt. Andererseits ist das Mahl, das die Vision dem Petrus vor Augen stellt, wenn man so will, die *Umkehrung* des Mahles mit Abraham, Isaak und Jakob: Es geht darum, befleckte Tiere zu essen, das Unreine zu essen und darauf zu warten, mit Unreinen zu essen. Bei *Mt* handelt es sich darum, sich von den Unreinen fernzuhalten (die man durch das wirksame Wort erreicht), und darauf zu warten, daß die Unreinen kämen, um mit Abraham, Isaak und Jakob zu essen. Trotz ihrer Ähnlichkeiten sind die beiden Texte einander entgegengesetzt.

dann läßt der Glaube das Wort eine Quasigegenwart werden, die die ganze Wirksamkeit des anderen hat.

b) In der Apostelgeschichte

Vor der Episode des Petrus bei Kornelius kommt die Heilung eines Gelähmten in Lod (9,32–35) und die Auferweckung einer Frau in Jafo (9,36–42). Während es nun bei Mt und Lk eine Verknüpfung von Wunder und Sinn gibt – Jesus gibt nämlich dem Zeichen-Wunder die Erfüllung selbst und damit den Sinn –, stellen wir hier ein Auseinanderfallen der Wunder (Apg 9) und der Visionen (Apg 10–11) fest, wobei die letzteren Zeichen und Ursprung von Aufträgen, Befehlen und Aufforderungen sind (»Laß ... kommen; opfere und iß ...; geh mit ihnen!«). Diese Feststellung legt eine Hypothese nahe: Die Reihe der Episoden, die von 9,32 bis 11,18 aufeinanderfolgen (Wunder/Visionen/Begegnungen) scheint in die Diachronie der Elemente auszufächern, was die Evangelienberichte vom Zenturio und von Jesus in eine synchronische Einheit zusammenfaßten. Die fragliche Reihe scheint so etwas wie ein verdolmetschender und erklärender Kommentar der Evangelienberichte zu sein. Durch die Unterscheidung des Moments der Visionen und der Aufträge (Apg 10,1 ff) und der Erfüllung ihres Sinns (10,21 ff) als zweier nacheinanderliegender zeitlicher Momente eröffnet unser Text von neuem eine zeitliche Distanz im Innern des wirksamen Wortes selbst und entfaltet ebendort in der Zeit, was der Evangelienbericht in einem einzigen Moment darbot. Man könnte sogar meinen, daß der Moment der Visionen eine logische Vermittlung darstellt, die Vermittlung des Wortes auf der Suche nach seiner Wirksamkeit (der Engel ist wohl da, aber er beschränkt sich darauf zu reden), durch die man von der wirksamen Gegenwart (Heilung und Auferweckung durch Petrus) zum wirksamen Wort (Predigt des Petrus: 10,34 ff) und zu seiner Wirksamkeit (Gabe des Geistes: 10,44 ff) gelangt.[8]

---

[8] Die aufeinanderfolgende Gliederung der beiden Paare ist das Anzeichen dieser Entwicklung in Diachronie. Denn das erste »Modell« des Textes kann bei der Gleichsetzung von

E 1 = Urerzählung,
r 1 E 1 = Erzählrede von der Urerzählung,
r 2 E 2 = Erzählrede vom Leben Jesu,
r 3 E 2 = in der Rede erwähntes Zitat Jesu

folgendermaßen formalisiert werden:

2. *Die Bedeutungsebenen*

Der zweite Weg der Analyse besteht in der Suche nach den Gliederungen des Textes. Ohne Anspruch auf Vollständigkeit zu erheben (Kann die strukturale Analyse überhaupt vollständig sein, vor allem im Fall eines biblischen Textes?), wollen wir einigen besonders bezeichnenden Korrelationen nachgehen, die die Ansätze zu einem textlichen »Code« liefern und eine operationelle Ebene für die Decodierung dieser geschriebenen Botschaft, die der Text darstellt, bilden können.

a) Der topographische Code

Diese Ebene der Codierung (der Prozeß der Bildung eines Codes) hat ihren Ausgangspunkt bei der Verknüpfung unseres Textes (10,1: »Es war in Cäsarea ...«) mit der vorhergehenden Episode (9,43: »Petrus blieb in Jafo ...«) in einer topographischen Gliederung des Raumes im Text – der zugleich der Raum des Textes ist. Wir haben zwei »Ausgangs«-Pole des Textes in seinem Raum: Jafo in Judäa, wo sich Petrus aufhält, und Cäsarea in Samarien, wo Kornelius ist; wir haben einen »Ankunfts«-Pol: Jerusalem, wo die Gemeinde der beschnittenen Christen versammelt ist. Das ist eine bezeichnende Asymmetrie, insofern sie ein wichtiges Schema des Textes aufdeckt: seine Tendenz, im Verlauf der aufeinanderfolgenden narrativen Episoden einen topographischen Abstand, ein Auseinander im Bereich der geographischen (provinziellen, kulturellen, kultischen und sozialen) Ausdehnung in einen einzigen Knoten- und Sammelpunkt zu reduzieren und zugleich diese Reduktion zu verlegen, da ja der Ankunftspunkt Jerusalem nicht ganz zum gleichen »natürlichen« und kulturellen Raum wie

---

$$\frac{E\,1}{r\,1\,E\,1} \simeq \frac{r\,2\,E\,2}{r\,3\,E\,2}$$

Wenn wir jetzt die Indizes der Wiederholung der Vision des Kornelius *A 1*, *A 2* und *A 3* nennen und den der Vision des Petrus *B 1*, dann kann dasselbe »Modell« diachronisch in der folgenden Formel gelesen werden, wo man feststellt, daß auf die aufeinanderfolgenden Ausdrücke *r 1 E 1* zuerst *r 2 E 2* und dann *r 3 E 2* folgt, während *E 1* das Ganze umschließt:

E 1 [[A 1 (r 1 E 1)] [A 2 (r 1 E 1) (r 2 E 2)]]
[[B 1 (r 1 E 1) A 3 (r 1 E 1)] [r 1 E 1. r 3 E 2]]

Jafo und Samarien gehört[9]. (Daher kommt vielleicht die stereotype Formel 11,2: »Als nun Petrus nach Jerusalem hinaufzog«.)

In diesem topographischen oder kartographischen Rahmen bilden zwei zusätzliche Dimensionen einen Inhalt, einen Raum: Die Oberfläche oder Ausdehnung, die nach den Kategorien des Auseinander und der Verknüpfung oder des Profanen und des Sakralen oder des Ausländers und des Juden (Samarien/Judäa//Jerusalem) eingeteilt ist, vertieft und entwickelt sich nach den Verhältnissen von Oben und Unten und von Außen und Innen.

(Oben und Unten.) Zur absteigenden (»katabatischen«) Dimension gehören die Bewegungen des Gegenstandes, der vom Himmel zur Erde herabkommt (10,11), der Auftrag, hinunterzugehen, der Petrus vom Geist erteilt wird (10,20), das Niederfallen des Kornelius zu Füßen des Petrus (10,25) und die Herabkunft des Geistes auf die, welche Petrus zuhören (10,44).[10] Zur aufsteigenden (»anabatischen«) Dimension zählen das Aufsteigen der Gebete und Almosen des Kornelius vor Gott (10,4), das Hinaufgehen des Petrus auf die Terrasse zum Gebet (10,9), das Aufhängen Jesu am Galgen (10,39) und das Hinaufziehen des Petrus nach Jerusalem (11,2). Wo diese beiden Orientierungen im Text vorkommen, ist also bezeichnend. Die Abwärtsbewegung (Katabasis), deren Typus die Herabkunft des Geistes ist, macht die transzendente Macht in ihrem Schwergewicht und in ihrem Erscheinen inmitten der menschlichen Welt deutlich; die Aufwärtsbewegung (Anabasis), deren typisches Beispiel das Gedenken des Kornelius vor Gott ist, zeigt die Bitte des Menschen und die Fürsprache bei Gott.

(Außen und Innen.) Diese topographischen Beziehungen, die sich in einem offenen Raum, einer Weite ausfalten, erhalten durch die Dimension des Außen und Innen eine Dichte. Diese Dimension verfeinert und präzisiert die *Gerichtetheit* dieser Geographie, die die dem Text

---

[9] Ich übergehe die verschiedenen Öffnungen des Textes, die diese beginnende Decodierung hervorrufen kann, wie zum Beispiel eine Untersuchung über seine (topographische, kulturelle, religiöse, historische) Lage, die von der Samariens oder Judäas im Evangelium abweicht: Gleichnis vom Guten Samariter, Lk 10,29–37 mit der Gegenüberstellung Priester / Levit // Samariter; der dankbare Samariter, Lk 17,11–19, mit der Gegenüberstellung Jerusalem // Samarien / Galiläa; der auch Lk 9,51–56: Gegenüberstellung Jerusalem / Samarien. Das Gesamt dieser Entgegensetzung findet sich orchestriert in Joh 4,42 oder in der Bibel überhaupt. Dasselbe gilt für die »Gottesfürchtigen«.

[10] Hier ließe sich noch 10,10 anfügen, das Fallen des Petrus in Ekstase bzw. wörtlicher: »Die Ekstase fiel auf ihn.«

zugrundeliegende *statische* Struktur ausmacht. Außen und Innen werden nämlich nur durch die Bewegungen des Hinein- und Hinausgehens an Orten, die sich entsprechend öffnen und schließen, erfaßt: Der Engel tritt bei Kornelius ein (10,2), die Bediensteten machen sich auf den Weg nach Jafo (10,9), Petrus läßt sie zu sich hereinkommen und gewährt ihnen Gastfreundschaft (10,23), er reist seinerseits nach Cäsarea, kommt dort an und tritt bei Kornelius ein (10,23–25) – trotz des Widerstrebens des Juden, sich einem Ausländer zu nähern (10,28) – und bezieht bei ihm Quartier (10,48). Im umgekehrten Sinn ist nur ein wirkliches Hinausgehen ausdrücklich vermerkt, das des Engels (10,7). (Kornelius verläßt sein Haus nur, um mit Petrus dorthin zurückzukehren: 10,23) Es gibt freilich noch einen anderen Aufbruch, aber er ist als aufsteigende Bewegung der Fürbitte, des menschlichen Eintretens bei Gott und dem göttlichen Gesetz verzeichnet: die Abreise des Petrus von Cäsarea nach Jerusalem, die als ein »Hinaufziehen« geschildert wird (11,2).

b) Die zentripetale Bewegung

Entsprechend der Asymmetrie auf topographischem Gebiet zeigt sich jetzt eine neue Asymmetrie im Bereich der Dimensionen: Dem doppelten Ausgangs- und einzigen Ankunftspunkt entsprechen die doppelte ab- und aufsteigende Dimension und die einzige Gerichtetheit nach innen, auf eine Aufnahme, eine Integration hin, oder, um mit unserem Text zu sprechen, auf die Bildung einer *Gastfreundschaft* hin: Aufnahme eines Außen in einem Innen. Ebenso wie bei der Erzählung von der Begegnung des Petrus mit Kornelius am Anfang der eine Ausgangspol, Cäsarea, der Ort des Geschehens, die führende Rolle spielt, während am Ende der Erzählung Jerusalem der Ort der Institutionalisierung wird (vgl. 11,18); ebenso stellen wir die ganze Erzählung hindurch fest, daß die absteigende Dimension dominiert. Nur scheinbar wird die Abwärtsbewegung durch die umgekehrte Bewegung veranlaßt: Der Gegenstand kommt nicht deshalb vom Himmel zu Petrus herab, weil dieser auf die Terrasse hinaufgestiegen ist, um zu beten (zuerst ist die Ekstase »auf ihn herabgekommen«: 10,10); keine aufsteigende Bewegung geht der Herabkunft des Geistes vorauf oder erklärt sie. Die absteigenden Einbrüche der Transzendenz und ihre Anweisungen sind ursprünglich und dominierend, wie es die Wege der Begegnung des Menschen im horizontalen Raum sind, die Wege der Verbindung, der Vereinigung, der Gastfreundlichkeit. Der topologische Code des untersuchten Textes folgt im allgemeinen dieser Regel: Jede absteigende göttliche Bewegung steht am Anfang einer zentripetalen menschlichen Bewegung, eines Aufbruchs zu einer gastlichen Aufnahme.

Wenn wir den Ausgangspunkt der Bewegungen zu Beginn der Erzählung und ihren Ankunftspunkt am Ende aufmerksam untersuchen, können wir diese Regel verifizieren.

Ganz zu Beginn stellen wir eine bezeichnende Ausnahme fest: Es heißt nicht, daß der Engel vom Himmel auf die Erde herabstieg, sondern, daß er von außen ins Innere des Hauses »eintritt« (10,3); das Transzendente ist somit als der Prototyp der zentripetalen Bewegungen des Menschen dargestellt *(Schema I)*.

Unmittelbar danach wird der Akzent auf das »Aufsteigen« der Gebete und Almosen des Kornelius zu Gott gelegt, so daß sie den Besuch des Engels zu erklären scheinen (10,4); hier ist also im Gegensatz zur allgemeinen Dynamik des Textes eine menschliche Aufwärtsbewegung am Ursprung einer zentripetalen Bewegung Gottes, »der sich deiner erinnert hat« *(Schema II)*.

Aber die letzte Sequenz zeigt trotz ihrer Zugehörigkeit zu einer didaktischen und verallgemeinernden (»abstrakten«) Ebene der Rede, daß der Zielpunkt all dieser Bewegungen eine zentripetale Bewegung des Menschen zu Gott hin ist, der das Innere und das Leben der Gemeinschaft der Glaubenden ist: »So hat Gott also auch den Heiden die Reue verliehen, die zum Leben führt.« (11,18) Diese Endsequenz konjugiert und transponiert metaphorisch die zwei großen Bewegungen in der didaktischen Rede, die die Ausdehnung des Textes gliedern und ihre Dynamik ausmachen, die innere Umkehr (μετάνοιαν) und das Hinüber zu... (εἰς ζωήν), zwei Bewegungen, deren Ursprung und Ziel Gott ist *(Schema III)*.

In einem Sinn (denn es handelt sich einfach um den räumlichen und dynamischen Code) strebt also die ganze Erzählung danach, das erste Schema durch die Vermittlung des zweiten ins dritte umzuwandeln. Wenn man eine »philosophische« Übersetzung dieser dynamischen Umformung wagen darf, kann man sagen, daß das Endschema eine Transzendenz in der Immanenz und eine Zurückführung der Äußerlichkeit in eine Innerlichkeit in Gott erscheinen läßt.

SCHEMA I

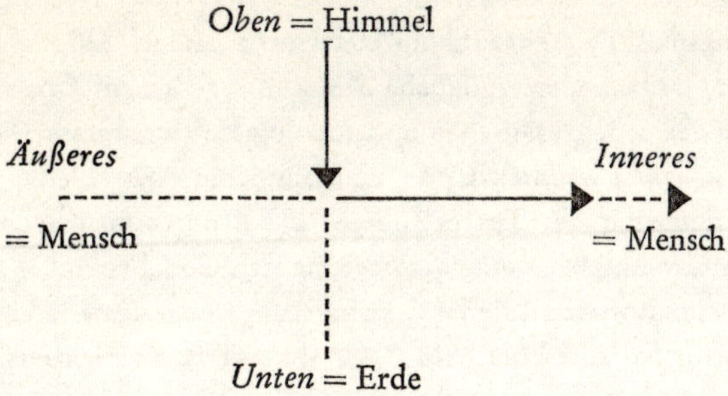

SCHEMA II

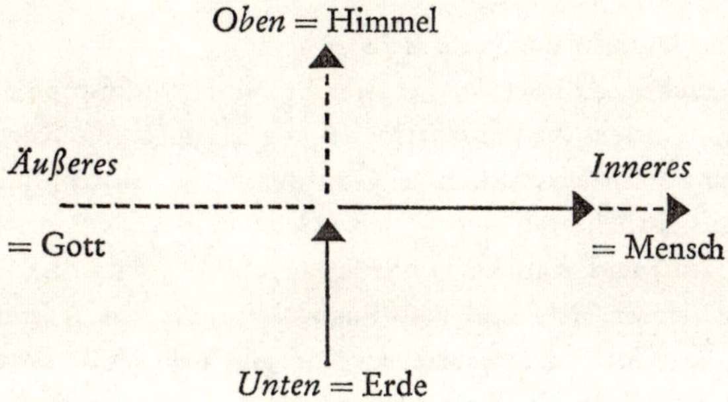

SCHEMA III[11]

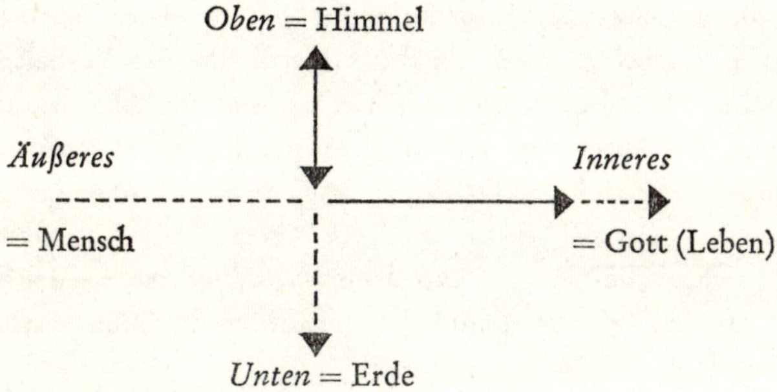

[11] Der senkrechte Doppelpfeil, der zugleich nach oben und nach unten weist, bedeutet zum einen die Reue (Rückkehr des Menschen zu Gott oder Aufwärtsbewegung) und zum anderen, daß die Reue von Gott geschenkt wird (Abwärtsbewegung). Die waagrechte Linie geht wie im Schema I und im Gegensatz zum Schema II vom Menschen und von außen aus, aber wie in den Schemata I und II zielte sie auf das Innen. Dieses ist freilich nicht mehr menschlich, sondern göttlich.

3. Die Kreisläufe des Austauschs

Der Ausgangspunkt der Erzählung bietet noch andere Möglichkeiten der Analyse, d. h. andere mögliche Sinne, die zu einem Übersteigen der Analyse des topographischen und topologisch-dynamischen Codes des Textes in einen anderen Code, einen anderen Ansatz einer statischen Codifizierung des Textes führen, die den Austausch und die Kommunikation angibt. Von einem bestimmten Gesichtswinkel aus ist dieser Text eine Botschaft, deren Codifizierungsebene seine Kommunikationsstruktur ist, eine Botschaft, die in ihren Tiefen reflektiert wird, die, genauer gesagt, in sich selbst ihre Möglichkeitsbedingungen reflektiert.

a) Ansatz und Umkehr des Austauschs

Wir haben gesehen, daß der Ausgangspunkt des Textes in topologisch-dynamischer Hinsicht die Aufwärtsbewegung ist, durch die Kornelius, vielleicht ohne es zu wissen, sich bei Gott durch seine Bitten und seine Almosen ein geistliches »Kapital«, ein »Gedenken« (das von der Erzählung genannt und vom Engel wieder angeführt wird: 10,2 und 4) schafft. Das ist die erste und ursprünglichste Form des Austauschs: Kornelius trägt Gott seine Gebete vor und gibt dem Volk Gottes etwas, wofür sich Gott als Gegengabe seiner erinnert und ihm seinen Engel zu Besuch sendet, dem Kornelius Gastfreundschaft gewährt (10,3). Bei der Gabe des Kornelius haben wir, wie es der Text zweimal tut, zu unterscheiden zwischen den Gebeten, die das Verhältnis des heidnischen Menschen zu Gott ausdrücken, und den Almosen, die die Beziehung des Ausländers und Unreinen zum jüdischen Volk darstellen. Diese zwei Arten von Gaben, die im Gedenken vereint sind, scheinen am Ursprung der beiden Arten von Austausch und Kommunikation zu stehen, die sich im Zentralereignis verflechten werden (10,44 bis 46), um dann bis zum Ende der untersuchten Erzählung verbunden zu bleiben.

Der Besuch des Engels ist die Gegengabe Gottes an Kornelius. Welchen Inhalt hat diese Gabe? Sie ist eine Forderung, und zwar besonderer Art: Gott gibt ihm einen Auftrag, nämlich einen Juden in sein Haus einzuladen (10,5); er fordert ihn nicht einfach auf, Petrus zu empfangen, sondern Petrus zu bitten, sich von ihm empfangen zu lassen, die Gabe der Gastfreundschaft anzunehmen. Kornelius macht also Petrus ein echtes Geschenk, indem er ihm die Gastfreundschaft anbietet; Pe-

trus dagegen macht Kornelius ein Geschenk, wenn er sie annimmt. Das ist der paradoxe Charakter des Kreislaufs des Austauschs, der sich von Anfang an in der Umkehrung entwickelt: Die Gabe Gottes (der Besuch des Engels) besteht für Kornelius in der Forderung einer Gabe, in einer Bitte, nicht zu geben, sondern zu bitten; Kornelius wird von Petrus etwas erhalten, wenn er ihm etwas gibt; und Petrus, der auch eine Forderung von seiten Gottes zum Geschenk erhält, wird Kornelius etwas geben, wenn er von ihm etwas entgegennimmt.
Der Kreis des Austauschs, der durch eine Ablehnung der Gastfreundschaft seitens des Petrus hätte unterbrochen werden können, wird nämlich durch die Anweisung des Geistes, die Bediensteten des Kornelius zu empfangen (10,20), wieder in Bewegung gebracht; und durch die Gewährung der Gastfreundschaft (10,23 a) nimmt Petrus schon im voraus die Gastfreundschaft des Kornelius an. Das Geschenk, das er macht, ist in Wirklichkeit Entgegennahme und Aufnahme, ebenso wie umgekehrt im ersten Kreislauf des Austauschs die Entgegennahmen Gaben sind.

b) Verschiebung der Ebene des Austauschs

Der paradoxe Charakter dieses Kreislaufs ist die Folge eines ersten und grundlegenden Gegensatzes zwischen dem unreinen Ausländer und dem jüdischen Volk. Kornelius hatte diesem Volk viele Geschenke gemacht, aber sie hatten ihrerseits keinen Austausch und keine Kommunikation bewirkt.
Vor Gott aber führt diese Gabe zu einer Gegengabe, dem Besuch des Engels bei Kornelius. Aber dieser Besuch löst erst den Kreislauf des Austauschs aus, indem er Kornelius veranlaßt, Petrus einzuladen. Umgekehrt ist ein Eingreifen des Geistes bei Petrus nötig, damit dieser die Abgesandten des Kornelius aufnimmt und anschließend mit ihnen weggeht (10,20 und 23). Aber er empfängt sie als Abgesandte des Geistes und nicht des Kornelius (10,20 b: »Denn ich habe sie gesandt«). Diese Ausflucht gibt der Gastfreundschaft ein zweideutiges Gesicht: Er entfernt sich nicht von den Verboten des Gesetzes, obwohl er die Einladung des Heiden annimmt.
Die Gastfreundschaft, die Kornelius ihm gewährt, ist die Gegengabe zu der Gastfreundschaft, die Petrus seinen Bediensteten gewährt hatte. Aber Petrus unterstreicht (zweimal: 10,28–29. 34–35), daß seine Annahme eine Gnade ist, die er gewährt: ein neuer Beweis dafür, daß der

(reflexe, ausdrückliche) Sinn der Verhaltensweisen von Anfang an genau anders herum ist als ihre wirkliche Orientierung. Die Gabe, die er Kornelius und seiner Familie als Erwiderung der Gastfreundschaft gewährt, ist seine Predigt: die Erzählrede vom Leben Jesu (10, 36 ff).

Diese letzte Gegengabe verschiebt jedoch nunmehr völlig die Ebene des Austauschs. An die Stelle des Austauschs von Diensten – Empfang, Gastfreundschaft –, die im wesentlichen in Ernährung und Beherbergung bestehen, setzt Petrus die Gabe einer sprachlichen Botschaft. Die existentielle Ebene des ersten Austauschs, der langsam vor sich geht (so dauern die Reisen mehrere Tage: 10,23–24) verwandelt sich in die schnelle sprachliche Ebene der Übermittlung einer Botschaft. Petrus »verlagert«, sozusagen im analytischen Sinn des Ausdrucks, den Sinn des Austauschs; er entwickelt eine derartige Aktivität in der *Ersatzhandlung,* daß trotz der verbalen Aufkündigung der Verbote (10,28 b) keine Übertretung der Tabus zustandekommt, da Petrus konkret die Gastfreundschaft des Kornelius erst nach seiner Taufe annimmt (10, 48 b: »Dann baten sie ihn, zu bleiben ...«).

Es ist wichtig, an den Anfang dieser ersatzweisen Verschiebung die Vision des Petrus zu setzen. Seine dreimal wiederholte (10,14–16) Ablehnung, unreine Nahrung zu essen, erklärt im Raum der Metapher des Traums und der Mystik den gleitenden Übergang des Austauschskreises von der existentiellen zur sprachlichen Ebene. Die *metaphorische* Weigerung des Petrus, Unreines zu essen (transitive Bedeutung des Verbs), bedeutet die *wirkliche* Weigerung des Petrus, mit dem Unreinen zu essen (intransitive Bedeutung). Deshalb bleibt seine Annahme der Gastfreundschaft des Kornelius auf der Ebene der Sprache, des *verbalen* Austauschs und verdeckt die tieferliegende Ablehnung des wahren Empfangs, der in der *oralen* (*os:* Mund) Annahme, in der Tischgemeinschaft begründet ist: Die *Verbalität* der Botschaft ist die versteckte Verweigerung der *Oralität* des Empfangs. Die von Petrus übermittelte Botschaft, die genau sagte, daß Gott als Zeugen Christi die gewählt hat, *»die mit ihm gegessen und getrunken haben«* (10,41), zeigte jedoch an, wie weit die wahre Annahme gehen muß. Aber Petrus bleibt gegenüber dieser Angabe blind, wie er gegenüber der Anweisung der Himmelsstimme taub gelieben war.

Die bewußte Umkehrung der Orientierung der Verhaltensweisen des Austauschs verändert ebenso wie die verbale Übertragung der tiefen

Wirklichkeit des Austauschs von Diensten den Kreis des Austauschs radikal; genauer gesagt, dieser beschränkt sich darauf, nach außen hin das Verhältnis des unreinen Ausländers zum jüdischen Volk zu artikulieren. Von den beiden Aufrufen zur Tischgemeinschaft, von denen der eine immanent (Kommen des Engels zu Kornelius) und der andere transzendent ist (Vision des Petrus), wird der eine abgelenkt, während der andere metaphorisch abgelehnt und in der Wirklichkeit auf die andere Seite der Stellung des Kornelius hinübergedreht wird: auf das Verhältnis des Heiden zu Gott.

c) Wiederaufnahme des Austauschkreises

Die Herabkunft des Geistes weist diesen abgelenkten, verschobenen und ersetzten Kreis wieder in die rechte Bahn; das Zentralereignis (10,44) gliedert die beiden Kreisläufe: Heide/Gott – unreiner Ausländer/jüdisches Volk. Es ist eine Gabe ohne vorherige Gegengabe, es »verursacht« eine Etappe des Kreislaufs außerhalb des Kreislaufs und zeichnet dabei dessen Ende voraus. Die Taufe des Kornelius und der Seinen ist die wahre Gabe des Petrus an die Familie, die ihn aufnimmt, die Konsequenz und die Wahrheit seiner Predigtrede und zugleich das, freilich *retrospektive,* Zeichen der Gabe des Geistes. Dann beginnt der Austauschkreis von neuem, wenn Petrus die Gastfreundschaft des Kornelius annimmt.

Wenn die Herabkunft des Geistes dem begonnenen Austausch seine Wahrheit und Fülle wiedergibt, dann unter der Bedingung, daß sie nicht von den beiden anderen Elementen getrennt wird, die mit ihr in der zentralen Sequenz verbunden sind: Taufe und volle Gastfreundschaft. Der transzendente Geist gewährt den Heiden dieselbe Gabe wie denen, die mit Jesus gegessen und getrunken hatten (10,45; 11,17), eine Gabe, die sich als Gabe von Wort und Gotteslob bezeichnet (10, 46). Petrus gibt den Heiden nachträglich das echte Zeichen dieser Gabe, das im Namen des Herrn Jesus vergossene Wasser (10,47).

Aber die so gebildete neue Gemeinschaft kommt erst zur wirklichen Existenz, wenn Petrus sich der Metapher der Vision bewußt wird: indem er die Gastfreundschaft annimmt und bis zum Teilen der Nahrung fortführt. Der Austauschkreis ist nun wieder in Gang. Er wurde durch das transzendente Eingreifen des Geistes und sein retrospektives Zeichen, eine doppelte Handlung, die den Unreinen und Ausländer als solchen tilgt, wieder in Gang gebracht. Die Gesamtheit dieser Bewegung wird am Ende der untersuchten Erzählung, in der Erklärung der beschnittenen Christen von Jerusalem verallgemeinert und thematisch gemacht: »So hat also Gott auch den Heiden die Reue gewährt, die zum Leben führt.« (11,18)

Diese Analyse hat also ein besonders wirksames »Modell« eines doppelten Austauschkreises zutage gefördert:
Kreis A: I. Kornelius → Gott (Gedenken) → II. Kornelius (Gabe des Geistes) → Gott (vgl. 11,18) → III. Heiden.
Kreis B: I. Kornelius → Juden (Almosen) → Petrus → II. Kornelius (Diener) → Petrus (Empfang) → III. Kornelius (Taufe) → Petrus (Gastfreundschaft).
Die beiden Kreise artikulieren sich über den ganzen Text hin, aber ganz besonders an einigen wichtigen Stellen:
1. Das Kommen des Engels, eine Folge des »Gedenkens« Gottes, und der Auftrag an Kornelius, Petrus kommen zu lassen;
2. die Vision des Petrus, der metaphorische (abgelehnte) Ansatz des wahren Austauschkreises, und die Anweisung, zu Kornelius zu gehen, der wirkliche (angenommene) Ansatz des abgelenkten Austauschkreises;
3. die Predigt des Petrus, ein abgelenktes Moment des Kreises, das seine Wahrheit erst durch den Einbruch des Geistes, ein Ereignis, das zwar auf die Predigt, aber nicht aus ihr folgt, und durch die Taufe des Kornelius, die die Anerkennung, aber nicht die Wirkursache des vorausgegangenen Wirksamen war, findet. Ebenso wie die Taufe das spätere Zeichen ist, das die Gabe des Geistes, die sie ermöglicht hat, »gültig macht«, so ist sie auch, wenngleich umgekehrt, das vorhergehende Zeichen, das die wahre Gastfreundschaft, die gewährt und angenommen wird, ermöglicht; aber diese macht sie erst gültig.

Schluß

Das Problem, das dem Text zugrunde liegt und vielleicht ein Grundproblem der Apostelgeschichte überhaupt darstellt, besteht darin, zwei Zielrichtungen zu gliedern und ineinander zu integrieren: die *Verbalität* und die *Oralität*, das *Sprechen* und das *Essen*, zwei auf geheimnisvolle Weise vereinigte Zielrichtungen, wenn Jesus sein Wort als Fleisch und Blut zum Genuß darbietet und sich als lebendiges, d. h. fleischliches Wort verzehren läßt.

Die Apostelgeschichte wertet diese schwierige Einheit kaum aus: Die Funktionen des gemeinsamen Tisches sind denen der Predigtrede untergeordnet (6,2–4). Man kann sich auch hinsichtlich der Wirklichkeit des eucharistischen Mahls fragen (das »Brotbrechen«: 2,42): Ist das eine Verdrängung der Funktionen der Oralität, an deren Stelle jene der Verbalität gesetzt werden? In jedem Fall lassen sich die ersteren nicht unterdrücken: Die Gabe des Geistes zu Pfingsten wird als »Trunkenheit« aufgefaßt (2,13–15). Wie die Bekehrung des Saul sich als eine Unterbrechung im Trinken und Essen zeigt (9,9), so ist der privilegierte Zeuge Christi der, der »mit ihm gegessen und getrunken hat« (10,41).

Die Reise des Petrus von Jafo nach Cäsarea und nach Jerusalem, vom Haus des Gerbers Simon zu dem des Zenturio Kornelius, von einem Tisch zum anderen, d. h. von einer Gemeinschaft zur anderen, von existierenden geschlossenen Gemeinden zu einer »möglichen« offenen Gemeinde, trägt dieses Problem – das Zueinander des Wortes und des Tisches – bis in die unmittelbare Textgestalt dieses zentralen Berichtes der Apostelgeschichte hinein.

Wir möchten unsere Zufriedenheit ausdrücken, wenn einige Elemente der strukturalen Analyse dazu dienen konnten, dieses Problem besser zu beleuchten.

IV

EXEGESE, HERMENEUTIK, DOGMATIK

Henri Bouillard: Exegese, Hermeneutik und Theologie. Methodenprobleme

Der Veranstalter dieses Exegetenkongresses hat mich eingeladen, damit ich über die Methode der Dogmatik berichte, um so zu einem Vergleich mit den Forschungen über die Methoden der Exegese und über die Hermeneutik zu gelangen. Wir wissen alle, daß noch bis vor kurzem die Exegeten und die Dogmatiker wenigstens unter den Katholiken sich oft mit einem gewissen Mißtrauen betrachtet haben, wobei die Exegeten fürchteten, daß die anderen im Namen der Orthodoxie die notwendige Autonomie und die Wichtigkeit ihrer wissenschaftlichen Arbeit verkennen, während die Dogmatiker fürchteten, daß die Exegeten die Fundamente der traditionellen Theologie untergraben. Die heutige Situation begünstigt auf beiden Seiten ein besseres Verständnis. Das gegenwärtige theologische Denken ist zumindest bei seinen besten Vertretern prinzipiell ganz offen gegenüber den Methoden und den Ergebnissen der historisch-kritischen Exegese. Die einzige Schwierigkeit, die sich immer noch für den Dialog ergibt, besteht darin, daß die Dogmatiker im allgemeinen die Bibel weniger gut kennen als die Exegeten, ebenso wie diese die Dogmatik weniger gut kennen als jene. Aber wir wissen alle, welche Zeit und welche Anstrengungen wir gebraucht haben, um eine Kompetenz in unserem Gebiet zu erlangen. Wir haben daher keine Schwierigkeit, uns gegenseitig unsere Grenzen nachzusehen und zu verstehen, daß sie uns zu einer herzlichen Zusammenarbeit einladen. Diese ist nötiger als je, wenn wir gemeinsam auf das Wort Gottes hören wollen, das sich durch die Schrift an die Menschen von heute wendet.

Wenn ich recht verstanden habe, worum man mich gebeten hat, so möchte man, daß ich zuerst über die Entwicklung der Auffassung von der katholischen Dogmatik im Vergleich mit dem, was uns früher beigebracht wurde, spreche, dann über die heutige Methode der Dogmatik und schließlich über das Spezifische der Dogmatik gegenüber der Exegese. Dieses Programm ist umfangreich. Ich will mich auf einige kurzgefaßte Angaben beschränken.

1. Die Entwicklung der Auffassung von der Dogmatik

Welche Entwicklung hat sich in den Anschauungen der katholischen Dogmatik gegenüber den früheren Auffassungen vollzogen? Diese Fragestellung enthält eine Falle. Wir werden in diese Falle gehen, aber wir wissen, warum. Wie jedes Fach, so kann man die Dogmatik auf drei Ebenen betrachten: auf der Ebene der Schulbücher und -traktate, auf der der Lehre und auf der der Forschung und der Quellen. Die Lehre schwankt zwischen den beiden anderen Ebenen; im Durchschnitt verlegt sie in den Rahmen der klassischen Traktate einen Teil der Ergebnisse der Forschung. Als Ganzes liegt sie aber gegenüber der Forschung zurück, und dies bis vor kurzem um so mehr, als eine kleinliche Überwachung und die Angst vor Verurteilungen ihre Freiheit behinderten. Die Frage, die mir gestellt wurde, legt uns nahe, die Dogmatik auf der schillernden Ebene der Lehre zu betrachten. Genauer gesagt, sie führt uns dazu, eine Entwicklung festzustellen, die mit einer Lehre beginnt, die sich noch an den schulischen Rahmen hält, und zu einer Lehre kommt, die sich auf der Höhe der neuesten Forschung befindet. Wir haben es hier mit einem Wechsel der Ebene zu tun. Eine wissenschaftliche Untersuchung müßte die Ebenen unterscheiden und nacheinander die Entwicklung auf jeder einzelnen von ihnen analysieren. Indes ist unsere Fragestellung vom psychologischen Gesichtspunkt aus gerechtfertigt. Denn wir interessieren uns spontan dafür, welcher Unterschied zwischen der heutigen Auffassung von der Dogmatik im Vollzug der Forschung und der Auffassung besteht, die wir in den Hörsälen eines Seminars oder einer Fakultät vorgetragen bekamen. Wir können also in die Falle unserer Fragestellung gehen, denn wir tun es im Wissen um die Gründe.

Vielleicht darf ich hier mein Bedauern darüber ausdrücken, daß diese Vorsichtsmaßnahme nicht immer getroffen wird. Manches neuere Werk, das ansonsten sehr anregend ist, präsentiert als heutige Methode der Theologie die Methode von Schulbüchern, die noch im Gebrauch sind, aber schon vor vierzig Jahren verfaßt wurden, und als Methode der Zukunft die, welche bereits seit mindestens dreißig Jahren in der Forschung angewandt wird. Es wäre da nützlich gewesen, genauer zu sein.

1. Der alte Zustand

Nach dieser Vorbemerkung wollen wir unsere Frage wieder an ihrem Ausgangspunkt aufnehmen. Welche Auffassung von der Dogmatik beherrschte im allgemeinen die Lehre zu der Zeit, als die Ältesten von uns ihre theologischen Studien machten, vor 25, 30 oder 40 Jahren? Der gesamte Stoff war in Traktate eingeteilt, von denen jeder in eine bestimmte Anzahl von Thesen gegliedert war. Diese wurden in mehreren Stufen entwickelt. Man legte zunächst die Lehre der Kirche dar: feierlich definierte Dogmen, durch das ordentliche allgemeine Lehramt gelehrte Dogmen oder als legitim anerkannte Lehrmeinungen. Man präzisierte ihren Sinn durch die Gegenüberstellung der Gegner; man belegte sie, indem man Entscheidungen des (ordentlichen oder außerordentlichen) Lehramtes zitierte. Dann kam der Beweis der These durch die Schrift und dann durch die Tradition. Es ging darum, zu zeigen, daß die These mit der durchgängigen Lehre der Bibel und der Kirche in Einklang stand. Schließlich fügte man manchmal noch einen Vernunftbeweis an, der sich auf die Verknüpfung der dargelegten Wahrheit mit anderen dogmatischen Behauptungen oder mit den menschlichen Strebungen stützte.

Wir haben diese Zerstückelung der Lehre in Thesen mehr oder minder bedauert und jene aus der Schrift und den Vätern genommenen *dicta probantia,* die aus ihrem Kontext gerissen und oft ihres genauen Sinns entkleidet waren, lächerlich gemacht. Aber seien wir nicht ungerecht. Wir haben zwar Professoren gekannt, die nichts anderes machten als den Inhalt eines oder mehrerer Schulbücher mit anderen Worten zu umschreiben. Aber wir haben auch andere gekannt, die die allmähliche Entwicklung einer Lehre im Verlauf des Alten oder des Neuen Testaments, der Patristik, der Konziliengeschichte und der Theologiegeschichte nachzuzeichnen wußten und die auch ihren menschlichen und spirituellen Sinn herauszustellen wußten. Sie gingen zu den Quellen, benutzten die wissenschaftlichen Arbeiten und suchten sie zu verstehen.

Trotz allem tendierte die Dogmatik im Durchschnitt entsprechend der Ausrichtung der Schulbücher und unter dem Druck einer kleinlichen Überwachung vor allem dahin, die Lehre der Kirche und vor allem die Lehre des Lehramtes darzulegen und zu rechtfertigen. Daraus erklärt sich der Ausspruch Karl Barths, den er eines Tages gegenüber einem katholischen Freund tat: »Eure Theologen haben den Denzinger an die Stelle der Bibel gesetzt.« Andererseits war die Scholastik zu dieser Zeit weithin bei den Studierenden in Verruf geraten, und da es keinen brauchbaren Ersatz gab, war der spekulative Teil der Theologie oft sehr schwach.

2. Die Wandlungen

Welche Wandlungen vollzogen sich allmählich seit dieser Zeit oder begannen bereits damals?

Als erstes haben der Fortschritt der patristischen und mittelalterlichen Forschungen, die freiere Entwicklung der katholischen Exegese und der häufigere Kontakt mit der protestantischen Exegese und Theologie den Dogmatikern neue Horizonte eröffnet und ihnen neue Arbeitsinstrumente an die Hand gegeben. Wenn einige von ihnen lieber die Patristik auswerteten, so wandten sich viele vor allem dem Studium der Bibel zu, angeregt durch das wachsende Interesse, das ihr die katholische Kirche als ganze schenkte, und durch die Erklärung des II. Vaticanums, daß die Schrift gleichsam die Seele der Theologie sein müsse. Denzinger erhält künftig einen bescheideneren Platz, und man begibt sich in die Schule der Exegeten, um die Texte nach ihrem genauen Sinn und in ihrem Reichtum lesen zu lernen.

Das Studium der Bibel und der Väter hat uns gelehrt und wieder ins Gedächtnis gerufen, daß die göttliche Offenbarung nicht in erster Linie in einer Übermittlung übernatürlicher Wahrheiten besteht, sondern daß sie sich in einer Geschichte vollzieht, die in Christus ihren Höhepunkt hat, in einer Geschichte, deren Sinn durch das Wort der Propheten und Apostel verkündet wird. Von hier aus kam es zu einer größeren Konzentration der Dogmatik auf die Christologie und zu einer neuen Weise, an die Christologie, die Trinitätslehre usw. heranzugehen.

Andererseits hat uns das wissenschaftliche Studium der Bibel und der Überlieferung ein geschärfteres Bewußtsein um die Geschichtlichkeit der Formulierungen des Glaubens gegeben. Die Dogmatiker wissen besser als früher, daß jeder biblische Schriftsteller seine eigene Theologie hat, die durch sein Temperament, sein Milieu und seine Epoche bedingt ist. Sie wissen, daß es eine Entwicklung der Christologie inmitten des Neuen Testaments gibt, daß die Christologien des Paulus, der Apostelgeschichte, der Synoptiker und des Johannes nicht exakt zur Deckung gebracht werden können. Sie haben auch gelernt, daß die Entwicklung des Dogmas und der Theologie nicht ein linearer und homogener Fortschritt ist, sondern daß sie sich in ungleichartige Perioden aufteilt, in denen das theologische Denken durch ganz andere kulturelle Welten bedingt wird. Sie verstehen nunmehr, daß die Identität des Glaubens nicht in der materialen Identität der Formeln und Theorien besteht.

Dies führt zu einer neuen Weise, das Verhältnis von Schrift und Lehramt zu sehen. Man sieht klarer als früher deren gegenseitige Zuordnung. Denn eine dogmatische Definition antwortet immer auf eine spezielle Problematik, die der jeweiligen Epoche eigen und durch die kirchlichen und kulturellen Verhältnisse bedingt ist. Das bestimmt ihren Sinn und ihre Tragweite. Selbst die Unfehlbarkeit ist nur in der Perspektive ihrer Problemstellung wahr. Und sie erschöpft nicht alles, was uns die Schrift heute über diesen Punkt sagen kann. Karl Rahner hat zum Beispiel gezeigt, daß die christologische Definition von Chalkedon für uns nicht unmittelbar verständlich ist, daß sie nicht auf alle Fragen antwortet, die die Person und die Rolle Christi betreffen, und daß sie nicht das Wesentliche dessen ausschöpft, was uns das Neue Testament lehrt. Das Studium der neutestamentlichen Christologie ist also nötig, um die Definition von Chalkedon an ihren rechten Platz zu stellen.

Wie das Lehramt die Schrift interpretiert, so ermöglicht diese wiederum, die Erklärungen des Lehramts zu interpretieren; sie hat diesbezüglich eine kritische Funktion.

Es ist klar, daß sich die sehr komplexe Aufgabe der Dogmatik nicht ohne Denkarbeit vollziehen kann. Man versteht also mehr und mehr, daß die spekulative oder systematische Theologie nicht ein kleines Anhängsel oder gar eine substantielle Verlängerung der sogenannten positiven Theologie bleiben kann. Sie muß sie von Mal zu Mal begleiten. Denn die Theologie ist nicht einfach eine Geschichte des Glaubens der verstorbenen Gläubigen; sie ist der reflektierte Ausdruck unseres Glaubens. Es gibt keinen *auditus fidei* ohne einen *intellectus fidei;* und das Verständnis, das die Alten hatten, befreit uns nicht davon, das unsere zu erarbeiten. Die reflexe Neuerarbeitung der biblischen und traditionellen Daten ist unumgänglich. Die spekulative Theologie muß also das positive Studium begleiten. Aber sie muß es in ständiger Bezugnahme auf sie begleiten. Denn es handelt sich nicht darum, sich in den Abenteuern einer Hypermetaphysik zu verlieren. Es geht darum, in einer reflexen Wiederaneigung zu verstehen, was uns das Wort Gottes durch die von der Tradition interpretierte Schrift sagt. Weil die Theologie die Einsicht des Glaubens ist, schließt sie den ständigen Wechselbezug der positiven Forschung und des spekulativen Denkens in sich.

Die großen Theologen der Vergangenheit haben im allgemeinen gewußt und anerkannt, daß diese theologische Reflexion unvermeidlich ein philosophisches Denken fordert, das in der Schule der großen Philosophen geformt ist. Was davon in der Dogmatik vor vierzig Jahren noch übriggeblieben war, war viel zu oft jene museumsreife Philosophie, die man mit dem Namen Scholastik taufte, und die von der spekulativen Kraft des Mittelalters nicht mehr viel behalten hatte. Die Theologen, die an ihr festhalten, sind heute selten. Die meisten haben verstanden, daß nur eine lebende Philosophie uns helfen kann, die evangelische Botschaft für unser Verständnis auszulegen. Sie greifen darum auf die zeitgenössische Philosophie zurück. Das bedeutet aber keineswegs ein Aufgeben der Philosophien der Vergangenheit; denn diese leben in der Anamnesis des gegenwärtigen Denkens weiter.

Außerdem wollen uns nicht nur die Berufsphilosophen hören, sondern die ganze heutige Kultur mit ihrer wissenschaftlichen und technischen Weltanschauung, zu der die Humanwissenschaften neuerdings ihren Beitrag leisten. Wir können das, was das Wort Gottes für uns bedeutet, nur in Funktion unserer Kultur, unserer Wissenschaft und der Probleme, die uns unsere Zeit auferlegt, begreifen. Deshalb sind diese Kultur und die Philosophien, in denen sie sich ihrer bewußt wird, für uns ein theologischer Ort. Von hier aus können wir die Botschaft der Schrift und der Kirche neu in einer Sprache ausdrücken, die bei den Menschen von heute ankommt.

Da die heutige Kultur mehr und mehr durch das schon alte Phänomen gekennzeichnet ist, das man heute Säkularisation nennt, strebt die Theologie, die sich dessen mehr und mehr bewußt wird, dahin, ein Dialog des Wortes Gottes mit dem weltlichen Menschen, oder vielmehr mit dem Menschen überhaupt zu werden. Die Dogmatik übernimmt somit in einem gewissen Umfang eine Aufgabe, die früher der Apologetik oder Fundamentaltheologie vorbehalten war. Und da diese ihrerseits begriffen hat, daß sie sich nicht außerhalb des Gesichtsfeldes der

Dogmatik entfalten kann, so ergibt sich hieraus eine gegenseitige Durchdringung der beiden Disziplinen.

Da zum anderen das zeitgenössische Denken oft Theorie und Praxis verbindet, bemerken die Theologen mehr und mehr, daß eine zu große Trennung der Dogmatik von der Moraltheologie beiden Schaden gebracht hat. Sie suchen, die Verbindung wiederherzustellen. So entdecken sie wieder die Gepflogenheit der patristischen und mittelalterlichen Tradition und kommen auf die Botschaft der Bibel zurück, die niemals den Indikativ der Gnade vom Imperativ der Gnade trennt.

So wird sich die Theologie immer mehr ihrer Einheit bewußt. Sie muß ohne Vermischung die Dogmatik und die Moral, die Dogmatik und die Mystik, die Dogmatik und die Fundamentaltheologie, die positive und die spekulative Theologie vereinigen.

Aber zugleich wird sie sich in anderer Hinsicht klarer ihres unvermeidlichen Pluralismus bewußt. Dieser liegt nicht nur an der Verschiedenheit der geistigen Veranlagungen. Er ist die Folge der Tatsache, daß heute kein Mensch das gesamte Material beherrschen kann, das ihm die Ergebnisse der Exegese sowie der Geschichte der theologischen Lehren und der Konzilien liefert. Kein Mensch kann sich den ganzen Reichtum der verschiedenen Philosophien aneignen und sie in eine Universalphilosophie koordinieren. Jedes theologische Denken ist also in eine bestimmte Perspektive eingegrenzt, die durch ein unvollständiges Wissen und eine nicht totalisierende Reflexion bedingt und beschränkt ist. Das führt zu einem nicht reduzierbaren Pluralismus der Theologien, die nicht zur Deckung gebracht werden können, selbst wenn sie sich nicht widersprechen.

Machen wir hier Halt mit diesen Ausführungen über die verschiedenen Wandlungen, die sich seit vierzig Jahren in der Auffassung von der Dogmatik allmählich durchgesetzt haben. Wenn man sie in einer kurzen Formel zusammenfassen wollte, die über Gebühr vereinfacht, aber bequem ist, so könnte man so sagen: Früher war es die Hauptsorge der normalerweise gelehrten Dogmatik, die Lehre der Kirche, vor allem das Dogma, darzulegen und ihre Übereinstimmung mit der Schrift und der Überlieferung zu zeigen; heutzutage besteht das Hauptbemühen der Dogmatik zumindest bei ihren besten Vertretern darin, ausgehend von der historischen Situation und unserer gegenwärtigen Kultur das Wort zu verstehen, das Gott heute an uns durch die Schrift und ihre Auslegung durch die Tradition und das Lehramt

richtet. Kurzum, die Theologie ist sich viel klarer dessen bewußt geworden, daß sie weniger eine Dogmatik als eine Hermeneutik zu sein hat.
Wir haben jetzt in einigen Worten die Prinzipien und die Methode dieser Hermeneutik zusammenzufassen.

II. Die Theologie als Hermeneutik

Es schadet vielleicht nichts, wenn wir genau angeben, welchen Sinn wir diesem Wort geben, das heute in sehr verschiedener Bedeutung verwendet wird. Hermeneutik bedeutete anfänglich die Wissenschaft von den Interpretationsregeln für biblische Texte, dann überhaupt die Kunst, Texte auszulegen, und schließlich die Kunst des Verstehens und des Freilegens dessen, was nicht offen daliegt. Man verwendet dieses Wort heute [1] oft als Synonym für Interpretation, aber als angereichertes Synonym. Was es hinzufügt, ist die Idee, daß die Interpretation sowohl die kulturelle Distanz, die uns von den Texten trennt, als auch den Abstand, der die Rede von dem trennt, was sie aussagen will, überbrücken soll. Diesen Sinn halten wir hier fest.
Erste Frage: Was begründet die Möglichkeit und die Notwendigkeit einer theologischen Hermeneutik? Es ist das die Tatsache, daß das in Jesus Christus geoffenbarte Wort Gottes, das durch die Bibel bezeugt und durch die Kirche verkündet wird, weder mit dem Buchstaben der Schrift noch mit dem Buchstaben der dogmatischen Aussagen identisch ist. Denn einerseits transzendiert die offenbarende Tat Gottes immer die Gestalten, die sie sich gibt. Andererseits gibt es Offenbarung nur als solche, die im Glauben angenommen wird; eine göttliche Offenbarung, die als solche von niemand angenommen würde, wäre keine Offenbarung. Das Wort der Bibel bleibt einfaches menschliches Wort für den, der es nicht als ein Zeugnis für das Wort Gottes vernimmt. Lebendige Wirklichkeit gewinnt dieses Wort also nur im Glauben, der es aufnimmt. Aus diesem Grund unterscheidet es sich vom Buchstaben der Schrift oder des Dogmas. Als Annahme des Wortes Gottes im Glauben, wo es aktive Gegenwart wird, schließt es nun aber ein gewisses Verständnis dieses Wortes ein, da ja die Annahme, um die es

[1] Zumindest im Französischen (Anm. d. Ü.)

geht, bereits ein Akt der Auslegung ist. So wird die göttliche Offenbarung in einem hermeneutischen Akt lebendige Wirklichkeit. Die Möglichkeit und die Notwendigkeit einer theologischen Hermeneutik gründet also darin, daß es keine Offenbarung gibt, die nicht in einer bestimmten Interpretation angenommen würde.

In der Bibel selbst stellen die verschiedenen Theologien, die in ihr enthalten sind und vom Wort Gottes Zeugnis geben, bereits eine Auslegung dieses Wortes im Glauben dar. Die Dogmen interpretieren diese Auslegung von neuem mit Autorität. Die Dogmatik leistet ihrerseits dieselbe Arbeit. Aber man muß sich fragen, worin die Legitimität und die Notwendigkeit einer solchen Neuinterpretation besteht. Warum kann man sich nicht mit der Auslegung begnügen, die von den biblischen Schriftstellern selbst gegeben wird? Warum soll man eine neue suchen? Einfach deshalb, weil das Verständnis, das ein anderer hat, uns nie davon dispensieren kann, zu unserem eigenen Verständnis zu gelangen. Der Geist ist nicht ein weiches Wachs, das passiv fix und fertige Ideen aufgeprägt bekäme. Er versteht nur das, was er seinem Denken und Handeln eingliedert. Die beständige Neuinterpretation der Bibel im Verlauf der Jahrhunderte entsprechend der jeweils neuen Kulturräume konstituiert die Tradition. Sie wird durch unsere (sogenannte dogmatische) Theologie vermittelt. Deren unersetzliche Aufgabe besteht darin, durch eine aktive Auslegung die Bedeutung des Wortes Gottes für uns heute freizulegen. Diese Rolle ist um so nötiger und um so schwieriger, je größer die kulturelle Distanz zwischen unserer geistigen Welt und der der Menschen der Bibel ist.

Hier erhebt sich die entscheidende Frage: Wie soll die theologische Hermeneutik vorangehen, um ihrem Gegenstand in dem Augenblick treu zu bleiben, in dem sie die Sprache der Bibel in die Sprache unserer heutigen Kultur übersetzt? Die Frage ist im gegenwärtigen Augenblick um so schwerwiegender, als wir nicht ohne Grund, aber auch nicht ohne Ungeduld dazu eingeladen sind, das Evangelium und die Theologie von mythologischen Vorstellungen, von supranaturalistischen und hypersakralen Glaubensgehalten zu reinigen. Zwei Straßengräben bedrohen uns: Einerseits die Gefahr, die Botschaft des Evangeliums zu verkürzen, sie auf das zu reduzieren, was der moderne Mensch zur Not auch aus seinem eigenen Innersten schöpfen könnte; andererseits die Gefahr, das Verstehen nicht bis zur Wurzel zu treiben. Man weiß, daß Barth zufolge Bultmann und Tillich mehr oder weniger der ersten Gefahr erlegen sind und daß nach der Meinung von Bultmann und Tillich das Denken Barths an der zweiten Gefahr krankt. Es ließen sich übrigens ähnliche Streitigkeiten in der katholischen Theologie finden, zum Beispiel die Kontroverse zwischen Balthasar und Rahner.

Wenn es leicht wäre, eine Methode abzustecken, dann wäre das sicher schon längst geschehen. In Wirklichkeit jedoch schwankt und tastet man auf katholischer wie auf protestantischer Seite. Es gibt kein sicheres Rezept. Wird es jemals eines geben? Die Gefahr des Irrtums kann nur relativ und durch eine profunde Kenntnis der Schrift und der Tradition abgewandt werden; durch eine gelebte Kenntnis, durch die man ein geistliches Gespür erlangt, das das Echte und Wesentliche zu unterscheiden weiß. Dieses Gespür, das überdies von dem der kirchlichen Gemeinschaft kontrolliert wird, erweist das Handeln des Geistes Christi in seiner Kirche.

Wenn man eine Methode vorschlagen soll, die uns zwischen den beiden genannten Straßengräben hindurchführen kann, so könnte man vielleicht Folgendes sagen: Da unser Verständnis des Wortes Gottes auf unserer Seite ein Vorverständnis voraussetzt, sich aber weder darauf reduzieren noch sich davon deduzieren darf, so dürfte man die Glaubenssätze nicht als völlig in sich aufzuhellende Sätze betrachten, sondern müßte sie als Worte sehen, die unseren gemeinsamen Erfahrungen der Kontingenz, der Schuld und der Hinfälligkeit *Sinn geben* und eben dadurch in unseren Augen *Sinn erlangen*. Da die genannten Erfahrungen Grenzerfahrungen sind, d. h. nicht verfügbare Erfahrungen, so bleibt der Sinn, den die Worte der Bibel und der Verkündigung im Kontakt mit ihnen erlangen, ein unverfügbarer Sinn, etwas Geoffenbartes, das im Geheimnis Gottes verhüllt bleibt. Die Theologie wird ihrer Rolle nur gerecht, wenn ihre hermeneutische Rede für uns zur Selbstentäußerung angesichts des Geheimnisses wird.

III. Das Spezifische der Dogmatik im Vergleich mit der Exegese

Wir können jetzt versuchen, anzugeben, was das Spezifische der Dogmatik im Vergleich mit der Exegese ausmacht.

Ich lasse natürlich die theologische Exegese beiseite, wie sie die Kirchenväter, die mittelalterlichen Theologen, Luther, Calvin und viele andere praktizierten. Wir fragen hier nicht nach der Beziehung, die sie zwischen ihren Schriftkommentaren und ihren systematischen Traktaten, ihren Quaestiones disputatae und ihren theologischen Summen aufstellten. Was uns hier interessiert, das sind die Exegese und die Dogmatik unserer Zeit.

Wir müssen noch genauer angeben, was wir hier unter Exegese verstehen. Handelt es sich um die Methode oder die Methoden der Exegese: Textkritik, Literarkritik und historische Kritik? Man muß hier bemerken, daß die Exegese zu nichttheologischen (oder zumindest nicht direkt theologischen) Zwecken verwendet werden kann: zur Rekonstruktion der Geschichte des jüdischen Volkes oder der Anfänge des Christentums, zum Studium der hebräischen Poesie usw. Hier interessiert uns selbstverständlich die Exegese nur, insoweit sie dazu dient, genau die Theologie der biblischen Schriftsteller zu bestimmen. Bemerken wir im Vorbeigehen, daß der Dogmatiker auf dieselbe Methode zurückgreifen muß, wenn er das Denken der Kirchenväter und der alten Theologen oder die Bedeutung und Tragweite der Entscheidungen des Lehramtes genau kennenlernen will. Die Genauigkeit der Exegeten ist ihm ein Vorbild.

Befassen wir uns also mit der biblischen Theologie im modernen Sinn des Wortes, mit ihr, die mit Hilfe der wissenschaftlichen Exegese die verschiedenen Theologien rekonstruiert, die in den biblischen Schriften enthalten sind oder ihnen zugrunde liegen. Diese biblische Theologie kann auf zwei verschiedene Weisen verstanden werden: entweder als einfache historische Darlegung des Glaubens oder der religiösen Überzeugung der biblischen Schriftsteller oder als eine theologische Arbeit, die für unseren eigenen Glauben das Wort Gottes so freilegt, wie es an die Propheten und an die Apostel erging, damit es durch sie zuerst den Juden und dann der gesamten Menschheit übermittelt werde.

Im ersten Fall ist das Spezifische der Dogmatik im Vergleich mit der Arbeit des Exegeten klar. Die Dogmatik bedient sich dieser Arbeit, um das Denken der Bibel besser zu begreifen. Aber die eigentliche theologische Aufgabe, die Schrift als Wort Gottes auszulegen, das an die ganze Kirche und speziell an die Gläubigen von heute gerichtet ist, fällt ihr ganz allein zu.

Im zweiten Fall übernimmt die biblische Theologie bereits eine wichtige Funktion in der dogmatischen Theologie. Selbst wenn sie das eigentliche Studium der kirchlichen Tradition vernachlässigt, bemüht sie sich doch zu zeigen, daß ihre Interpretationen nicht mit den dogmatischen Sätzen in Widerspruch stehen. Wie dem auch sei, sie setzt sich ausdrücklich als Ziel, wie die Dogmatik den Inhalt der Bibel für unsere Zeit neu zu interpretieren, ihn neu zu überdenken im Hinblick auf die Verkündigung von heute.

Aber vielleicht unterscheiden sich diese beiden Auffassungen von der biblischen Theologie weniger, als es im ersten Augenblick den Anschein hat. Denn eine Darlegung, die nur einfach historisch sein will, setzt bei ihrem Autor, selbst wenn dieser ungläubig ist oder von seinem persönlichen Glauben absieht, ein Verständnis voraus, das methodisch mit dem gläubigen Denken der biblischen Schriftsteller sympathisiert. Umgekehrt will der Exeget, der theologische Arbeit leisten will, diese durchaus als Exeget leisten im Bemühen, den Texten nahe zu bleiben und ihren Inhalt getreulich auszulegen. Er behandelt nicht alle theologischen Probleme, die sich in diesem Zusammenhang ein Glaubender von heute auf Grund seiner je eigenen Situation stellen kann.

Diese Bemerkung gestattet uns, uns eine glückliche Formulierung von *Schillebeeckx* zu eigen zu machen: »Der christliche Exeget und der Bibeltheologe erforschen das Wort Gottes, wie es in seinem streng biblischen Textzusammenhang gegeben ist und von dem alttestamentlichen Gottesvolk und der frühapostolischen Kirche gehört wurde... Der Dogmatiker dagegen untersucht dieses selbe Wort Gottes, aber unter dem Gesichtspunkt, wie es die Menschen aller Zeiten anspricht und von ihnen hier und jetzt gehört werden muß.« [2] So gesehen, spielt die Dogmatik eine Mittlerrolle zwischen der Exegese und der kirchlichen Verkündigung.

Vielleicht ließe sich unser Problem in einer eleganteren Form angehen, wenn man eine anregende Analyse aufgreift, die der deutsche Theologe *J. Ratzinger* [3] vorgeschlagen hat. In einer Untersuchung über den Begriff der Überlieferung unterscheidet er vier Theologien:

a) Es gibt eine *alttestamentliche Theologie des Alten Testaments,* die der Historiker aus dem Inhalt des Alten Testaments erhebt und die sich bereits in übereinanderliegende Schichten ausfaltet.

---

[2] *E. Schillebeeckx,* Offenbarung und Theologie, Mainz 1965, 146.

[3] Diese Hinweise entstammen dem von *K. Rahner* und *J. Ratzinger* veröffentlichten Buch: Offenbarung und Überlieferung, Freiburg/Basel/Wien 1965, 42–44.

b) Es gibt eine *neutestamentliche Theologie des Alten Testaments,* die dessen Inhalt im Licht des Christusereignisses neu interpretiert.

c) Es gibt eine *neutestamentliche Theologie des Neuen Testaments,* die der Historiker dem Inhalt des Neuen Testaments entnehmen kann und die selbst eine Entwicklung enthält.

d) Es gibt eine *kirchliche Theologie des Neuen Testaments,* die wir Dogmatik nennen. Sie verhält sich zur neutestamentlichen Theologie des Neuen Testaments ebenso wie die neutestamentliche Theologie des Alten Testaments zur alttestamentlichen Theologie des Alten Testaments. Das »Mehr«, das die Dogmatik von der Biblischen Theologie unterscheidet, nennen wir Überlieferung. Hierbei ist anzumerken, daß der Prozeß der kirchlichen Auslegung bereits im Neuen Testament selbst beginnt.

Von diesen Unterscheidungen ausgehend, könnte man in verfeinerterer Weise die Analyse des Verhältnisses zwischen Dogmatik und Biblischer Theologie erarbeiten. Es ist besonders interessant, daß der Prozeß der Neuinterpretation, der die Dogmatik kennzeichnet, bereits innerhalb der Bibel selbst beginnt: im Alten Testament und dann im Neuen Testament mit dem schöpferischen Sprung des Christusereignisses und mit der Geburt der Kirche.

Bevor ich schließe, möchte ich noch mit einem Wort darauf hinweisen, wie die Reflexion des Dogmatikers manchmal dem Exegeten helfen kann, der sich um die Biblische Theologie bemüht und dabei bestrebt ist, sie mit der Lehre der Kirche in Einklang stehen zu lassen. Ein Beispiel stehe für viele. Die exegetischen Arbeiten von Tobac, Dupont und Cullmann führten zu folgender Frage: Ist der Logostitel in den johanneischen Schriften rein funktional oder hat er im Gegenteil eine trinitarische Bedeutung? Von der theologischen Reflexion her erscheint diese Alternative falsch gestellt. Denn wir kennen die göttlichen Hervorgänge nur durch die Sendungen. So kennen wir also durch die Funktion des Logos in der Heilsgeschichte den Logos der göttlichen Trinität. Nach der Formel Karl Rahners *ist* die (in Gott) immanente Trinität die ökonomische Trinität, und umgekehrt. Es ist also überhaupt nicht nötig, in den johanneischen Schriften oder in den anderen Schriften des Neuen Testaments einen ausdrücklichen Ansatz der Trinitätslehre des Nizänischen Glaubensbekenntnisses zu entdecken. Auch wenn wir hier direkt nur von einer ökonomischen Trinität lesen, ge-

stattet uns die fortschreitende Reflexion zu verstehen, daß diese mit der (in Gott) immanenten Trinität identisch ist. So kann das dogmatische Denken den Exegeten befreien.
Ich beende hier diese Ausführungen. Sie sind summarisch und unvollständig. Ich weiß nicht, ob sie genau genug auf die Fragen antworten, die hier gestellt werden. Ich hoffe aber zumindest die Hochschätzung gezeigt zu haben, die die Dogmatiker für die Arbeit der Exegeten hegen, sowie die Erwartung, die sie ihr als Hilfe zum Verständnis der ersten Quelle ihrer Theologie entgegenbringen, und die Anerkennung, mit der sie ihre Hilfe entgegennehmen.

Paul Ricœur: Skizze einer abschließenden Zusammenfassung

Ich möchte in diesen abschließenden Ausführungen die Anfangsfrage wieder aufgreifen, die uns geleitet hat: Ist es möglich, zwischen einem Methodenfanatismus auf der einen Seite, der uns daran hindert, etwas anderes als die von uns angewandte Methode zu verstehen, und einem schwachen Eklektizismus, der sich in unrühmlichen Kompromissen erschöpft, eine Linie zu finden?
Zu Beginn möchte ich einige Bemerkungen zu einer intellektuellen »Diätetik« machen, die ich den Berufsexegeten unterbreite.

1. Regel

Wir sollten zunächst unser Verlangen nach methodischer Reflexion schärfen und uns darüber klar sein, daß es keine unschuldige Methode gibt; daß jede Methode eine Theorie über den Sinn voraussetzt, die noch nicht Allgemeingut, sondern ihrerseits problematisch ist. Auf alle Fälle haben wir in Zukunft die methodologische Naivität verloren; es ist nicht selbstverständlich, daß das Verständnis eines Textes in der Suche nach der Absicht des Autors besteht, selbst wenn wir das am Ende unseres Weges immer noch sagen können, wenngleich auf eine andere, weniger psychologisierende Art als früher. Es gibt auch nicht mehr den naiven Glauben, das Verständnis eines Textes bestehe im Rückgang zu den Quellen, zu seinen vorredaktionellen Fassungen, zu seinem Milieu; zwischen seine Quellen und uns schieben sich zahlreiche Zwischenglieder, von denen uns einige wie Filter erscheinen mögen: Was ist das Sprachvermögen (langage)? Was ist das Sprachsystem (langue)? Was ist das Wort? Was ist der Text? Was ist die Schrift? Was ist der Sinn? Alle diese Worte sind problematisch geworden und bezeichnen Zwischenglieder zwischen dem Autor und dem Leser, und jedes von ihnen gibt zu einer neuen Diskussion Anlaß. Die Gefahr besteht eher darin, daß die Wissenschaften, die es mit diesen Zwischengliedern zu tun haben, die semiologischen, die Text- und Schriftwissenschaften ein derartiges Übergewicht über die Exegese und ihr theoretisches Bewußtsein gewonnen haben, daß wir uns irgendwie von den rein instrumentalen Wissenschaften überrannt fühlen. Die einzige Gegenwehr besteht darin, unser Wissen um eine gute Kenntnis dieser neuen Gebiete zu erweitern: Semiologie, Diegesiologie [1], um mit Roland Barthes zu sprechen, kurz, wir brauchen eine neue reflexive Kenntnis der Voraussetzungen, der Aprioris, also auch der Grenzen, die zu unserem Beruf als Exegeten gehören.

2. Regel

Wir sollten es nicht zu eilig damit haben, zu einer Synthese zu gelangen. Der Berufsexeget bleibt immer der Mann einer bevorzugten Methode. Die äußerst schwierige Aufgabe, zu gegebener Zeit die Karte der Konflikte zu erstellen, die Übergänge und die Überschneidungen zu skizzieren, sollte einer Reflexion zweiten Grades vorbehalten sein. Aber der Exeget als solcher sollte auf eine Synthese um jeden Preis verzichten, er sollte wissen, daß eine Methode an ihre Theorie gebunden ist, daß jede Theorie ihre Axiomatik hat (Roland Barthes sprach hierbei vom Relevanzprinzip, vom Prinzip der begrenzten Inventare, vom Korrelationsprinzip usw.) und daß jede Axiomatik bestimmte Arbeitsvorgänge mit sich bringt (Zerlegung, Inventarisierung, Korrelation). Es ist also nicht möglich, nach mehreren Theorien zugleich zu leben und zu arbeiten; man muß eine Wahl treffen. Wenn man eine Methode anwendet, dann bemerkt oder sagt man immer nur das, was in ihren Bereich fällt, was dieser methodologische Filter durchläßt...

---

[1] Vgl. S. 117f. (Anm. d. Ü.)

3. Regel

Wenn es nicht Sache eines einzelnen Exegeten ist, alle Methoden auf einmal anzuwenden, so ist es seine Aufgabe, mit besonderer Wachsamkeit auf die Grenzen der eigenen Methode zu achten, um dort die Verbindungs- und Schnittpunkte zu finden. Wir sollten uns gewissermaßen unserer schwachen wie unserer starken Stellen bewußt sein; denn die schwachen Stellen des einen sind die starken des anderen; diese Sicht der Grenzen und diese Sympathie für die Arbeit ermöglichen es jedem, mit der Arbeit des anderen in Verbindung zu treten; dieses Gefühl für die brüchige Grenze gehört zweifellos zum Bewußtsein der Endlichkeit.

Um mit diesen guten Ratschlägen an ein Ende zu kommen, möchte ich sagen, daß man von der Zusammenarbeit der Forscher das erwarten sollte, was ein einzelner Forscher nicht leisten kann. Die Überkreuzung der Methoden ist nicht die Aufgabe eines einzigen Menschen, sondern kann nur die einer Gruppe sein; das ist ohne Zweifel die einzige Schlußfolgerung, die uns weder in Sicherheit wiegen soll, wie ich das irgendwo gehört habe, noch uns den Mut rauben soll, wenn wir nicht schizophren werden wollen.

Es gibt eine *ecclesia* der Forschung.

Wenn ich jetzt auf die Seite des Hermeneuten überwechsle, d. h. dessen, der über die Karte der Konflikte nachdenkt und zu verstehen sucht, wo derzeit die Debatte um die Grenzen verläuft, dann möchte ich wagen, einige Bemerkungen über die *Überschneidung* zu machen, so wie ich sie am Ende dieses Kongresses sehe. Ich werde so dazu kommen, einige meiner einleitenden Bemerkungen weiterzuführen, vor allem hinsichtlich der gegenseitigen Berichtigung der strukturalen und der historisch-kritischen Methode. Ich glaube nicht, daß man sie vermischen kann; aber die Tatsache, daß beide sich kennen, kann etwas an der Praxis einer jeden ändern.

Beginnen wir mit der strukturalen Methode, denn sie ist die neueste und für die Exegeten die »beunruhigendste«. Ich möchte mit allem Nachdruck die Notwendigkeit einer genauen Unterscheidung zwischen strukturaler Analyse und Strukturalismus hervorheben; zwischen der strukturalen Analyse als Wissenschaft von den Strukturen und dem Strukturalismus als Ideologie des Textes an sich.

Der Gewinn, den die Exegeten aus der Anwendung der strukturalen

Methode ziehen können, scheint mir auf der Hand zu liegen. Diese Methode impliziert zunächst eine Objektivierung, eine Distanzierung vom Text, die die zur Analyse vorgängige Strategie darstellt; von diesem Anfangsakt der Distanzierung her ist der Text nur noch Text; Autor, redaktionelles Milieu, Empfänger werden in Klammern gesetzt; nur die derzeitige Redaktion existiert für uns, losgelöst von ihrer Redaktionsgeschichte. Der Text ist auf eine einzige Ebene gehoben; alles an ihm ist gleichermaßen zeitgenössisch, synchronisch.

Zweiter Vorteil der Methode: Die Frage nach der Einzigartigkeit der Texte stellt sich in schärferer Form; denn ein einzelner Text nimmt einen bestimmten Platz ein, wo die überaus vielen Kreise, denen er angehört, sich überschneiden: sein Genus, die Codes, die er verwendet, usf. In einer ersten Phase verliert sich die Einzigartigkeit des Textes: Eine bestimmte Erzählung erscheint an ihrer Stelle unter dem allgemeinen Gesetz der Erzählungen als nicht mehr als ein Fall, der unter die strukturalen Gesetze des Genus subsumiert wird. Aber die zweite Phase ist wichtiger: Es genügt nämlich nicht, einen Text unter die Strukturgesetze einzureihen, die alle Texte derselben Serie regeln (z. B. die Erzählung), man muß eben genau an den Punkt der Überschneidung kommen, wo sich die Einzigartigkeit des Textes behauptet. Natürlich interessiert sich die Exegese in erster Linie für diese Rückwärtsbewegung; dieser Text, diese Erzählung ist ihr Gegenstand und nicht irgendein Beispiel aller möglichen und denkbaren Erzählungen. Aber die Lektüre eines bestimmten Textes ist von Grund auf anders geworden, wenn wir auf dem Rückweg unseren Text am Verknüpfungspunkt einer sehr großen Zahl von Codes antreffen. Eine strukturale Methode, die nur den Hinweg machte und nichts anderes täte als die verschiedenen einem Text zugrundeliegenden Codes zu entdecken, wäre schließlich arg enttäuschend. Die neue Methode von Roland Barthes, die lieber einer einzigen Erzählung auf den Grund geht, um die dort herrschenden Codes zu entdecken, ist zweifellos instruktiver für die Exegese als die Erforschung der allgemeinen Gesetze der Erzählung, die an der Einzigartigkeit der Texte vorbeigeht. Ein Text, dieser Text ist dieser Punkt, wo sich die immer mehr gegliederten Codes überschneiden.

Aber so groß auch unsere Erwartung sein darf, die wir in eine gewissenhafte strukturale Analyse setzen, so wach soll auch unser Mißtrauen gegenüber einer Ideologie sein, die aus den Vorzügen der Methode zu ihrem Profit Kapital schlagen möchte. Ich nenne Ideologie jede Hypostasierung des Textes, die ihre eigenen Voraussetzungen vergißt; Objektivierung und Distanzierung sind notwendige Abstraktionen; aber es sind Abstraktionen, d. h. Schnitte ins lebende Fleisch der Entstehung des Textes, der Übermittlung des Textes als Segment der Kommunikation.

Um die Ideologie zu demaskieren, müssen wir zum linguistischen Modell zurückgehen, das als Prototyp gedient hat. Dieeses Modell ist das der synchronischen Zusammenstellungen, die durch die Phonologie und die strukturale Semantik untersucht werden, d. h. auf der Ebene der sprachlichen Einheiten, die kleiner sind als der Satz. Roland Barthes erinnerte uns daran: Die Linguistik macht beim Satz Halt, die Rhetorik beginnt jenseits davon. Wie steht es nun mit den Aspekten der Sprache, die mit dieser neuen Art Einheit zusammenhängen, die der Satz ist? Benveniste betont: Wenn das Zeichen die kleinste Einheit der Sprache ist, dann ist der Satz die kleinste Einheit der Rede. Wenn dem so ist, dann deckt das strukturale Modell nur die Hälfte der sprachlichen Wirklichkeit, nämlich das, was sich aus den Einheiten der Sprache aufbaut. Wir brauchen ein anderes Modell, um der zweiten Art von Einheit gerecht zu werden, der Einheit der Rede, dem Satz. Wir wissen seit der Logik der Antike, daß das Problem des Prädikats eine andere Art von Problemen mit sich bringt als die, die von der Segmentierung, der Inventarisierung und der Korrelation der Spracheinheiten in einem taxonomischen Modell herrühren. Ein Satz ist ein Element der Rede und als solches ein Geschehen, ein Träger von Bedeutung und Beziehung. Sprechen heißt etwas über etwas sagen. Es ist also möglich, den Sinn als Zusammenstellung der Elemente und die Bedeutung als das vom intentionalen Satz als Ganzem Gemeinte voneinander zu unterscheiden. Die strukturalistische Abstraktion basiert also immer auf einem verstümmelten Sprachmodell.

Der Exeget darf sich also nicht durch die strukturale Methode faszinieren lassen; er muß in gleicher Weise auf die Redeanalyse achten, die sich aus der Erkenntnis der spezifischen Eigenschaften der Einheit der Rede ergeben. Diesbezüglich sollte die Aufmerksamkeit des Exegeten sich dem, was die Engländer *speechact* (Sprechakt) nennen und was zuerst von Wittgenstein und dann von Austin, Strawson und Searle analysiert wurde, ebenso zuwenden wie den Analysen, die nach dem Modell der Phonologie und der strukturalen Semantik vorgenommen werden. Er sollte sich um so mehr dieser anderen Seite der Sprachproblematik zuwenden, als die Schrift und die Sprache zwei verschiedene Ausprägungen der Rede, d. h. dieser anderen Art Einheit, die sich nicht unter die Einheiten der Sprache einreihen läßt, darstellen. Die Beziehung zwischen Wort und Schrift wird dem Verständnis des Exegeten ewig verborgen bleiben, wenn er nicht als erstes eine feste Theorie von der Rede hat, die von der Zeichentheorie abweicht. Wer das verstanden hat, kennt die wunde Stelle der strukturalen Methode: Es ist der Punkt, wo die Nabelschnur, die die Theorie von den Spracheinheiten mit der Theorie von den Redeeinheiten, den einzigen Bedeutungsträgern, verband, gerissen ist. Der Sprachforscher von Beruf wird dieser Abstraktion nie verfallen, denn sie begründet ja die Linguistik der Sprache. Aber der Sprachphilosoph läuft seinerseits Gefahr, sich von diesem verstümmelten Modell blenden zu lassen; vor allem wird er, freilich vergebens, versuchen, die Problematik der Schrift direkt mit der Problematik der Sprache zu verbinden, ohne daran zu denken, daß Schrift und Sprache nur zwei Verwirklichungen der Rede darstellen. Eine Theorie der Schrift, die einfach nur eine Nachbildung einer Sprachtheorie wäre, würde das Hauptproblem der Sprache völlig verfehlen: die Realisierung der Sprache in der Rede, sei diese nun gesprochen oder geschrieben.

Wer hingegen ausdrücklich das Bewußtsein von der Abstraktion behält, auf der die strukturale Methode aufruht, ist gut darauf vorbereitet, sie richtig anzuwenden. Er weiß, was er von ihr erwarten darf, denn er weiß, was er von ihr nicht erwarten darf. Was kann er denn von ihr erwarten? In der Hauptsache Folgendes: Von einer ersten Lektüre des Textes, die ich eine Oberflächensemantik nennen möchte, zu seiner tieferen Bedeutung zu gelangen. Für meinen Teil möchte ich sagen: einen Text verstehen heißt eine oder mehrere noch unausgesprochene Sätze bilden, um die Grammatik des Textes besser zu verstehen; unter Grammatik des Textes verstehe ich die Gesamtheit der Strukturen, auf denen die Rede gründet. Wenn ich dann am Ende der struktrualen Analyse eine Rede wie diese formuliere: Gehorcht nicht mehr den Nahrungstabus, die den Heiden den Zugang zur Kirche verwehren!, dann bilde ich einen Satz, der kein Satz aus dem Text ist, sondern ein Satz, durch den wir den Sinn des Textes nach dem Durchgang durch die strukturale Analyse zusammenfassen. Ich möchte also sagen, daß man durch die strukturale Analyse immer von einer Lektüre von Sätzen zu einer Erzeugung von Sätzen, zu einer Schaffung von Sätzen kommt, die den Versuch darstellt, die Bedeutung auszusagen. Die Grammatik eines Textes kennen heißt den Text besser sagen: Die Lektüre besteht nicht einfach darin, die Strukturen herauszustellen, sondern sie besteht darin, leise zu reden. Und dieses stumme Sprechen von uns zu uns selbst ist noch ein Sprechen. Keine Methode kann die Unterschiede zwischen den beiden Einheiten der Sprache abschaffen: die Zeichen, die in Strukturen angeordnet sind, und die Sätze, die als Rede aneinandergekettet sind. Die Strukturen besser kennen heißt, sich darauf vorbereiten, die Sätze besser zu sagen.

Nun möchte ich von der Berichtigung sprechen, die die historisch-kritische Methode ihrerseits erfahren sollte. Ich sage ganz offen: Ich glaube nicht, daß sie jemals ersetzt werden kann, wohl aber, daß sie berichtigt wird, um so ihren äußeren Kontakt mit dem Strukturalismus zu verbessern; ich füge hinzu: berichtigt in ihrem eigenen Sinn ohne Hinzufügungen von außen.

Warum kann sie nicht ersetzt werden? In der Hauptsache deshalb, weil die Texte, die wir lesen, im letzten nicht Texte über Texte sind, sondern Texte über Zeugnisse, die ihrerseits Ereignisse meinen. Das ist die Absicht des Textes. Daraus folgt, daß das Zeugnis selbst ein Traditionsstrang ist und daß der hermeneutische Akt, der sich mit ihm befaßt, sich in eine Interpretationstradition einfügt, die der Tradition entspricht, die für das Zeugnis konstitutiv ist.

Infolgedessen ist die Hermeneutik noch vorgängig zu ihrer Funktion als Überbrückung der historischen Distanz eine Funktion eben dieser historischen Kontinuität, der Sendung und der Übermittlung, die am Anfang des Textes stehen. Unser Postulat lautet folgendermaßen: Wir gehören zur selben Tradition wie der Text; die Auslegung und die Tradition sind die Kehrseite und der Ort derselben Geschichtlichkeit. Die Auslegung meint eine Tradition und schafft selber Tradition. Der Text ist die Wiederaufnahme einer Überlieferung, und die Interpretation ist die Wiederaufnahme eines Textes. So ergibt sich eine Kette: Tradition – Text – Interpretation; eine Kette, die man in jeder Richtung lesen kann: Text – Interpretation – Tradition oder auch: Interpretation – Text – Tradition. Das bedeutet, daß die Interpretation der Akt der auslegenden Gemeinde ist, das reflexe Segment dieser Gemeinde, insofern sie selbst Gemeinde in der Tradition ist. Man könnte das Grundmotiv der historisch-kritischen Methode in folgenden Ausdrücken zusammenfassen: Die Exegese ist nicht eine Reflexion über die Codes, die den Text bestimmen, sondern eine Weise, durch die Texte zu den Zeugnissen zu gelangen, die am Ursprung der Texte stehen. Die Beziehung Ereignis – Zeugnis ist der Bezugspunkt des Textes. Das Zeugnis ist seinerseits die Spur einer Tradition, die seine diachronische Dimension konstituiert. Das Zeugnis ist also einerseits im Ereignis verankert, andererseits in der geschichtlichen Struktur des Zeugnisgebens. Endlich steht der hermeneutische Akt, die Interpretation ihrerseits wieder in einer Interpretationstradition. So leistet die Hermeneutik der kulturellen Distanz Widerstand und schafft selbst Kontinuität. Unser grundlegendstes Postulat lautet, daß wir, die Leser, zur selben Traditionslinie wie der Text selber gehören. Wir stehen also nicht in einer Subjekt-Objekt-Beziehung, sondern in einer Beziehung von einem historischen Wesen zu einem anderen. Innerhalb ein und derselben Überlieferung wurde der Text geschrieben und wird er gelesen. Die geschichtliche Einkleidung des Textes und des Lesers ist ja gerade die Bedingung der Objektivierung und der Distanzierung, die jede analytische und kritische Methode vollzieht. Vor der Distanzierung stehen der Text und der Ausleger in der gleichen Zugehörigkeit, dank derer die Interpretation der Akt einer Gemeinde bleibt, die sich selbst interpretiert, wenn sie die Texte interpretiert, auf denen ihre Existenz gründet. Ich betone nochmals den gemeinschaftlichen Charakter der Auslegung; immer ist es eine interpretierende Gemeinde, die im Text, den sie liest, die Auslegung ihrer selbst findet; der wahre hermeneutische Zirkel herrscht in der Dimension einer Gemeinde, die zugleich interpretiert und interpretiert wird.

Aus diesen Gründen wird die biblische Exegese grundlegend historisch-kritisch bleiben, wie groß auch immer die Dosis Strukturalismus sein mag, die sie aufnehmen kann.

Aber wenn die historisch-kritische Methode auch unersetzlich ist, so kann und muß sie doch korrigiert werden. Ich sehe sie drei Illusionen verlieren: die Illusion der Quelle, die Illusion des Autors, die Illusion des Empfängers.

Die Illusion der *Quelle.* Nicht die Quelle läßt den Text verstehen, sondern der Text wählt und artikuliert seine Quellen. Denn wenn man einen Text auf Grund seiner Quellen verstände, wie könnte man dann die Quelle verstehen, wenn nicht durch sich selbst? Wir verdanken der strukturalistischen Kritik den Verlust dieser Naivität und den

Erwerb eines neuen kritischen Begriffs von der »Quelle«: Der Ursprung eines Texts ist selbst eine Funktion des Textes, dieses Textes. Das Verständnis geschieht also immer im Hin und Her vom Text zu seinen Quellen und von den Quellen zum Text. Bei diesem doppelten Weg bleibt die diachronische Dimension eine Dimension des Textes.

Die Illusion des *Autors*. Die Absicht des Autors ist nicht sein psychologisches Erleben, seine Erfahrung, noch die Erfahrung der Gemeinde, die nie zu erfassen ist, aber durch die Rede bereits strukturiert wird. Der Autor ist eben der, den der Text verrät oder vermeldet, indem er sich auf den zurückbezieht, der ihn geschrieben hat; der Autor ist der Autor *des* Textes. Er ist auch in gewisser Weise eine Funktion des Textes; das heißt nicht, daß man darauf verzichten soll, die Absicht des Autors herauszubekommen. Ich für meinen Teil wüßte nicht, was ein Text ohne Autor sein sollte, ein Text, der nie von irgend jemand geschrieben worden wäre; aber es ist wichtig zu entdecken, daß der Begriff Autor kein psychologischer Begriff ist, sondern genau eine hermeneutische Größe, eine Funktion des Textes selbst. Der Autor ist »Autor von ...«, und in diesem Sinn kann man nur durch seine »Handschrift« zu ihm gelangen.

Die Illusion des *Empfängers*. Vielleicht ist das der Punkt, wo man den Psychologismus mit der stärksten Gewalt austreiben muß. Der Sinn besteht nicht in dem, was ein angeblicher ursprünglicher Empfänger verstanden hat; aber er ist auch nicht das, was der heutige moderne Leser in seinem Hinterkopf in den Text projiziert. Jeder Psychologismus oder Soziologismus des »Lesers« ist ebenso heftig zu bekämpfen wie der Psychologismus oder Soziologismus des »Autors«. Zu dieser Kritik trägt unsere eigene Herausarbeitung des Begriffs der Interpretation als eines Aktes des Textes selbst bei, des Aktes, den der Text am Ort seiner eigenen Tradition hervorbringt. So versteht Werner Schmidt die »Tradition« im Innern von Gen 1. Die Auslegung ist eine Operation des Textes, bevor sie eine Operation des Lesers, des Beschreibers wird. Meines Erachtens ist das die Bedeutung des Textes: nämlich die »Arbeit« des Sinnes in der Dialektik Tradition – Interpretation, deren Ergebnis der jetzige Text ist. Zweifelsohne spürt man hier, wieweit dieser Begriff von der Auslegung als einer Operation, die am Werk, an der Arbeit ist, die in Wehen liegt und gebiert, einer Linguistik des Satzes entspricht. Der Satz ist ja schon die Arbeit des Wortes. Arbeit des Wortes nenne ich die Operation, ungesagte Sätze in virtuell unendlicher Zahl auf der Grundlage endlicher Inventare, Phoneme, Lexeme, womöglich Mytheme im Sinn von Claude Lévi-Strauss, auf alle Fälle auf der Grundlage von Codes und Paradigmen hervorzubringen. Die Arbeit des Textes liegt auf derselben Linie wie die Arbeit des Satzes. Und die Interpretation ist ihrerseits die Arbeit der Hermeneutik, die die Arbeit des Textes über sich selbst, über seine Quellen, seine früheren redaktionellen Etappen fortsetzt. In diesem Sinn ist die Interpretation ein Wieder-Sagen, eine Wiederaktivierung der Arbeit des Sagens.

Diese Arbeit des Sagens, die in der Arbeit des Wiedersagens wieder aufgenommen wird, hat nicht dieselbe Beziehung zum Text wie die strukturale Analyse: Diese hält den Text in Distanz. Die Analyse nimmt die Haltung des wissenschaftlichen Beobachters ein, der nicht in seinen Gegenstand miteingeschlossen ist. Diese Distanzierung gelingt um so besser, wenn sie sich mit Texten befaßt, die nicht mehr von der Arbeit der Interpretation weiterverarbeitet werden. Deshalb hat der Strukturalismus als Ideologie eine heimliche Affinität zu einem gewissen Ästhetizismus toter Texte. Er ist die große Nekrologie auf geschriebene Texte, die nicht mehr gesagt werden, an denen die hermeneutische Arbeit durch irgendein politisches oder kulturelles Ereignis abgebrochen wurde. Vielleicht kann man sagen, daß der mythologischen Welt des »Totemismus« dies widerfahren ist. Aber wir haben allen Grund zur Annahme, daß die Menschen, die in dieser Sinnwelt lebten, auf die eine oder andere Weise die Arbeit des Textes spürten und sie selbst als Hermeneuten weiterführten. Auch für sie war die hermeneutische Arbeit eine Arbeit, die durch die konstitutive Arbeit des Textes normiert war.

Bevor ich schließe, möchte ich noch auf eine Frage eingehen, die zweifellos alle Geister bewegt: Kann man noch von der Wahrheit eines Textes sprechen? Ich kann hier nur die Richtung einer Lösung skizzieren; ich möchte nichts weiter tun als sagen, daß wir aus der tödlichen Alternative herauskommen müssen, nach der wir gezwungen wären, in einem Atemzug zu sagen, die Wahrheit sei eine und unwandelbar, die Interpretationen seien aber viele und wandelbar. Wenn diese Alternative richtig und gültig wäre, dann wäre der Hiatus zwischen unserer *Idee* von der Wahrheit und unserer *Praxis* der Interpretation unerträglich. Ich gestehe zu, daß wir nicht imstande sind, diese

Antinomie völlig zu überwinden, zumindest nicht in der gegenwärtigen Phase unserer Kultur, und daß wir ein gewisses Auseinanderklaffen geduldig leben müssen; aber zumindest können wir von jetzt an ein wenig die beiden Termini der Alternative korrigieren und die Bedingungen sehen, unter denen sie möglicherweise später überwunden werden könnte.

Zunächst kommt es darauf an, unser Modell von der Wahrheit zu korrigieren, denn dieses ist vielleicht das Haupthindernis, und nicht, wie wir gerne glauben, unsere Praxis der Auslegung. Wir müssen uns »theologisch« bewußt werden, daß die Wahrheit des Glaubens ein Weg ist, den es zu gehen gilt – und zwar ein Weg der Liebe –, und folglich die Möglichkeit einer *gemeinsamen Wegstrecke.* Die Wahrheit ist die unseres Werdens, unseres Geschehens; in diesem Sinn ist sie eine Wahrheit, die sich selbst ereignet. Wir verfehlen aber diesen Sinn der Wahrheit, sofern wir sie mit mathematischen und logischen Modellen oder mit experimentellen Verifikations- oder Falsifikationsverfahren identifizieren. Wir vergessen, daß diese Modelle für Sprachwelten gelten, die durch wissenschaftliche oder technologische Bedürfnisse begrenzt werden, und wir vergessen, daß diese Sprachwelten notwendig begrenzt und zu anderen Sprachwelten korrelativ sind, in denen von unserem In-der-Welt-Sein, von der Gestaltung unserer Existenz und von der Möglichkeit die Rede ist, eine menschliche Erfahrung bei Grenzsituationen zu entwickeln. In einer Grenzsituation leben zu können, ist, ganz allgemein gesagt, die Möglichkeitsbedingung der Sprachwelt, des theologischen Sprechens. Wenn dem so ist, dann ist die Wahrheit ein Weg, ein Sich-Ereignen; sie hat es mit der Möglichkeit des Weiterexistierens, des Weiterlebens, des Gezeugt- und Verewigtwerdens in der Existenz zu tun; sie ist die Möglichkeit einer Wegstrecke. Wenn wir wirklich unter Wahrheit das verstehen, dann kann sie nicht mit einem Interpretationsprozeß unvereinbar sein.

Aber der andere Pol des scheinbaren Dilemmas ruft auch nach einer Berichtigung: Wenn die Interpretation auch nicht eine einzige sein kann, so ist sie doch auch nicht in einem beliebigen und willkürlichen Sinn vielfältig. Genau das ist der Vorteil des Durchgangs durch die Objektivierung und die Distanzierung, den die strukturale Analyse verlangt, für die Idee der Wahrheit; dieses Gewinnen von Distanz gegenüber dem Text schützt ihn gegen subjektivistische Phantasien. Die strukturale Analyse verbietet uns, aus dem Text alles mögliche zu machen; seine Anordnung ist gerade der Ort, wo sich die möglichen Auslegungen überschneiden. Dieser Ort ist nicht unendlich, er hat Konturen; ich vergleiche ihn sehr gerne mit einer Streuzone für eine vielfältige und zugleich endliche Zahl von möglichen Interpretationen. Wenn zudem die Interpretation selbst ein Prozeß des Textes ist, der die vom Text gemeinte Aussage konstituiert, dann ist unsere Interpretation gewissermaßen an die des Textes gebunden. Deshalb ist die Interpretation weder eine einzige noch eine bunte Vielfalt. Sie ist nicht eine, weil es immer mehrere Möglichkeiten gibt, den Text zu lesen; aber sie ist auch nicht vielfältig im Sinn eines unzählbaren Unendlichen. Endlich – und vielleicht in der Hauptsache – wird der Bereich der möglichen Auslegungen auch durch den gemeinschaftlichen Charakter der Interpretation begrenzt. Ich kann diesen Punkt nie genug betonen, denn die individuelle Arbeit der Exegese hebt sich immer vom Horizont einer Gemeinde der Interpretation ab.

So zeichnet sich ein schwieriger Weg ab zwischen den beiden Abgründen der einen Wahrheit und der vielfachen Interpretationen. Dieser Weg ist eben der, welchen der Text öffnet, *zwischen* der Aussageabsicht des Textes und seiner Wiederaufnahme durch uns heute.

Paul Ricœur: Sprache und Theologie des Wortes

Mehrere Gründe zwingen den christlichen Theologen, sei er nun Kleriker oder Laie, der derzeitigen Entwicklung auf dem Gebiet der Sprachwissenschaft Rechnung zu tragen. Was von dieser Seite her an Belehrung und Anspruch an uns herantritt, möchte ich hier unter dem Gesichtspunkt einer Theologie des Wortes zusammenstellen. Zunächst: Was sollen wir unter einer »Theologie des Wortes« verstehen? Vorläufig zeigt sie sich auf einzelne Stücke verteilt, entsprechend der Vielfalt der Formen, in denen das Wort auf dem Gebiet der Theologie auftritt:

1. Alle theologischen Sätze beruhen auf der Überzeugung, daß Gott dem Menschen worthaft begegne. So sprechen wir denn auch vom »Wort Gottes«.

2. Das Christentum ist hauptsächlich dies: auf dieses Wort, insofern es »Fleisch geworden ist«, zu hören und es zu verstehen.

3. Eine besondere Form des Wortes ist das Zeugnis der christlichen Urgemeinde: das Wort der Verkündigung als der Ort, wo das Christus-Ereignis selbst als sprechendes Wort anerkannt wird.

4. Die gegenwärtige Verkündigung ihrerseits ist die Aktualisierung dieses ersten und ursprünglichen Wortes in einer für unsere Zeit verständlichen Sprache.

5. Das Geschäft der Exegeten und Theologen besteht darin, über diese vier auseinander hervorgehenden Weisen des Wortes so zu sprechen, daß die Sinnfülle des ersten, die Bewegung der folgenden Worte aus sich entlassenden Wortes auf neue und gesicherte Weise hervortritt. So zeigt sich die Leistung des Theologen auch selbst als ein Wort, als ein Sprechen über die enge innere Verbindung zwischen dem Wort Gottes, Gott als Wort in Christus, dem Wort der ersten Verkündigung und seiner Aktualisierung in der heutigen Verkündigung. So gesehen, ist jegliche Theologie eine Theologie des Wortes. Aber erst eine Theologie, die sich bemüht, die zerstreuten Stücke unserer Aufzählung aus einem einzigen Geschehen zu begreifen, verdient diesen Titel in seinem spezifischen Sinn.

Von einer Theologie des Wortes können wir dann sprechen, wenn sich eine Theologie bemüht, ihren Ursprung, dessen geschichtliches In-Erscheinung-Treten, das Moment des Zeugnisses und seiner Vergegenwärtigung in Verkündigung und theologischer Arbeit als ein einheitliches Ganzes zu begreifen. In diesem Falle träte das Problem der Hermeneutik in den Mittelpunkt. Die Hermeneutik würde mehr als nur die Methodologie der Exegese, d. h. eine nachträgliche Reflexion auf Interpretationsregeln. Sie bezöge sich nun auf das »Wortgeschehen« als auf die Konstitution des theologischen Objekts – um den von einigen deutschen Theologen gebrauchten Ausdruck aufzunehmen.

Indem der Theologe so den Begriff des Wortes und das hermeneutische Problem in den Mittelpunkt rückt, bringt er sich jedoch selber in eine Lage, die eine Konfrontation mit allen möglichen linguistischen Untersuchungen unausweichlich werden läßt, d. h. mit all den Forschungszweigen, die sich mit der Sprache befassen: mit der Linguistik zunächst (im engeren Sinn, als der Wissenschaft der sog. natürlichen Sprachen im Unterschied zu den Kunstsprachen); sodann mit der »Semiologie« als der Wissenschaft der Zeichen überhaupt (einer Verallgemeinerung des linguistischen Modells) sowie mit der Anwendung der Semiologie auf die Anthropologie (insofern die Strukturen einer Gesellschaft auf dem Austausch von Zeichen beruhen und selbst symbolischer Natur sind); schließlich mit der Logik als der Erforschung der künstlichen Sprachen. All diese Disziplinen, die sich mit der Sprache befassen, stellen dem Theologen die Frage: Wie läßt sich das »Wortgeschehen« in der Sprache der linguistischen Disziplinen ausdrücken? Dadurch verteilt sich das Programm der Theologie des Wortes auf eine systematische und auf eine kritische Aufgabe. Die systematische Aufgabe besteht in der Konstitution ihres Gegenstands, d. h. in der Vereinigung aller Domänen der Theologie unter dem Begriff des »Wortgeschehens«. Die kritische Arbeit aber – und nur diese werde ich in diesem Rahmen in Betracht ziehen – besteht in der Konfrontation jener Hermeneutik des »Wortgeschehens« mit den verschiedenen linguistischen Wissenschaften. Eine moderne Theologie des Wortes hat also die Verpflichtung, in *einer* Bewegung und im selben Atemzug ihre systematische oder organische und ihre kritische oder analytische Seite auszubilden. Sie kann heute nicht mehr der ersten Aufgabe genügen, ohne auch die zweite zu lösen, weil es zur Vergegenwärtigung des Wortes, d. h. ihrer hauptsächlichsten Bemühung, gehört, daß das Wort (parole) in den Bereich der Wörter (mots) eintritt, d. h. in das Feld, in dem sich die genannten profanen Wissenschaften abmühen. Es ist also das Wortgeschehen selbst, das den Theologen dazu verurteilt, mit den vielfältigen Problemen sozusagen handgemein zu werden, die sich die Linguisten, Soziologen, Logiker, Philosophen, Psychoanalytiker usw. stellen. – Lassen Sie mich diese Einleitung zusammenfassen: Der Gegenstand der Theologie ist das fleischgewordene Wort. Insofern aber »Fleisch« »Mensch« besagt und der Mensch ein Sprachwesen ist, heißt Fleischwerdung des Wortes auch: Sprachwerdung, im Sinn der profanen menschlichen Sprache. Daß der Logos menschliche Rede wird, sich in die Reihe unserer Wörter einreiht, das ist das Geschehen, das die Begegnung der Worttheologie mit den Sprachwissenschaften provoziert.

Um eine konkrete Vorstellung von dem zu geben, was in diesem Forschungsbereich zu leisten wäre, nehme ich als Leitfaden das Problem des Wortes (mot) in der Linguistik. Im Französischen tritt das Problem in seiner Einheit vielleicht nicht so deutlich hervor wie das im Deutschen oder im Englischen möglich ist, wo derselbe Ausdruck – »Wort«, »word« – sowohl das Wort als Wort (parole) Gottes wie die Wörter (mots) der menschlichen Sprache bezeichnet.

Ich werde von dem, was die anglo-amerikanischen Philosophen »linguistic analysis« nennen und was ein Thema für sich wäre, nichts sagen, mich vielmehr auf die Sprachwissenschaft beschränken (die, nebenbei gesagt, in den Kreisen der »linguistic analysis« vielleicht zu sehr mißachtet worden ist). – Insofern die Bibeltheologie weitgehend in einer Interpretation von Grundworten besteht, glaube ich, daß das von mir gewählte Feld der Konfrontation – das Problem des Wortes – auch eine Diskussion der Methodologie der Bibeltheologie ermöglicht. Ich werde im übrigen am Schluß auf das Problem dieser Grundworte – wie Bund, Fleisch, Sünde, Gnade usw. – zurückkommen; vor allem auf das Problem *jenes* Grundworts, um das in gewisser Weise die ganze biblische Hermeneutik kreist und das jeweils die völlige Umorientierung aller anderen Grundworte fordert: »Gott«. Der Ort meiner Überlegungen ist also dort, wo sich der Weg einer Hermeneutik des göttlichen Wortes (*P*arole) und der Weg einer Semantik der Wörter oder des menschlichen Wortes (*p*arole) kreuzen.

Ich habe mir die Entfaltung dieser Überlegungen so gedacht: Ich möchte zeigen – und das ist wohl die delikateste kritische Arbeit unseres Unternehmens –, daß das *eine* Problem des Wortes (parole/mot) auf verschiedenen Ebenen angegangen werden kann. Jeder Sprechakt enthält ja in sich verschiedene *Bedeutungsebenen;* und wenn wir diese Lage der Dinge nicht beherrschen, d. h., wenn wir die Gliederung, die Rangordnung und die Einheit der Strukturen und Funktionen der Sprache nicht erfassen, verurteilen wir uns nur zu ebenso fanatischen wie überflüssigen und fruchtlosen Streitereien. Wir stellen dann etwa einen rein strukturalistischen Ansatz, für den, wie sich gleich zeigen wird, ein Zeichen nichts anderes als ein durch bloßen Gegensatz bestimmtes Element eines Systems ist, einer Ontologie der Sprache (z. B. der Heideggers) entgegen, für die das Wort des Dichters oder Denkers das Sein entbirgt. Die Entscheidung für eines der beiden Extreme scheint solange unvermeidlich zu sein, als wir nicht über die kritischen Werkzeuge verfügen, um die verschiedenen Ebenen der Einheiten, der Strukturen und der Funktionen voneinander zu unterscheiden und so die innere Rangordnung der Sprache zu durchschauen. Ich schlage vor, unsere Untersuchung auf drei Ebenen durchzuführen, auf denen der Gegenstand »Wort« – im technischen Sinn der Bedeutungseinheit, aber auch im tieferen, lebendigen Sinn des bedeutsamen Sprachereignisses – in jeweils anderem Licht erscheint. Die drei Ebenen sind die folgenden: zunächst der Gesichtspunkt der strukturalen Linguistik, dann der einer Phänomenologie des Sprechens und schließlich der einer Ontologie der Rede (discours). Ich möchte zeigen, wie diese drei Gesichtspunkte innerlich zusammenhängen: In der strukturalen Linguistik betrachten wir die Sprache in ihrer formalen Konstitution; in der Phänomenologie des Sprechens beleuchten wir die Sprache hinsichtlich ihrer Absicht, etwas zu sagen; in der Ontologie der Rede besinnen wir uns auf die Sprache als eine Weise des Seins. Unser methodologisches Problem besteht also darin, diese drei Gesichtspunkte oder Zugangsweisen zum Problem in das rechte Verhältnis zueinander zu setzen. Ich werde also einen Gesichtspunkt nach dem anderen einnehmen und jedesmal eine Folgerung für den Theologen zu ziehen versuchen.

I.

Einziger Gegenstand unseres Interesses auf der Ebene der strukturalen Analyse ist die Wissenschaft der Linguistik. Diese Wissenschaft hat außerordentliche Fortschritte zu verzeichnen, die in erster Linie dem Zustrom neuen Tatsachenmaterials aus der Erforschung bisher unbekannter Sprachen zuzuschreiben sind. Denn während die große Sprachwissenschaft des 19. Jahrhunderts sich im wesentlichen an der indoeuropäischen Sprachfamilie mit ihren beiden Zweigen, dem germanistischen und dem romanistischen, orientiert hatte, hat die Berücksichtigung der ganzen Breite der menschlichen Sprachen – darunter auch der schriftlosen, wie der indo-amerikanischen – eine völlig neue methodologische Situation geschaffen. Wichtiger noch als dieser Zustrom neuer Information ist allerdings die Aufstellung eines neuen theoretischen Modells. Dieses theoretische Modell möchte ich kurz vorstellen und dabei seine Anwendung auf das Problem des Wortes im allgemeinen und auf den Gegenstand der Bibeltheologie im besonderen erörtern.

Das Modell kann in drei oder vier Grundzügen, deren jeder eine wichtige methodologische Entscheidung repräsentiert, dargestellt werden.

Die erste methodologische Entscheidung ist die Distinktion zwischen der Sprache im Sinne des *Sprachsystems* (langue) und der Sprache im Sinne des *Sprechaktes* (parole). Zum Sprechakt gehört all das, was am Sprachgeschehen individuelle Leistung (performance) oder psychophysiologische Ausführung ist; dazu gehören auch die freien Kombinationen auf der Basis eines endlichen Vorrats an Zeichen, d. h. das Vermögen, mit den Mitteln eines begrenzten Vorrats an Elementarzeichen eine unbegrenzte Zahl von Sätzen zu bauen. Auf die Seite des Sprachsystems gehört die Relevanz (compétence), die auf einer sozialen Institution, sozusagen auf den Spielregeln, beruht. F. de Saussure greift gerne auf den Vergleich mit dem Schachspiel zurück: Das Sprachsystem entspricht dem Stand des Spiels in einem bestimmten Zeitpunkt, der Sprechakt dem Zug, durch den wir eine neue Konfiguration schaffen.

Diese Zweiteilung ist für uns sehr wichtig, insofern es den Anschein hat, als gehöre die Theologie auf die Seite des gesprochenen Wortes, die Linguistik aber auf die des Sprachsystems. Aufgrund dieser Zweiteilung ist das Zeichensystem nun etwas von den sprechenden Subjekten getrennt Existierendes, ein eigengesetzliches und irgendwie neutrales und anonymes Phänomen.

Die zweite methodologische Entscheidung: Wenn wir nun die Seite des Sprechaktes außer acht lassen und nur die Seite des Sprachsystems betrachten, so lassen sich wiederum zwei Gesichtspunkte unterscheiden: Der erste, der der *Synchronie*, zeigt die Sprache, wie sie sich in einem bestimmten Zeitpunkt, in einem bestimmten Zustand des Systems, darbietet. Vom zweiten Gesichtspunkt aus, dem der *Diachronie*, werden ihre Wandlungen und Umgestaltungen sichtbar. Die gesamte Linguistik des 19. Jahrhunderts war historisch orientiert; ihr ganzes Interesse ging auf den Werdeprozeß in seinen mannigfaltigen Verzweigungen; das leitende Modell war die in der Biologie so erfolgreiche Evolutionsidee: dem Stammbaum des Lebens in seinen verschiedenen Arten entsprach der der Sprachen. Die heute dominierende strukturale Sprachwissenschaft hingegen ordnet die historische Betrachtungsweise der systematischen unter. Es handelt sich dabei um einen Wandel im Begriff der Erkennbarkeit selbst: Als das Erst-Erkennbare gilt nun nicht der Wandel, sondern der Zustand eines Systems. Das historische Verstehen ist zweitrangig, weil die Erkenntnis des Übergangs von einem Systemzustand zu einem anderen voraussetzt, daß diese beiden schon in sich erkannt worden sind.

Die dritte methodologische Entscheidung: In einem gegebenen Systemzustand spielen nicht isolierte, einzelne Elemente (z. B. *ein* Ton oder eine einzige Wortbedeutung), sondern nur die *Beziehungen* zwischen den Elementen eine Rolle. Hier ist der Ort, an dem zum ersten Mal von »Struktur«, von der Systemstruktur, gesprochen werden kann. Die ganze Bedeutung eines Elements (z. B. eines Worts) in einem Sprachsystem besteht darin, daß es sich von allen anderen Elementen unterscheidet. Sein Wert ist differentiell, rein durch den Unterschied bestimmt, nach dem Wort Saussures: »In der Sprache gibt es nichts als Unterschiede.« [1] Wir beginnen zu begreifen, was eine Struktur ist: ein Gesamt wechselseitiger Abhängigkeiten, ein System, das ganz aus Beziehungen, ohne absolute Bezugspunkte, besteht.

Schließlich der letzte, der im Zusammenhang einer Worttheologie vielleicht wichtigste Zug: Der strukturalistischen Konzeption zufolge hat ein Sprachsystem keine Beziehungen *nach außen*. In einem Wörterbuch verweist ein Wort immer auf ein anderes Wort, niemals auf die Sache selbst. Alle Wörter verweisen in einer Art endlosen Ringelreihens aufeinander. Im geschlossenen Raum des Wörterbuchs verweisen immer nur wieder Zeichen auf Zeichen. Wir sehen hier bildlich, was die Theoretiker die *Geschlossenheit (clôture) des Universums der Zeichen* nennen. Insofern das Universum der Zeichen als ein System von

---

[1] *F. de Saussure*, Grundfragen der allgemeinen Sprachwissenschaft, Berlin [2]1967, 143.

innerlich einander bedingenden Beziehungen betrachtet wird, hat es so zwar ein Innen, aber kein Außen. Dieser Punkt ist sehr wichtig. Denn jede Philosophie der Sprache beruht auf der Vorstellung, daß Sprechen immer ein Sprechen *über etwas* und *zu jemandem* sei und daß das Funktionieren der Sprache so eine mindestens doppelte Transzendenz voraussetzt: die Transzendenz dessen, worüber wir sprechen, und die dessen, zu dem wir sprechen. So gesehen, besteht das letzte und grundlegende Postulat des Strukturalismus in der Einklammerung der Transzendenz des Bezeichneten (genauer: des Bezugsobjekts [référé]) und der Transzendenz der miteinander sprechenden Subjekte.

Daraus ergeben sich wichtige Konsequenzen für die Bestimmung des Wortes. Für den Strukturalisten ist ein Wort nichts anderes als ein Bündel von Differenzen innerhalb eines Systems. Es bleibt also nichts übrig von dem, was den Namen »Wort« im Vollsinn dieser Bezeichnung verdiente, d. h. in der Bedeutung, die schon Aristoteles dem Logos beigelegt hat und die darin besteht, etwas über etwas zu sagen.[2]

Inwiefern betreffen diese Überlegungen die Bibeltheologie? Zunächst indirekt, insofern die Worttheologie voraussetzt, daß das Sprechen nicht nur eine Struktur, sondern auch eine Bedeutung hat, nämlich die Bedeutung eines Wortes, das jemand an jemand anderen richtet. Das strukturalistische Modell führt jedoch eher in die Nähe eines Unbewußten, nicht zwar im Sinne Freuds als des Ortes der Verdrängungen, sondern im Sinne Kants: als des Ortes der unbewußt arbeitenden Kategorien. Mehr noch: Kraft des zuletzt erwähnten Postulats eines geschlossenen Zeichensystems sieht man eine Idee auftauchen, die bei den philosophischeren unter den Strukturalisten dann oft auch voll ausgebaut auftritt, daß nämlich die Sprache letzten Endes subjektlos sei, eine Art anonymes Feld von Regeln und Strukturen, die aus eigener Kraft funktionieren. Die Idee, die die idealistische Tradition der Philosophie immer gewahrt hat, daß nämlich »etwas begreifen« letztlich heiße, sich selbst zu begreifen – diese Idee ist aus jener Sicht der Dinge ausgeschlossen. In diesem Sinn kann man sagen, daß der Strukturalismus jede Art von hermeneutischer Besinnung, d. h. einer Besinnung, die auf der Annahme einer Wechselbeziehung von auszulegendem Text und Ausleger beruht, abweisen muß. Für den Strukturalismus gibt es keine Botschaft auszurichten, keinen Sinn zu entziffern, keine Bedeu-

---

[2] *Aristoteles,* Über die Seele III, 6 (430 b 25).

tungen, die existentiell zu ergreifen wären. Für ihn gibt es nur Elemente, die nach Klassifikationsregeln zu ordnen sind.

Dennoch glaube ich nicht, daß wir wie gebannt nur auf den Gegensatz von Hermeneutik und Strukturalismus starren sollten. Denn auf der anderen Seite erhebt der Strukturalismus auch mit recht eine Reihe von Minimalforderungen, die erfüllt sein müssen, bevor man die eigentliche Interpretation in Angriff nehmen kann. Die strukturale Denkart hat eine methodische Strenge verlangt, der Genüge getan sein muß, bevor man sich an die Arbeit der Auslegung heranwagen kann. Was das z. B. für die Interpretation des biblischen Wortschatzes besagt, werde ich weiter unten ausführen.

Als erstes scheint mir, daß jede Bedeutung, wenn sie reich und sprechend sein soll, einer Struktur angehören muß. Zumindest in negativer Hinsicht ist die Struktur ein Faktor der Bedeutsamkeit. Ein Beispiel: Im Kapitel über den Symbolismus seiner »Theologie im 12. Jahrhundert« [3] zeigt Marie-Dominique Chenu, daß die großen Symbole der abendländischen Kultur – Symbole teils hebräischer bzw. semitischer, teils griechischer bzw. protohellenischer Herkunft – in einem universalen Symbolismus gründen, der sich als polyvalent erweist. Ein und dasselbe Symbol, z. B. das Wasser oder das Feuer, kann alles und jedes bedeuten: das Feuer verbrennt, reinigt, zerstört, wärmt; das Wasser erfrischt und wäscht, bringt aber auch den Tod. Ein an sich vieldeutiges Symbol gewinnt eine bestimmte Bedeutung also immer erst im Zusammenhang einer bestimmten Struktur. So hat die Bibel beispielsweise das altbekannte (aus orientalischen und persischen Bestiarien oder noch weiter her stammende) Tier-Motiv dazu verwendet, um die Zerstörungsdrohung durch das Chaos oder die dämonischen Untergründe des menschlichen Lebens zu bezeichnen. Durch die Begrenzung wird so der an sich vieldeutige, »wilde« Symbolismus fähig, etwas Bestimmtes zu bedeuten. Die strukturale Sichtweise muß also auf die eine oder andere Weise Bestandteil jeder Interpretation werden.

Noch eine zweite Bedingung muß heute m. E. erfüllt werden: Wir können es uns nicht mehr erlauben, die synchronische mit der diachronischen Sichtweise zu vermischen, wie das bisher zu oft der Fall war, bis hinein in so bedeutende Werke wie Kittels »Theologisches Wörterbuch zum Neuen Testament«. Es ist nicht möglich, die verschiedenen

---

[3] *M.-D. Chenu,* La Théologie au XIIe siècle (Etudes de Philosophie médiévale, 45), Paris (Vrin) 1957, Kapitel 7: La mentalité symbolique.

Bedeutungen, die ein Wort zu verschiedenen Zeiten gehabt hat, in ein und denselben Textabschnitt hineinzutragen und sie dabei noch von anderen Wortbedeutungen abzugrenzen, die ihrerseits verschiedenen Querschnitten der Geschichte angehören. James Barr hat in seinem sehr wichtigen Buch über die biblische Semantik[4] gezeigt, daß die meisten Arbeiten zur biblischen Semantik gewissen Forderungen strukturalen Denkens, der der heutigen Linguistik längst selbstverständlich sind, nicht gerecht werden, und zwar insbesondere nicht der Distinktion von synchronischer und diachronischer Sichtweise. Wenn ein Wort zu einem gegebenen Zeitpunkt etwas Bestimmtes bedeutet, dann deshalb, weil es in eben diesem Moment im Gegensatz zu anderen Wörtern desselben Wortschatzes steht. Man kann also dasselbe, aber zu verschiedenen Epochen niedergeschriebene Wort nicht verstehen, ohne seiner jeweils gewandelten Umwelt und der dadurch veranlaßten Umstrukturierung der Sprache Rechnung zu tragen.
Schließlich ist es ebenso unmöglich, die Strukturen der Sprache zu untersuchen, ohne ihrem Bezug zu anderen Strukturen Beachtung zu schenken, zu jenen Strukturen nämlich, die ihren Ausdruck in den Klassifikationen der Natur (Tiere, Pflanzen, Gebrauchsgegenstände) und der sozialen Wirklichkeit finden. Die sprachlichen Strukturen stehen mit allen anderen Strukturen in einem Verhältnis der Homologie; aus diesem Spiel der Strukturen heraus vermag die Sprache zu sprechen.
Folglich trifft alles, was man gegen die Übertreibungen, die Grenzüberschreitungen und die Anmaßung des Strukturalismus sagen kann, nur den Strukturalismus als Philosophie, nicht aber die strukturale Methode. Heute ist es unmöglich geworden, die Minimalforderungen der strukturalen Methode nicht zu erfüllen.
Ich möchte dem noch hinzufügen, daß der strukturale und der hermeneutische Ansatz mehr und mehr dazu kommen werden, sich zusammenzutun und zu ergänzen, weil keiner von beiden sein Ziel allein wird erreichen können. Zwar hat Lévi-Strauss eine nahezu reine strukturale Analyse der von ihm berücksichtigten Mythen zu geben vermocht. Er konnte dies aber nur deshalb, weil man es im Bereich des alten Totemismus mit Mythen zu tun hat, die semantisch schwach und syntaktisch stark sind und sich so gut für eine strukturale Analyse,

---

4 *J. Barr*, Bibelexegese und moderne Semantik. Theologische und linguistische Methode in der Bibelwissenschaft, München 1965.

d. h. für eine topologische Untersuchung, eignen. Unsere eigene Kultur hingegen ist auf mythischen Grundlagen ganz anderer Art aufgebaut. Im Bereich des antiken Orient und der protohellenischen Kultur legt sich eher eine inhaltliche Interpretation der Mythen nahe. Denn deren syntaktische Organisation ist schwach und ihre Korrelation mit den Klassifikationen der Natur und der Gesellschaft ist sehr flexibel; ihr semantischer Reichtum aber ist so groß, daß ihre tiefere Bedeutung auch in veränderten Umständen überleben und eine Folge von Neu-Interpretationen, Wiederholungen und Renaissancen hat hervorrufen können, deren Kette genau das ausmacht, was man eine Überlieferung nennt. In den beiden Fällen liegt also ein jeweils umgekehrtes Verhältnis zur Zeit vor. Auf der einen Seite haben wir es mit einer synchronischen Kohärenz zu tun, die mit einer diachronischen Zerbrechlichkeit und einer abgehackten Form der Zeitlichkeit gekoppelt ist. Auf der anderen Seite erlaubt der semantische Reichtum zu einem bestimmten Zeitpunkt immer nur eine schwache Kohärenz des mythischen Gebäudes, treibt aber eine schöpferische Form der Zeitlichkeit hervor. Ich glaube also ganz und gar nicht, daß wir hier vor einer Alternative stehen, die uns zwänge, zwischen der strukturalen und der hermeneutischen Sichtweise zu wählen. Vielmehr müssen beide Gesichtspunkte in verschiedener Dosierung kombiniert und gegenseitig ergänzt werden, je nachdem, ob die Gegenstände unserer Untersuchung in semantischer Hinsicht reicher oder in syntaktischer Hinsicht strukturierter sind.

II

Nun möchte ich einige Beispiele für eine Phänomenologie der Sprache geben und zeigen, worin nach dem Beitrag der Strukturanalyse der spezifische Beitrag der Sprachphänomenologie bestehen könnte. Die Phänomenologie kann m. E. etwas zu einer Theorie der Sprache beisteuern, was die Linguistik zu geben nicht imstande ist oder vielmehr gar nicht geben soll, weil das ihre Kompetenzen überschritte. Ich unterscheide also Sprachphilosophie und Sprachwissenschaft (oder Linguistik). Die *Linguistik* beschäftigt sich nicht mit der Sprache (langage) als einer Dimension menschlicher Existenz, sondern mit den Sprachen (langues), d. h. den einer geschichtlichen Gemeinschaft eigentümlichen Zeichensystemen: z. B. mit dem Russischen, dem Englischen,

Deutschen oder Französischen. Diese Systeme haben jeweils eine eigene Struktur: eine phonologische, lexikalische, syntaktische, stilistische usw. Struktur; diese Strukturen theoretisch zu erfassen, ist die Aufgabe der strukturalistischen Linguistik. Davon zu unterscheiden ist die Aufgabe der *Sprachphilosophie,* die eine Aufgabe höherer Ordnung ist. Sie besteht darin, den Bezug zwischen der Sprache als einem Zeichensystem und der Sprache als dem »Meinen« einer Sache zurückzugewinnen. Dieser Bezug ist m. E. der Gegenstand einer Phänomenologie der Sprache. Die Linguistik, selbst die allgemeine, reicht dazu nicht aus; denn, wie wir gesehen haben, beginnt diese ja gerade damit, Sprachsystem und Sprechakt voneinander zu trennen, wobei sie das Sprachsystem als eine von den sprechenden Subjekten unabhängige und dem einzelnen selbst unbewußte Struktur versteht, der gegenüber der Sprechakt die Funktion der Ausführung, der Kombination und der Initiative hat. Was den Philosophen interessiert, ist aber nun gerade das Verhältnis von beiden Seiten, von Sprachsystem und Sprechakt. Mit anderen Worten: Was der Linguist getrennt hat, muß der Philosoph wieder vereinen. Dem Sprachphilosophen ist gerade das wichtig, was wir aus einem gegebenen System machen, wie wir es gebrauchen. Sein Problem ist also nicht die Struktur, sondern der Gebrauch der Sprache. Ich bin mir hier ganz mit den englischen Philosophen der Alltagssprache einig, nicht dem Strukturbegriff, sondern dem Begriff des *Gebrauchs* die Mittelpunktstellung einzuräumen. Die Sprache ist ja kein Ding an sich, sondern eine Vermittlung, ein Medium, durch das und durch das hindurch wir uns auf die Wirklichkeit beziehen: das ist der Grundzug der Sprache, der des Sachbezugs. Manchmal teilen wir unsere Erfahrung anderen mit: das ist der soziale Zug. Endlich drükken wir uns sprechend selber aus: das ist der personale Zug der Sprache. Die Vermittlung schließt also dreierlei in sich: Bedeutung, d. h. einen Bezug (référence) auf ... (etwas über etwas sagen); Mitteilung; Ausdruck: Bedeutung, Mitteilung und Ausdruck – so heißen die Gegenstände einer Sprachphilosophie, die jederzeit auf bloße Linguistik unrückführbar bleibt.

Der Beitrag der Phänomenologie zum Verständnis der Sprache könnte darin bestehen, daß sie den philosophischen Vorrang des Problems der Bedeutung vor dem der Mitteilung und des Ausdrucks festigt. Unter Bedeutung verstehe ich hier die Fähigkeit, das Wirkliche durch die Vermittlung von Zeichen vorzustellen und die Zeichen als Vorstellungen des Wirklichen zu begreifen. Mir scheint nun, daß der für die phänomenologische Analyse grundlegende Begriff der Intentionalität für das Problem der Bedeutung sehr erhellend sein kann. Ein »Zeichen« setzt ja voraus, daß das Bewußtsein sein Wesen in einem »Meinen« hat, das auf etwas hinzielt. An diesem Meinen lassen sich zwei Momente unterscheiden. Zuerst ein Moment der »Idealität«: Sprechen, das heißt: *etwas* sagen. Die Bedeutung aber existiert weder in der Welt noch im Bewußtsein, sie hat keine Realität, weder eine physische noch eine psychische. Zweitens dann aber auch ein Moment der »Realität«: Sprechen, das heißt auch: etwas *über etwas* sagen. So gehören zu jedem sinnvollen Sprechen diese beiden Faktoren der Sinnhaftigkeit: der Faktor der Bedeutung und der Faktor des Sachbezugs. Intentionalität baut sich immer von zwei Stützpunkten aus auf: vom Stützpunkt der Bedeutung, die ideal ist, und vom Stützpunkt des Bezugs auf eine Sache, die real ist. Der Sprechakt läßt die Bedeutung und den Sachbezug der Rede – daß sie etwas sagt und es über etwas sagt – in ihrer Unterschiedenheit hervortreten. Darin besteht die Auszeichnung des Sprechakts gegenüber dem bloßen Sprachsystem. Genaugenommen spricht das Sprachsystem gar nicht. Es ist stumm. Es ist ja nur ein System von Zeichen, ein brauchbares Werkzeug. Der Sprechakt aber spricht: er sagt etwas über etwas.

Wir kommen einen weiteren Schritt in unserer Phänomenologie voran, wenn wir beachten, daß die sprachliche Einheit, die den Übergang vom Sprachsystem zum Sprechakt trägt, vollkommen unrückführbar auf die bisher betrachteten, phonetischen oder lexikalischen Einheiten ist. Diese neue Einheit ist der *Satz*. Der Satz ist der Angelpunkt des aktuellen Sprechens (parole). Was aber ist ein Satz? Er ist ein Sprachgeschehen. Die Sprache als System bleibt und ruht in sich, der Satz aber entsteht und vergeht. Jedesmal, wenn jemand spricht, bildet sich eine flüchtige, vorübergehende Verbindung von Zeichen. Diese vorübergehende Verbindung ist das Sprachgeschehen. Wir nähern uns also langsam jenem Begriff, den wir von Anfang an im Auge hatten: dem Begriff des Wortgeschehens. Wir nähern uns ihm mit Hilfe einer Phänomenologie des Sprechaktes, die durch eine Theorie des Satzes gestützt wird. Die Funktion des Satzes ist seit Platon bekannt. Es ist der Logos, als eine Verknüpfung von Nomina und Verba, der das Gewicht der Bedeutung, der Mitteilung und des Ausdrucks trägt. Ich ziele etwas Wirkliches an; ich wende mich an jemanden; zugleich gebe ich meine

Absicht kund, die mich als dieses sprechende Subjekt konstituiert. So zeichnen sich die Konturen unserer Sprachphilosophie schon deutlicher ab: Es gilt, beschreibend den Übergang von der Sprache als einem Zeichensystem zum Sprechakt als einem Redegeschehen aufzuweisen.

Vor dem Hintergrund dieser Phänomenologie des Sprechaktes müssen wir nun das Problem des Wortes (mot) wieder aufgreifen, um von da aus bis zum Problem der Grundworte der Bibeltheologie vorzustoßen. Denn an dieser Stelle unserer Überlegungen wird das Problem des Wortes, das wir seit dem Ende des ersten Abschnitts in der Schwebe gelassen haben, wieder aktuell. Vor kurzem noch war das Wort nichts anderes als ein rein durch Unterschiede bestimmtes Element des Wortschatzes, eine einfache Differenz in einem Zeichensystem. Jetzt ist das Wort ein Faktor des Satzes und nimmt so an dessen Funktion teil. Nur insofern sie Teile eines Satzes sind, bezeichnen die Wörter etwas. Erst als ein solcher Teil ist ein Wort mehr als ein bloßer Unterschied, der ein verborgenes Dasein in einem Wörterbuch führt; es ist ein Moment am Vollzug des Sprechaktes. Erst in diesem Zusammenhang wird das Wort lebendig. Denn nun ist es mehr als bloß der geisterhafte Schatten einer Bedeutung, der sich beschwören läßt, um gleich darauf wieder ins Nichts zurückzusinken. Nun beherrscht es das Geschehen. Es gibt dem System unserer Sprache eine Geschichte. Denn jedesmal, wenn wir von ihm Gebrauch machen, wird es durch diese Verwendung reicher; es trägt gewissermaßen die Narben an sich, die die vielen Male seines Gebrauchs zurückgelassen haben. Dadurch rettet es über den Augenblick des aktuellen Gebrauchs hinaus sein Leben, und wenn es zum System zurückkehrt, bringt es diesem die Dimension der Zeitlichkeit ein. Wir berühren damit ein Problem, mit dem der Strukturalismus bisher noch nicht fertiggeworden ist: das Problem des Übergangs vom System zur Geschichte. Denn während sich, wie gesagt, die Linguisten des 19. Jahrhunderts in der Geschichte zu Hause fühlten, ist den heutigen Linguisten die Geschichte fremd; ihr Zuhause sind geschichtslose Systeme.

Welche Konsequenzen hat dieser zweite Durchgang für die Bibeltheologie mit sich gebracht? Die Phänomenologie des Sprechaktes steht der Theologie näher als die strukturale Analyse des Sprachsystems, von den am Ende des ersten Abschnittes genannten Einschränkungen einmal abgesehen. Der eingangs erwähnte Begriff des »Wortgeschehens«, der im Zentrum gewisser moderner Theologien steht, setzt zweifellos voraus, daß wir eine Art von spontanem Wissen um das haben, was ein Wortgeschehen ist, und um das, was im Bezugsfeld von Ausdruck, Mitteilung und Bedeutung »sprechen« heißt. Denn die Grundworte der Theologie beziehen sich auf jene spezifische Redesituation, in der unsere ganze Existenz zum Ausdruck kommt. Das Verständnis der biblischen Sprache fügt dieser Situationserhellung eine ebenso spezifische Mitteilung hinzu: die Welt einer von allen geteilten Sprache, wodurch aus der Gemeinschaft der Kirche eine Interpretationsgemeinschaft wird.

Die möglichen Konsequenzen einer Phänomenologie der Sprache für die Bibeltheologie werden in dem Maße deutlicher, als man die Rolle der Mehrdeutigkeit (Polysemie) in der Semantik überhaupt und in der Semantik der biblischen Sprache im besonderen beachtet. Die Polysemie, d. h. die Tatsache, daß ein Wort mehrere Bedeutungen hat, ist das Zentralthema jeder Semantik, und auch die Hermeneutik kann sie nicht mehr übersehen. Es ist nun die Aufgabe einer am Sprechakt orientierten Linguistik klarzustellen, daß die Polysemie oder Mehrdeutigkeit keine Krankheit der Sprache, kein pathologisches Phänomen ist, sondern im Haushalt der Sprache eine sehr präzise Funktion erfüllt. Schon Aristoteles wußte, daß sogar das Wort »sein« in mehrfachem Sinne gebraucht wird.[5] Die Funktion der Mehrdeutigkeit ist aber eng mit der des Satzes verknüpft. Denn, isoliert genommen, sind all unsere Wörter mehrdeutig, und zwar aufgrund des oben angedeuteten Häufungsprozesses, der für die Wörter selbst konstitutiv ist. Diese Fähigkeit des Wortes, eine neue Bedeutung zu erwerben ohne die alte zu verlieren, ist die Basis der Metapher, d. h. der Übertragung einer Bedeutung. Mögen nun aber auch all unsere Wörter mehrdeutig sein, so sind es doch nicht auch all unsere Aussagen. Denn die Polysemie kann sich nur unter gewissen, von der Struktur eines Satzes oder dem Aufbau einer Rede abhängigen Bedingungen entfalten. Der Zusammenhang eines Satzes kann so sein, daß durch die gegenseitige Verstärkung jeweils einer der möglichen Bedeutungen der Satzglieder aus den verschiedenen möglichen Bedeutungen eines Wortes nur eine einzige gewissermaßen ausgesiebt wird. Der Zusammenhang des Satzes kann aber auch mehrere semantische Werte eines Wortes zugleich zulassen; so entfaltet sich etwa die dichterische Sprache in einer Weise,

---

[5] *Aristoteles*, Metaphysik V, 7.

die alle Bedeutungsvarianten zugleich festhält, zusammenträgt und bewahrt: ein »Fest« der Bedeutung!

Die Frage der Polysemie führt uns noch einmal – und diesmal noch entschiedener in aufbauender Absicht – zu unserer Auseinandersetzung mit dem Strukturalismus zurück. Wie ich eben zu sagen versucht habe, »funktioniert« ein Symbolismus immer nur innerhalb einer Struktur. Wenn der Häufungsvorgang, der jeder Übertragung von Bedeutung zugrunde liegt, aus dem Rahmen einer Struktur, die die Mehrdeutigkeit im Zaum hält, entlassen und sich selbst überlassen wird, artet er sozusagen zu einem Blutsturz aus: Wörter, die alles zugleich sagen wollen, sagen überhaupt nichts mehr. Allein der Zusammenhang mit einer Satzstruktur macht aus der Polysemie eine geregelte Polysemie – und nur eine solche kann etwas bedeuten.

Es dürfte also unmöglich sein, eine Bibeltheologie zu schreiben, ohne eine gute, um das Problem der Polysemie zentrierte Linguistik des Wortes zu Hilfe zu rufen. Denn die Bibeltheologie bezieht sich auf Grundworte, die ständig neu auf der Basis der Kenntnisse, die wir von der Kultur einer Epoche haben, interpretiert werden müssen. Denn Worte wie »Sünde« oder »Gnade« stehen im Zusammenhang einer Situation und einer Interpretationsgemeinschaft, die rekonstruiert werden müssen, soll der Sinn dieser Grundworte festgestellt werden. Die Metapher ist nur eine von vielen möglichen Weisen indirekten Sachbezugs, durch deren Vermittlung sich das Selbstverständnis im Rahmen einer bestimmten Interpretationsgemeinschaft vollzieht.

Die Spitze dieses Sachverhalts ist natürlich der Fall des Wortes »Gott«. In gewisser Weise ist »Gott« das Schlüsselwort des theologischen Wortschatzes überhaupt; »es ist jenes Wort, das alle anderen zu einem Bedeutungsfeld zusammenwachsen und sich einander zuordnen läßt.«[6] Um aber die Bedeutung des Wortes »Gott« sowie seine Kraft, den Schwerpunkt des gesamten semantischen Feldes zu bilden, erklären zu können, müssen wir noch eine dritte Dimension der Sprache behandeln.

---

[6] *J. Macquarrie*, God-talk. An examination of the language and logic of theology, London 1967.

III

Die Phänomenologie kann, so glaube ich, das Wesen der Sprache ebensowenig erschöpfend darstellen, als dies die strukturale Linguistik vermochte. Wir müssen nun etwas auf seine Gründe befragen, was wir bisher dauernd einfach vorausgesetzt haben: das *Vermögen,* etwas zu *sagen.* Denn der Sprechakt läßt sich weder auf die Struktur der Elemente eines Sprachsystems noch auf die Absichten sprechender Subjekte zurückführen. Hätte die Sprache nicht ontologische Wurzeln in der Struktur des Seins selbst, wäre sie leer. Dies, daß man mit einer Sprachtheorie, die im Raum eines geschlossenen Zeichensystems bleibt und die die Sprache selbst tragenden Existenzstrukturen vergißt, in eine Sackgasse gerät – dies gezeigt zu haben, scheint mir der entscheidende Beitrag der Philosophie Heideggers. Denn erst diese Strukturen leisten die Öffnung unseres Wesens auf das Seiende im Ganzen. Gerade weil die Sprache Vermittlung ist, kann sie nicht die Basis sein; sie tritt innerhalb eines Existenzgeschehens auf, das ihr vorausliegt und das sie umgreift. Dieses Existenzgeschehen ist es, was die Sprache als das für menschliches Sein grundlegende Ereignis möglich macht. Daß Heidegger im Aufbau von »Sein und Zeit« nicht von der Sprache ausgeht, sondern von anderswoher zu dieser kommt,[7] scheint mir eine sehr wichtige Sache zu sein. Ich sehe im Denken Heideggers heute ein heilsames Gegenmittel gegen die Krankheit der modernen, insbesondere französischen Philosophie, sich in eine geschlossene Welt von Zeichen einzumauern. Denn Heidegger zwingt uns, den entscheidenden Schritt aus dem verwunschenen Kreis zu tun, um im Akt des Sagens selbst eine Weise des Seins wiederzufinden – was wiederum voraussetzt, daß das Seiende so gebaut sei, daß es ausgesagt werden kann. So geht Heidegger jedenfalls in »Sein und Zeit« vor, um sich dem Phänomen der Sprache zu nähern. Er geht von ursprünglichen, entscheidenden Erfahrungen aus, die der Sprache vorausliegen, wie der Erfahrung des »Geworfenseins«, des »Entwurfes«, des »Verstehens« usw. Von da aus kann dann die Sprache als eine der fundamentalen Bestimmungen des Daseins erscheinen, indem er vom (irgendwie vor-sprachlichen) »Verstehen« über die »Auslegung« zur Rede im eigentlichen Sinn, d. h. zur Aussage, aufsteigt; dabei hat die »Auslegung«, insofern sie zur Existenz als solcher gehört, eine Schlüsselposition inne. In der weiteren

[7] *M. Heidegger,* Sein und Zeit, § 34.

Entwicklung seiner Philosophie stellt Heidegger mehr und mehr das »Sagen« als den Ursprung des »Sprechens« dar.[8] Es handelt sich also darum, in der Reflexion auf die Sprache immer wieder eine »Kehre« zu vollziehen, um der Sprache, die uns zugesprochen wird, den Vorrang vor jener, die wir sprechen können, zuzuerkennen. So gehört etwa auch das Schweigen in den Bereich der Sprachphilosophie, insofern das Sagen damit anfängt, schweigend die Gegenwart des Sinnes auszuhalten; denn »Schweigen« ist nicht daselbe wie »stumm sein«. Im Schweigen drückt sich aus, daß unser primäres Verhältnis zur Sprache nicht das des Sprechens, sondern das des Hörens ist.

Wir haben nun eine Dimension der Sprache erreicht, die der Intention des sprechenden Subjekts und a fortiori den Strukturen des Sprachsystems vorausliegt.

Nun tritt das Wort (mot) zum dritten Mal in den Mittelpunkt unserer Überlegungen – jetzt freilich sozusagen mit einem zusätzlichen philosophischen Koeffizienten. Vom Gesichtspunkt der Strukturanalyse aus hat sich das Wort als ein durch Differenz bestimmtes Element eines Systems gezeigt. Im Horizont der Phänomenologie ist das Wort dann als ein Faktor in der bedeutungstragenden Einheit des Satzes erschienen. Und nun können wir sagen: Das Wort ist der Ort, wo das uns zugesprochene Wort (parole) in das von uns ausgesprochene Wort (parole) übergeht. Das Wort ist selbst der Umschlag vom »Sagen« ins Sprechen.

Das Wort ist der Angelpunkt einer Dialektik zwischen dem, was sich zeigt, und dem, was wir erfassen, oder zwischen der Entbergung des Seienden und dem Zugriff des Menschen. Was immer sich zeigen will, muß sich durch den engen Durchlaß des menschlichen Wortes zwängen, d. h., sich der Gewalttätigkeit des Dichters oder Denkers unterwerfen. In einem großartigen Text[9] sagt Heidegger, daß im Wesen des nennenden Wortes zugleich ein Dienst des Menschen an der Entbergung des Seins und die Verantwortlichkeit des sprechenden Menschen, der das Seiende in seiner Offenheit »bewahrt«, gelegen sei. Dies Wort vom »bewahren« ist wunderbar. Es drückt aufs konzentrierteste den ganzen philosophischen Reichtum der Funktion des Wortes aus. Indem es in seiner Offenheit bewahrt, was einmal eröffnet worden ist,

---

[8] »Das zeigende Sehenlassen ist der Sinn unseres alten deutschen Wortes *sagan*, sagen«: *M. Heidegger,* Unterwegs zur Sprache, Pfullingen 1959, 222 (Anm. d. Ü.).

[9] *M. Heidegger,* Einführung in die Metaphysik, Tübingen 1953, 131.

ermöglicht das Wort den Dingen, das zu werden, was sie sind. Durch die Sprache gelangen die Dinge in den Raum der Offenheit und der Enthüllung, für den der Mensch als Sprachwesen eine Verantwortung trägt.

Beiläufig möchte ich anmerken, daß hier ein so altes, seit Jahrhunderten festgefahrenes Problem wie das der Prädestination wenn nicht seine Lösung, so doch wenigstens seine korrekte Fassung erhält. Könnten wir verstehen, wie in der Sprache zugleich das Wort über den Menschen verfügt und der Mensch für das Wort verantwortlich ist, dann vermöchten wir erkennen, wie im Akt des Sprechens die Prädestination des Seins und die menschliche Verantwortung miteinander verknüpft sind. Das Wort ist genau der Kreuzpunkt, wo etwas bei uns ankommt und wo wir dieses beherrschen und ihm eine Begrenzung auferlegen. Das Wort ist der Ort des Austausches zwischen System und Geschehen, zwischen Struktur und Werden, aber auch zwischen Eröffnung und Begrenzung, nämlich zwischen der Grenzenlosigkeit des Sich-Entbergens und der zur Wortbildung gehörenden Begrenzung. Diese Konstitution des Wortes zeigt sich nur in einer Art von Philosophieren, die nicht nur nicht mit der Linguistik, sondern auch nicht mit der Phänomenologie identifiziert werden darf. Denn diese beiden Wissenschaften betrachten die Sprache als schon konstituiertes Phänomen; sie haben die Verfestigung der Bedeutungen zu Worten schon im Rücken; sie haben die Systeme der Sprachen schon fertig vor sich. Noch vor dem Sprechen liegt aber jenes Sagen, das auch ein Akt kühner Gewaltanwendung ist, indem es der versammelnden Tätigkeit des Logos eine Art radikaler Zerstreuung entgegensetzt. Vielleicht ist mit dieser Unterwerfung, dieser Gefangennahme und diesem Raub des Wortes durch den Menschen gar der Ort bezeichnet, an dem sowohl die ins Sein tretenden Dinge wie das sich selbst setzende Subjekt in ein und derselben Geburt ans Licht kommen. Denn wenn das Wort erscheint, werden die Dinge sie selbst, und der Mensch steht aufrecht da. Hier stehen wir am Ursprung jenes Herrschaftsaktes, der das universale Reich des Verfügbaren schafft: die Welt der Wissenschaft und Technik – ein Reich, das mit der »Gefangennahme« des Sich-Entbergenden beginnt.

Welche Konsequenzen ergeben sich nun schließlich aus einer derartigen ontologischen Theorie der Sprache für die Bibeltheologie? Was mich angeht, so sehe ich eine zweifache Beziehung der Bibeltheologie zu einer Untersuchung von der Art der eben skizzierten. Als erstes scheint mir, daß der Begriff der Offenheit, der Unverborgenheit, die allgemeinste Basis für einen Offenbarungsbegriff hergibt. Wenn die gläubige Gemeinde bekennt, daß »in Christus das göttliche Wort Fleisch geworden ist«, dann hat sie schon ein, wenn auch noch so vages und unbestimmtes Verständnis dessen vorausgesetzt, was als das »Sich-Entbergen des Seins im Wort« bezeichnet werden könnte. Die christliche Verkündigung schließt als eine für den Menschen bedeutsame Tatsache ein, daß das Sein dazu drängt, Wort zu werden. Damit will ich keineswegs behaupten, daß sich das Wort Gottes in Christus zu einer Art allgemeiner Offenbarung verflüchtige. Ganz im Gegenteil! Die Einzigkeit des Wortes Gottes in Christus steht der Allgemeinheit der Entbergung des Seins als des Logos, dem das Wort der Dichter und Denker entspricht, nicht nur nicht entgegen; vielmehr ist das Wort Gottes in Christus als die zentrale Verwirklichung jener umfassenden Entbergung zu verstehen, um die herum sich all ihre anderen Gestalten ordnen. Die Einzigkeit der Offenbarung und die Universalität der Entbergung verstärken sich gegenseitig. Gerade weil ich die Botschaft, daß das Wort Gottes unter uns gewohnt hat, als glaubwürdig annehme, vertraue ich darauf, daß sich in jedem sinnvollen Sprechen die Entbergung des Seins vollzieht; und dieses Vertrauen ermächtigt mich, mir von jeder sinnvollen Rede etwas zu erwarten. Und umgekehrt: Weil ich Anzeichen dafür finde, daß sich das Sein auch außerhalb des Evangeliums im Wort entbirgt: im Wort des Propheten und des Denkers, im Wort des modernen ebenso wie des klassischen oder antiken Dichters – bin ich eher dazu bereit, das einzigartige Wort Christi als die zentrale und entscheidende Entbergung anzunehmen. Ohne dem Synkretismus zu verfallen, kann ich im Licht dieses zirkulären Verhältnisses auch erkennen, wie sich die griechische Konzeption der Wahrheit (ἀλήθεια d. h. Unverborgenheit) und die hebräische Konzeption der Wahrheit (Emeth, d. h. Treue, Vertrauenswürdigkeit) gegenseitig ergänzen.

Das erwähnte zirkuläre Verhältnis zwischen dem Heideggerschen Begriff der Offenheit und dem christlichen Begriff der Offenbarung führt mich zur zweiten Konsequenz, die die Ontologie der Sprache für die Bibeltheologie mit sich bringt: Sie betrifft das Wort »Gott«, dessen Problematik ich vorhin am Ende des zweiten Abschnitts kurz angedeutet habe. Grundworte wie »Schöpfung«, »Sünde«, »Heil« oder

»Gnade« konstituieren in ihrer Gesamtheit ein semantisches Schwerefeld. In dem Augenblick nun, in dem das Wort »Gott« als der Mittelpunkt dieses Schwerefeldes anerkannt wird, beginnt die biblische Semantik eine echte theologische Beschäftigung zu werden. Denn dann hebt sich die spezifische Eigenart des Wortes »Gott« vor dem Hintergrund des Wesens der Sprache als eines Sehenlassens und Entbergens ab. Wenn das Wunder des Seins, daß es nämlich überhaupt etwas gibt und nicht vielmehr nichts, dem Menschen nichts mehr sagt, welchen Sinn sollen wir dann Wörtern wie »Schöpfer«, »Erlöser«, »Vater«, »Herr« usw. geben? Ich stimme Macquarrie zu, wenn er sagt, daß »›Gott‹ der religiöse Name für das Sein ist, insofern dieses in einer glaubenweckenden Offenbarung erfahren wird.« Dieser Satz muß aber unverständlich bleiben, wenn man nicht das ganze semantische Feld aufgebaut hat, in dem das Wort »Gott« eine Schlüsselstellung einnimmt. Nur die Rekonstruktion des gesamten Feldes kann zeigen, daß im Wort »Gott« mehr an Bedeutung steckt als im Wort »Sein«.

Der Bedeutungsüberschuß des Wortes »Gott« im Vergleich mit dem Wort »Sein« kommt erstens daher, daß jenes – im Unterschied zum nicht-symbolischen Seinsbegriff – all die Bedeutungswerte in sich vereinigt, die sich in der religiösen Symbolik der verschiedenen Kulturen verdichtet haben. Erst von dieser zentralen Stellung des Wortes »Gott« im semantischen Feld der religiösen Sprache her, d. h. von seiner entbergenden, offenbarenden Funktion her, werden auch seine ontologische Verwurzelung und die analoge Natur seines Gebrauchs richtig faßbar. Erst und nur im symbolischen Sprechen von Gott wird das Sein als Wahrheit und Geheimnis zugleich voll geachtet und bewahrt.

Im Wort »Gott« steckt aber nicht nur deswegen mehr als im Wort »Sein«, weil jenes Bedeutungen, die sonst nur verstreut wären, zu einer Einheit versammelt, sondern – zweitens – auch deswegen, weil im Mittelpunkt der Bedeutung des Wortes »Gott« das Zeichen des Kreuzes steht. Ein Gott, der sich selbst aus Liebe für die Menschen hinopfert, übersteigt bei weitem das, was das Wort »Sein« auszusagen imstande ist. Dies bleibt auch dann richtig, wenn wir mit Heidegger aus dem »Sein«, das »es gibt«, den Anklang an eine »Gabe« heraushören.[10]

---

[10] *M. Heidegger*, Brief über den »Humanismus«, Frankfurt/M [6]1964, 22 f. (auch in: Wegmarken, Frankfurt/M 1967, 165 f.); Zeit und Sein, in: Zur Sache des Denkens, Tübingen 1969, 1–25.

Denn diese Gabe des Seins, d. h. das Wunder, daß es überhaupt etwas gibt, daß es uns und mich gibt, erhält durch die christologische Überhöhung einen dramatischen Akzent; zur universalen Gabe des Seins tritt die Selbsthingabe dessen, der sich aus Liebe für die Menschen aufopfert. Man kann also sagen, daß das Wort »Gott« mehr als das Wort »Sein« sagt, insofern es sowohl eine richtende und begnadende Beziehung Gottes zu uns als auch die Beziehung unserer unruhigen Suche und beschenkten Dankbarkeit zu ihm einschließt. In diesem Sinn läßt das *Wort* »Gott« das *Sein* Gottes, das in Güte und Liebe besteht, aufscheinen. Wenn wir das begreifen, werden wir vielleicht auch eines Tages begreifen, wie das *Wort* zugleich der Ursprung unserer Worte und der offene Bereich sein kann, den unsere Worte durchfahren – das, wovon jedes Wort ausgeht und das, wohin jedes Wort zurückkehrt.

Edgar Haulotte[1]: Die Gründung einer universalistischen Gemeinde (Apg 10,1–11,18) Kritische Studie über die Redaktion, die Struktur und die Tradition der Erzählung

Die Bedeutung dieser Episode wird durch ihre Länge unterstrichen: Sie ist die längste aller Erzählungen der Apostelgeschichte.[2] Zur Zeit der Kirchenväter spielte sie eine große Rolle.[3] Die Analysen der *Form-* und der *Redaktionsgeschichte*[4] haben ihre zentrale Rolle im Gesamtaufbau des Werks erhellt. Im weiteren Verlauf des Geschehens wird die Bezugnahme auf diese Episode in Kap. 15 entscheidend: Sie ermöglicht es, auf dem Konzil einen gemeinsamen Nenner der Standpunkte zu finden, wo man letztlich in ihr ein Schlüsselereignis von Anfang an

[1] Dieser Artikel stellt eine Überarbeitung des Arbeitspapiers dar, das zur Vorbereitung des Kongresses erstellt worden war. Er erschien in: Recherches de Science religieuse 58 (1970) 63–100.

[2] 73 Verse (wenn man die 7 Verse mitzählt, die sich auf 15,7–9 und 14–18 beziehen). Pfingsten und Rede = 41 Verse. Die drei Erzählungen über Paulus = 58 Verse. Die Erzählung der Apg hat möglicherweise die Erzählung vom Hauptmann bei Lk beeinflußt: vgl. Lk 7,5 und Apg 10,2.4 (vgl. *J. Dupont,* Etudes sur les Actes des Apôtres, Paris 1967, 409, Anm. 3).

[3] *F. Bovon,* De vocatione Gentium. Histoire de l'interprétation d'Actes 10,1–11,28 dans les six premiers siècles, Tübingen 1967.

[4] Liste der öfter zitierten Autoren: *H. Conzelmann,* Die Apostelgeschichte, Tübingen

sieht: »Von Anfang an hat Gott sich darum bemüht, aus den Heiden ein Volk für seinen Namen auszusondern« (V. 14, vgl. 17 = Am 9,12; N. A. Dahl). Die Verheißung schloß zwar zu ihrer Erfüllung die Heiden mit ein, aber nicht ausdrücklich.[5] Mit dieser Episode melden die Heiden ihren Anspruch auf Eingliederung in das Israel an, das ihnen nun endlich das übermittelt, was es empfangen hat (10,36–42). Ihr tatsächlicher Eintritt markiert die Erfüllung der Prophetien (10,43; 15, 14.16), und die Heiden werden zum Zentrum der Missionsarbeit.[6] Antiochia wird anstelle von Jerusalem zum Mittelpunkt der christlichen Ausstrahlung,[7] und Paulus nimmt den Platz von Petrus ein[8]: Von Kap. 13 bis zu Kap. 20 beherrscht er allein die Szene[9] (A. Ehrhardt). Diese Episode sichert also der Apostelgeschichte ihre Einheit.

Sie spielt diese Rolle auch von einem anderen Gesichtspunkt aus, der die Analysen beeinflußt hat. Unmittelbar anschließend folgt ein kurzer Bericht (11,19–21), in dem eine der Gruppen, »die die Drangsal zerstreut hatte«, nach Antiochia gelangt und sich direkt an die »Griechen« (= Nichtjuden) wendet, die sich in Mengen bekehren. Ihr Anschluß an den Herrn stellt kein Problem dar (V. 23 f.). Die Bemerkung über die Drangsal (11,19) paßt klar zur Verfolgung, die nach 8,14 in Jerusalem vor sich geht und die einen Zyklus auslöst, den die Apostelgeschichte schon viel früher berichtet hatte. In diesem Zyklus (8,4–40)

1963, 61–67; *N. A. Dahl,* A people for his Name, in: *NTS* 4 (1957–58) 319–327; *M. Dibelius,* Die Bekehrung des Cornelius (1947), in: Aufsätze zur Apg, ^{2}1953, 96 bis 107; *J. Dupont,* La conversion de Corneille, in: Etudes sur les Actes des Apôtres, Paris 1967, S. 75–81; Saint Pierre et le centurion Corneille, ebd. 409–413; *B. Gerhardsson,* The Testing of God's Son. An Analysis of an Early Christian Midrash, Lund 1966; *E. Haenchen,* Die Apostelgeschichte, Göttingen 1956, 308–315; *J. Jervell,* Das gespaltene Israel und die Heidenvölker. Zur Motivierung der Heidenmission in der Apg, in: St. Th. 1965, 68–96; *C. Westermann,* Neuere Arbeiten zur Schöpfung, in: Verk. und Forsch. 1 (1969) 11–28; *U. Wilckens,* Die Missionsreden der Apg, Neukirchen 1961.

[5] Vgl. Lk 24,27; Apg 2,39; 3,25; 9,15.

[6] »An sich ist die Bekehrung der Heiden Erfüllung der Verheißungen Israels, womit sich die Judenmission der Apostel indirekt als Heidenmission ausweist. Nach Beendigung der Judenmission, begann die heilsgeschichtlich bestimmte Zeit der Heidenmission, und diese Zeit ist die Zeit des Lukas.« (*J. Jervell,* 95)

[7] Für eine genaue Untersuchung des Aufbaus der Apostelgeschichte: *E. Haulotte,* Construction du livre des Actes, in: Vie Chrétienne 121 (1969) 8–13.

[8] Jede der großen Einheiten zwischen den Kap. 3 und 20 enthält einen Abschnitt, der aus dem Rahmen fällt: Die Kap. 12, dann 15 und dann 20 sind nicht der missionarischen Wirkung des Wortes gewidmet.

[9] Die Kap. 21–28 bilden einen ganz verschiedenen 4. Teil.

sah man, wie sich Philippus ohne Unterschied an alle Kreise wendet, die sich anbieten. In den beiden Fällen setzt die Sendung von Abgesandten durch Jerusalem (8,14; 11,22) die Anwesenheit der Apostel in der Stadt voraus. Sollten der Philippuszyklus und die Bekehrung der »Griechen« nicht derselben Zeit angehören? Die dazwischenliegende Episode des Kornelius macht also den Eindruck eines redaktionellen Einschubs. Aber warum sollte man der Bemerkung über die »Griechen« einen späteren Platz angewiesen haben, wenn sie chronologisch der Episode voraufgeht? Dieses Vorgehen ist bei Lukas nicht unbekannt.[10] Man kann der Antwort von M. Dibelius zustimmen: Lukas macht eine Montage, um so *ins Grundsätzliche* zu erheben, wie Gott in dieser Begegnung eingreift (M. Dibelius, 106–107)[11]. Aber diese Zustimmung läßt das Kernproblem noch unberührt: *Wie versteht* und *beschreibt* Lukas dieses Eingreifen? Für die kritischen Analysen wird die Erzählung von dem geleitet, was in der göttlichen Initiative an Absolutem enthalten ist. Diese Analysen der Infrastruktur der Erzählung gestatten eine kritische Problemstellung in genauen Termini: Kann man den Text einer neuen Lektüre unterziehen, ohne unbedingt eine »Form« oder die theologische Absicht des Autors suchen zu wollen? Das ist möglich, wenn man die Ergebnisse von Disziplinen wie der Religionsgeschichte, der Ethnologie, der strukturalen Linguistik und der Psychoanalyse hereinnimmt. Nun finden die scheinbar unzusammenhängenden Elemente einen organischen Zusammenhang. Es handelt sich nicht um eine Erzählung von einer »Bekehrung«, sondern um eine Gründungserzählung.

A. KRITISCHE ANALYSEN

Beim derzeitigen Stand der Frage[12] gehen die Analysen von der Unterscheidung der *beiden Interessenzentren* aus, »die sich nicht vermischen«, die sich vereinigen, ohne sich völlig zu verschmelzen (J. Dupont, 78 und 411). Einige Ausführungen scheinen in der Frage der

---

[10] So ist Lk 1,57–66 früher als V. 56 b.

[11] Lk 4,16 ff. stellt die weitere Tätigkeit Jesu unter die Salbung des Geistes. Apg 2 entwirft ein Paradigma in drei Phasen: Erzählung, Rede, beschreibender Sammelbericht – Das gilt für die ganze Gemeinde: *E. Haulotte,* La mise au monde de l'Eglise (Ac 2, 1–13), in: Vie Chrétienne 123 (1970) 8–13.

[12] »Der Stand der Forschung scheint sich seit unseren Ausführungen nicht geändert zu haben ...« (= 1950): *J. Dupont,* Etudes sur les Actes des Apôtres, 411, Anm. 63.

Zulassung der »Heiden«[13] zum Leben oder zur »Kirche« (was in 11,1 und 18 thematisch gemacht wird) zu gipfeln, andere in den Beziehungen zwischen Beschnittenen und Unbeschnittenen (ein Problem, das bei der Tischgemeinschaft brennend wird: 11,3). Zwischen den beiden Linien erscheinen einige Stellen wie *Nahtstellen:* Sie zeigen deutlich redaktionelle Tätigkeit.

1. HEIDEN-»KIRCHE«	3. NAHTSTELLEN	2. BESCHNITTENE – UNBESCHNITTENE
10,1–8. Vision des Kornelius		
	10,9. Verknüpfung der beiden Visionen.	
		10,10–16. Vision des Petrus.
	17. Übergang zum Sinn dieser Vision.	
18–26. Begegnungen.		
	27–29a. Die Situation des Petrus wird durch seine Vision gerechtfertigt.	
29b–48a. Zweiter Bericht von der Vision des Kornelius. Rede des Petrus. Geist und Taufe.		
	48b. Annahme der Tischgemeinschaft.	
11,1. Verbindung zwischen Antiochia und Jerusalem.		
		11,2–10. Frage an Petrus und zweite Erzählung seiner Vision.
11–18. Zweiter Bericht der Begegnungen.		

Sind diese beiden Interessenzentren ein Hinweis auf zwei »Quellen«, die ursprünglich isoliert waren, oder muß man diese Dichotomie als ein Vorgehen der Redaktion interpretieren?

[13] ἔθνη bedeutet *Nichtjuden (Völker).* Das Wort *»Heiden«* will auch nichts Weiteres aussagen: Wir behalten es der Einfachheit halber, wenn auch ungern, bei.

I. Liegt eine Quelle oder eine vollständig redaktionelle Komposition vor?

1. Methoden zur Freilegung eines »Urberichts«

a) Bestimmung des Werkes von Lukas

Das *Übrigbleibende* wird dann als ein Mehr betrachtet, das der Redaktor von außerhalb entliehen hat und dessen Gestaltung ihm bereits vorlag, wenn man es als eine Ur-»Form« für das Denken und Beschreiben eines solchen Ereignisses rekonstruieren kann.

1. *Lukanisches Gut. 10,9–16: Die Vision des Petrus.* Sie ist keine reine Konstruktion des Lukas, sie stammt aus einer Tradition (M. Dibelius), die sich von der des »Berichts« unterscheidet (H. Conzelmann). Wie kommt man zu dieser Schlußfolgerung? Die Vision enthält zwei Elemente, die nicht zur allgemeinen Tendenz der Erzählung passen (die auf die Begegnung und nicht auf die Nahrung ausgerichtet ist): »Opfern und *essen*« (10,13) antwortet auf den *Hunger* (V. 10) und hat somit eine konkrete Zielrichtung; die Erklärung von 10,15 über Rein und Unrein (»Was Gott für rein erklärt hat, sollst du nicht unrein nennen«) hat gleichfalls eine konkrete Zielsetzung, den (rituellen) Unterschied zwischen reinen und unreinen *Nahrungsmitteln.* In dem, was auf die Erzählung folgt, gibt Petrus im V. 28 b der Vision einen *übertragenen Sinn:* Es handelte sich darum, den Unterschied zwischen reinen und unreinen *Menschen* abzuschaffen. War nun aber die Vision nicht in einer ursprünglichen Phase (vor der jetzigen Redaktion) eine Aufforderung, das Nahrungstabu zu überwinden?[14] Zur Zeit des Lukas hat die Neuorientierung dieser ursprünglichen Vision so, wie man sie in unserem Text sieht, nichts Außergewöhnliches: Die Themen der Nahrung und des Menschen überkreuzen sich bereits in Mt 15,20[15], und dieses Überkreuzen geht bis auf die Jesusüberlieferung zurück. Die Vision des Petrus stützt sich also auf eine thematische *Konstruktion,* die schon *älter* ist als Lukas (H. Conzelmann). Gal 2,11–14 bestätigt, daß sich eine derartige Frage für Petrus stellte, und zwar zu einer Zeit, als sie in der Gemeinde von Antiochia brennend geworden war.[16]

---

[14] *H. H. Wendt,* Die Apostelgeschichte, 1899, zur Stelle.

[15] Lk hat das Logion ausgelassen (vgl. Mk 7,18–23). Die Frage wird auf der Ebene der Apostelgeschichte behandelt.

[16] Später; nach *M. Dibelius,* 99.

10,27–29. In dieser *Unterhaltung zwischen zwei Türen* erläutert Petrus seinem Gast seine (theologische) Schlußfolgerung über die Vision von Rein und Unrein. Diese Unterhaltung unterbricht jedoch die Logik der Erzählung: Nach der Begrüßung des Petrus (V. 26: »Erhebe dich, ich bin auch ein Mensch!«) würde man sofort eine Frage über die Motive dieser ungelegenen Einladung erwarten (V. 29b: »Ich möchte gern wissen, aus welchem genauen Grund ihr nach mir geschickt habt.«). Das Zwiegespräch hat also den Charakter eines Einschubs, der mit der Vision zusammenhängt (M. Dibelius, H. Conzelmann).

10,34–43. Diese *Rede,* die nach dem klassischen Schema des Kerygmas für die Juden aufgebaut ist, scheint ohne spezifischen Bezug zur Situation dieser heidnischen Zuhörer: neuer Einschub. Die Anrede an die Zuhörer (V. 37) zeigt die Verzerrung, die mit der Erzählung vorgenommen wurde: *»Ihr habt Kenntnis* von dem Ereignis, das ganz Judäa ergriffen hat ...«

11,1–18. Der V. 1 verbindet das Folgende mit dem Vorhergehenden. Er hat die Aufnahme des Wortes und den Eintritt in die Kirche zum Thema; die Frage der Autoritäten von Jerusalem betrifft die Gastfreundschaft und die Tischgemeinschaft (V. 3). Aber die *Antwort des Petrus* dreht sich um etwas anderes. Sie wiederholt nur die Erzählung von der Vision, und im übrigen ist es nicht ersichtlich, wieso die Begegnung mit einem sehr frommen Gottesfürchtigen dieses Problem aufwerfen konnte. Diese »Rechtfertigung« hat nur einen Zweck: der Angelegenheit eine für die Kirche typische Tragweite, »eine prinzipielle Bedeutung« (M. Dibelius, 96), »die kirchlich-grundsätzliche[n] Bedeutung« (H. Conzelmann, 66) zu geben. Dies um so mehr, als die Erzählung des Petrus nur für den Leser verständlich ist, der über das Vorangegangene auf dem Laufenden ist (V. 13!; E. Haenchen).

»Lukanisch« sind also »alle Stellen, wo der Vorfall auf die Ebene eines typischen Falles gehoben wird«: die Vision und ihre Interpretation (V. 28), die Rede, die Anwesenheit der »Brüder« um Petrus, die Elemente der *Schlußszenerie* und vor allem die Wiederholung des Ganzen in Kap. 11. Die Episode erhält so einen Sinn, der künftig für die ganze Kirche gilt (Kap. 11 und 15), aber das Anfangsmotiv der Tischgemeinschaft ist zurückgetreten. (H. Conzelmann).

2. *Der »Urbericht«.* Die *Vorlage* hat vor allem in den Begegnungen Spuren hinterlassen (10,17–26). Man kann ihre »Form« wiederfinden: eine erbauliche *Bekehrungslegende* im biblischen Stil. Ihre Hauptper-

son ist Kornelius: ein sehr frommer »Gottesfürchtiger« vom Typ des Äthiopiers (8,26 ff.). Seine Frömmigkeit verbindet ihn mit Petrus. (In der jetzigen Erzählung trennt sie ein Abgrund: Das Überschreiten dieses Abgrunds ist für Lukas das bezeichnende Ereignis.) Alles spielt sich für ihn nach der Vorhersage des Engels ab, der ihn zur Belohnung für seine Frömmigkeit und seine guten Werke auffordert, Petrus holen zu lassen: Das Kommen des Petrus, seine Rede, die Gabe des Geistes (das Sprechen in Sprachen), die Taufe. Das konstitutive Motiv dieser Art von »Legenden« ist die Tischgemeinschaft. Tatsächlich gewährt Petrus den Abgesandten des Kornelius Gastfreundschaft, denn der Geist hat zu ihm gesagt: »Ich habe sie gesandt« (10,20). Auf dieser Ebene gibt es kein Problem. Im jetzigen Text wird die Begegnung von der *Folge* des Einschubs der Vision des Petrus in die Geschichte verdeckt (V. 17.19).

3. *Das Vorgehen des Lukas.* In der ursprünglichen Anekdote ist die Gastfreundschaft (Tischgemeinschaft) ein Stützpfeiler der Geschichte, der nicht die ganze Kirche betrifft, weil sie kein grundlegendes Problem stellt: Die Anekdote steht vor der Sendung des Paulus nach Antiochia. Aber Lukas reiht die Anekdote in den späteren Zusammenhang ein, wo das Problem brennend geworden ist (die Bekehrungen der Griechen zur Zeit der Anekdote haben gleichfalls ihren Platz gewechselt: 11,19 ff.). So macht er daraus eine entscheidende Episode, eine geschichtliche Wendung. Er interpretiert also die vorherigen Gegebenheiten neu, damit sich in ihnen »eine höhere geschichtliche Wahrheit« (Dibelius, 107) ausdrücke: Die Idee, daß die Heiden in die Kirche eintreten können, ohne sich den gesetzlichen Verpflichtungen zu unterziehen, kommt von Gott und nicht von Petrus oder Paulus.

b) Ergänzende Methode: Vergleich

Wenn man die Erzählung mit den Gegebenheiten anderer Texte aus der Apostelgeschichte vergleicht, die ihr ähnlich sind, dann erlaubt die Synchronie oder die Diachronie, den Charakter des Ereignisses (oder der Überlieferung), das am Anfang steht, genauer zu bestimmen.

1. *Apg 8 und 11,19–21.* Charakteristische Elemente zeigen eine Ähnlichkeit zwischen der Erzählung von der »Bekehrung« des Kornelius und der Taufe des Äthiopiers (8,26–40): Ein »Gottesfürchtiger« sucht das Wort; der gleiche Rahmen einer Reise, wo die Begegnung ent-

scheidend wird; der gleiche Wechsel zwischen Geist und Engel läßt sich feststellen; der Zutritt zur Taufe wird durch eine analoge Frage markiert (»Was hindert...?«), die sogleich entschieden wird (M. Dibelius; J. Dupont, 78).

Andererseits werden die Bekehrungen der »Griechen«, die auf unsere Episode folgen, ausdrücklich (11,19) an die Sequenz des Philippus (8,4) angeschlossen. In diesen beiden Fällen gibt es keinen Konflikt. Wo gehört diese Epoche hin, während der die Schwierigkeiten, die solche Kontakte und ihr Gelingen mit sich bringen, weit davon entfernt sind, die Einheit der »Kirchen« in Frage zu stellen, sondern sich spontan im Gespräch lösen? M. Dibelius gibt für diese Epoche die Zeit zwischen dem Martyrium des Stephanus und dem Beginn der paulinischen Missionen an. B. Weiß hatte eine Epoche vor Apg 6 vorgeschlagen; er interpretierte in diesem Sinn die Angaben von 11,7 und 14: »Seit den ersten Tagen«, »von Anfang an«.[17]

2. *Apg 15 und 11,1–18.* Die letzte Phase der Episode (11,1–18) hat starke Ähnlichkeit mit den Überlegungen des Konzils: Man vergleiche 11,17a und 15,8; 11,17b und 15,10.[18] Die Ähnlichkeit der beiden Fragmente ist klar in 15,9 bezeugt: »Gott hat ihre Herzen durch den Glauben gereinigt.« Das bedeutet, daß die »Reinheit« nicht mehr an gesetzliche Vorschriften gebunden ist (J. Dupont, 78).

3. Die Idee, daß ein Nichtjude über ein *»Gedenken«* bei Gott verfügen könne oder »Gott angenehm« sein könne (10,4 und 35), ist ohne Parallele in der zeitgenössischen jüdischen Literatur, wo dies ein dem auserwählten Volk vorbehaltenes Privileg ist. Ist sie zu Lukas durch eine archaische Quelle gelangt, die ein allererstes Stadium der Entwicklung widerspiegelt, wo die Gemeinschaft der Glaubenden *noch synagogal verfaßt* ist und sich allmählich für die Teilnahme von Nichtjuden öffnet?[19]

4. Im Vergleich mit 11,19–26, wo wir eine Erzählung von der Gründung einer »Kirche« (Antiochia) vor uns haben, kann man in der Kor-

---

[17] *B. Weiss,* Einleitung in das N. T., 1886, 129.

[18] *J. R. Porter,* The Apostolic Decree and Paul's second visit to Jerusalem, in: JTS 47 (1946) 169–174.

[19] *W. C. van Unnik,* De achtergrond en betekenis van Handelingen 10,4 en 35, in Nederlands Theol. Tijdschrift (1948–49) 260–283 und 336–354. *J. Dupont* (S. 79) meint, daß Bild könnte aus der Septuaginta übernommen sein. Muß man von den syntaktischen Besonderheiten der Rede dasselbe sagen? Der Wortschatz des Kap. 10 ist u. E. durch die große Zahl der *Hapaxlegomena* charakterisiert.

neliusepisode die Erzählung der *Gründung einer Gemeinde* heidnischen Ursprungs in Cäsarea sehen, die durch einen Wunderbericht illustriert wird, der der späteren Tradition dieser »Kirche« angehört und der mit der Verteidigung des Petrus vor seinen »Brüdern« in Jerusalem zusammenhängt. Die Emphase der Erzählung kommt daher, daß Petrus die Geschichte für sie wiederholt.[20]

Wie man sieht, sind alle diese Analysen von der Suche nach einer »Quelle« oder zumindest einer »Form« geleitet, die der jetzigen Erzählung zugrunde liegt. Aber ist diese Forschungsrichtung nicht eine der fruchtbaren Illusionen, die die Wissenschaft im Verlauf ihres Fortschreitens ablegen muß, und zwar aus dem sehr einfachen Grund, weil die Überfülle an Ergebnissen sie am Sehen hindert?

2. Vollständig lukanische Komposition

Auch wenn man die kritische Analyse, die die *Formgeschichte* geliefert hat, durchaus annimmt, kann man es doch ablehnen, die Unstimmigkeiten, die der Text aufweist, als Anzeichen eines »Urberichts« zu werten. Das ist die Ansicht von E. Haenchen. Seine Begründung ist historischer Art: Es gibt historisch keinen Platz für eine Tradition, die diese Art *Bekehrungslegende* aufbewahrt hätte, ebensowenig wie für eine Gründungserzählung im Sinn von Knox. Wenn es sich ursprünglich um eine Anekdote ohne weiterreichende Bedeutung gehandelt hätte, wieso hätte die ganz von der Endzeit bewegte Urgemeinde ein Interesse daran gehabt, die Erinnerung daran wachzuhalten? Und wie hätte der Eintritt eines Heiden in die Gemeinde wie ein alltägliches Geschehen verlaufen sollen, ohne die Gemeinde zu überraschen? Schließlich hätte doch ein solches Ereignis, das unter der Autorität des Petrus seinen Abschluß gefunden hat, wenn es Gegenstand der Tradition gewesen wäre, genügt, um die Gegensätze zwischen den Judaisierenden und Paulus gerade in Antiochia unmöglich zu machen.

In der Tat ist auch für Haenchen der Grund der Episode eine der Begegnungen zwischen Christen jüdischen Ursprungs und bereitwilligen

---

[20] *W. L. Knox*, The Acts of the Apostles, Cambridge 1948, 33. Die vergleichende Analyse gibt hier ein fruchtbares Ergebnis. Zusätzliche Analysen zeigen freilich, daß der spezifische Inhalt *dieser* Gründungserzählung darin besteht, daß ein Element heidnischen Ursprungs *mit* einem Element jüdischen Ursprungs in Beziehung gesetzt wird.

Heiden, die zu einer Bekehrung führt, deren Verlauf der Zyklus des Philippus und der der »Griechen« nachzeichnen. Aber Lukas zeigt um des Aufbaus der Apostelgeschichte willen eine Problematik in Großaufnahme, die die Konflikte zwischen Judaisierenden und Paulus ins Auge faßt, die zur Zeit der Redaktion überwunden sind. Das erlaubt ihm, Petrus die Pionierrolle zuzuweisen, die ihm in der Mission, selbst im heidnischen Milieu zukommt und das Konzil von Jerusalem vorbereitet. Die Unstimmigkeiten, die vor allem durch die vier oben analysierten Stellen in die Erzählung geraten sind, sind vom Autor gewollt, um dem Eingreifen Gottes Platz zu schaffen und zu zeigen, daß dieses und nicht so sehr Petrus oder Kornelius alles zu seinem guten Ende führt. Von dem Augenblick an, wo das Eingreifen Gottes erkannt wird, gehorchen ihm die Personen; Gott führt sie Schritt für Schritt und läßt sie durch unvorhergesehene Umwege aus der Dunkelheit herausgelangen. Er führt die Heiden in die Kirche (10,3.11–16.22.30; 11,5–10.13); zum Erstaunen der Christen (10,14.28.47; 11, 2.8.17). Dieses Ereignis ist kein Zufall, sondern ein Geschehen von hoher Wichtigkeit für die Geschichte der Völker (10,45; 11,1.18, vgl. 15,7). Jeder Heide hat in Kornelius seinen »Typus«. Diese Art, die »Intention« und die Grundlinie der Erzählung zu bestimmen, weicht nicht sehr von M. Dibelius ab, für den »alles, was eine typische Bedeutung hat, zur redaktionellen Arbeit gehört«, aber E. Haenchen meint, daß man zu diesem Ergebnis ohne eine ursprüngliche »Form« gelangen kann.

II. Bemerkungen zu den dargelegten Methoden

So hindert die Übereinstimmung in der Analyse der Infrastruktur nicht an einer tiefen Divergenz in der Weise, ihre Komposition aufzufassen, und diese Divergenz verändert die Diagnose der Intention oder der Grundrichtung des Textes nicht. Zeigt diese Spannung in der Interpretation der Ergebnisse, auf die man sich auf beiden Seiten stützt, nicht eine Lücke in der Analyse? Hat man nicht einige Elemente der Erzählung auf sich beruhen lassen oder nicht genügend beachtet? Ist die Sondierung, die auf Grund dieser Methode möglich ist, nicht auf beiden Seiten durch die Wahl bestimmter Kriterien begrenzt, die von einem theologischen Schema (über das göttliche Eingreifen in die Geschichte) abhängen, das zwangsläufig die Gesamtinterpretation auf denselben Horizont verweist?

1. Offengelassene Punkte

a) Der rote Faden der Episode wird von Akten der *Gastfreundlichkeit* gebildet (die notwendigerweise an eine Tischgemeinschaft gebunden sind), und diese sind genau an den Stellen, die man mit »Zulassung der Heiden (zum Leben) in der Kirche« überschreiben könnte, besonders wichtig. Nun handelt es sich aber hier, auch wenn es *nicht gesagt* wird, um eine Tischgemeinschaft. Das Ungesagte spielt tatsächliche eine Rolle (z. B. in Zusammenhang mit der Rede des Petrus), und die beschriebene Handlung ist für die Erzählung eben so sinnträchtig wie die gesagten Dinge (vgl. 10,17). außerdem bilden die Gesten der Gastfreundschaft *Serien*, die auf einem abgesteckten Weg dazu führen, einen unerwarteten »heiligen« Raum zu öffnen: Dieser Raum wird nacheinander als *der Mensch*, als *die Völker* usw. definiert. Schließlich geschieht durch die Gastfreundschaft eine Bekehrung von Petrus und Kornelius zu Gott, die auf der *Wechselseitigkeit* ihres Austauschs beruht und bewirkt, daß die »Kirche« durch ihre Beziehung zum anderen, dem Unbekannten, und genau *im anderen* erkannt wird und wächst – auf seiten des Kornelius, der »vor« Petrus kommt, aber ebenso auch auf seiten des Petrus, dessen Gemeinde eine unvorhergesehene Dimension entdeckt: die des Kornelius. Dieser vom Geist geleitete Prozeß gelangt zu seinem Abschluß auf dem Konzil (15,8 f.): Die Kirche findet nun (ebenso wie das Buch der Apostelgeschichte) ihr Gleichgewicht, indem sie diese ganze Bewegung in ihrem Innern anerkennt und aufnimmt.[21] Das Verhältnis zwischen den beiden Interessenlinien, die in der Erzählung in Spannung zueinander stehen, muß also in dieser Perspektive neu gewertet werden: Sie erscheinen nicht mehr voneinander losgelöst oder nebeneinandergestellt, sondern ihr Zusammenspiel folgt einem Prinzip, das man die Abwechslung nennen könnte.[22]

b) Wie könnte übrigens die Erzählung Bestand haben, wenn die beiden Linien sich vermischten oder wenn die eine die andere überspielte? Wenn die Gastfreundschaft wirklich der Markstein der Ereignisse ist, dann hängt die Dynamik des Ganzen an der Anwesenheit der beiden

---

[21] *J. Jervell*, Das gespaltene Israel und die Heidenvölker, in: St. Th. (1965) 68–96.

[22] Dieses Prinzip ist überall am Werk, wo Elemente sich zu einer »Struktur« verbinden.

verschiedenen Linien. Sie bleiben bis zum Konzil in Spannung, und jedes Mal werden sie durch eine folgenschwere Begegnung in Bewegung gesetzt. So ist es mit den Folgen der beiden verschiedenen Visionen und der *Gegenüberstellung* ihrer beiden Berichte. Das Problem, das sich Petrus in 10,17 stellt, stammt mehr aus der Natur der Vision selbst (»Petrus versuchte vergeblich, sich selbst ... zu erklären«) als aus dem *gesprochenen* Wort, das von Rein und Unrein handelte (H. Conzelmann), und das Kommen der drei Menschen *ist* ihr als Geschehen ausgedrückter Sinn (am Horizont erscheint die Tischgemeinschaft). Petrus kann sich diesen Sinn nur zu eigen machen, wenn er eine noch blinde Handlung begeht (die vom Geist angeordnete Gastfreundschaft, V. 19 f.); er weiß noch nicht, daß er das Wort übermitteln soll, das den Heiden den Eintritt in ihr »Heil« durch den Glauben an seinen Inhalt in dem Augenblick ermöglichen soll, wo sich die Frage ihrer Taufe im Wasser stellt (10,47; 11,16; vgl. 8,36). Der Unterschied zwischen Rein und Unrein tritt von neuem in die Szene der Erzählung, aber Petrus findet die Lösung, indem er sich an den anderen Pol, den des *Menschen* stellt: Es gibt keinen Unterschied zwischen Juden und Heiden (denn Gott hat ihnen dieselbe Gabe geschenkt, unter Bezugnahme auf ein »Herrenwort«: 11,16 f.). Die letzte, Klärung bringende Etappe der Reflexion über die Vision wird auf dem Konzil erreicht: »Er hat ihr Herz durch den Glauben *gereinigt*«, *ohne* »zwischen uns und ihnen« einen *Unterschied* zu machen. Hier wird der Zusammenhang der beiden Linien thematisch.

Der Redaktor hat sehr sorgfältig komponiert, um noch einen anderen Faktor als das vertikale Eingreifen Gottes ins Licht zu rücken. Dieses Eingreifen erhält erst durch das Eingreifen dieses anderen Faktors Sinn: die Reflexion der Personen, die ihrerseits durch eine Reihe von »Zusammenkünften« voranschreitet. Die Logik der Erzählung liegt in dem *Zusammenspiel der Reihen* vieler unterschiedlicher Linien, die sogar zu Beginn voneinander unabhängig sind. Der rote Faden der Lektüre hat sich also in Funktion des neuen Gesichtspunktes (Rolle der Kommunikation und der Reflexion) geändert. Er ist indes durch die kritische Analyse des Textes fundiert.

Aber unser Vorgehen ruft uns wieder das Problem der Methode ins Bewußtsein.

2. *Die Voraussetzungen der Analysen*

a) Die *Kriterien,* nach denen in diesem Text Unstimmigkeiten vorkommen, enthalten einen Koeffizienten persönlicher Beurteilung, der die Einschätzung ihrer Genauigkeit schwierig macht, vor allem wenn jeder Punkt der Erzählung ein anderes Kriterium benötigt. So erscheint die Unterhaltung zwischen zwei Türen (10,27–29 a) wie ein Bruch in der Logik der Erzählung oder wie keiner, je nachdem wieviel thematische Wichtigkeit der Gastfreundschaft zuerkannt wird. Diese Kriterien können von *globalen* Beurteilungen literarischer oder historischer Art abhängen, deren Verschiedenheit bezüglich desselben Textes zeigt, daß sie von einem zu den Analysen vorgängigen Horizont abhängig sind. Wenn man zudem ein Gefühl für die vollkommene Transparenz hat, zu der der Autor fähig ist, so wird man schwerlich behaupten, daß Lukas in dieser Erzählung, wenn sie seine eigene Komposition ist, Material zusammengestellt habe, das dermaßen einem klaren Ausdruck seiner Intention hinderlich wäre.[23] Aber wie soll man diese »Intention« besser diagnostizieren als durch die Unterschiede des Textes im Vergleich mit einer von anderswoher bekannten »Form«? Und wie soll man diese »Form« bestimmen, wenn nicht durch Unstimmigkeiten? ... Man dreht sich im Kreis. Genügt eine historische Option, um daraus herauszukommen? Könnte die Sprache (wenn sie merklich von der gewöhnlichen Sprechweise des Autors abweicht) nicht mit Sicherheit das Vorhandensein von Material angeben, das der Redaktion vorgegeben war? Auch hier ist das Kriterium dehnbar. Man hat z. B. aus dem Vorkommen der zwölf Hapaxlegomena in Kap. 10 keine Folgerung gezogen: Sechs davon befinden sich an den Stellen, die man als redaktionelle »Nahtstellen« bezeichnet.[24] Aber welche Konsequenz sollte man daraus ziehen? In Vers 4 und in Vers 35 des Kap. 10 kommt je ein seltenes Wort vor, aber sind sie nicht wie die Bemerkungen über das »Gedenken« und das »Gott-angenehm-Sein« beabsichtigt, um dem Stil einen Anklang an die Septuaginta zu geben (J. Dupont)? G. Strecker hat bei Mt gezeigt, daß das Vorkommen eines Hapaxlegomenon in einem mattäisch gefärbten Zusammenhang nicht eine eigentliche »Quelle«, sondern eine mehr oder weniger *diffuse*

---

[23] »Er hat sie [sc. die Geschichte] so erzählt, daß sie nur von ihrem *theo*logischen Sinn her verständlich wird.« (*E. Haenchen,* 309. Hervorhebung von uns)

[24] Vgl. 10,9.17.27.28.29.

Überlieferung anzeigt, der Mt zum ersten Mal Ausdruck verleiht. Kann man eine ähnliche Exegese auch für die Erzählung des Lukas geben, für die wir übrigens keine Parallele haben? Die Anwendung einer Methode setzt bereits eine vorgängige Option voraus: Wie können wir sie in diesem bestimmten Fall rechtfertigen?
Die Situation ändert sich, wenn man eine Lektüre findet, die jedem Punkt auf seiner eigenen *Ebene* gerecht wird, weil sie eine *strukturelle Beziehung* [25] zwischen allen sehen läßt, die *anders* als durch eine Ur-»Form« herausgearbeitet wird.

b) Die Kriterien können durch tieferliegende Vorurteile beeinflußt werden, die eine bestimmte Auffassung vom Menschen und von Gott ins Spiel bringen. Es ist ziemlich eigenartig, daß diese Erzählung spontan als eine Erzählung von einer »Bekehrung« bezeichnet wird, wo doch nirgends eine Bekehrung des Kornelius und der Seinen erzählt wird. Die Analysen sind eben ständig darum bemüht, die *Psychologie* der Personen angesichts des Handelns Gottes zu erfassen. Aber wird das Problem im Text in den Termini des psychologischen Erfassens gestellt? Schon auf dieser Ebene wird in der Erzählung die Kommunikation nicht in der Selbsterfassung, sondern im Erfassen des *anderen* begründet: Die Kommunikation kommt für Petrus vom Gesichtspunkt des Kornelius zustande und umgekehrt. Noch tiefer angesetzt: Spielt nicht bei den methodologischen Optionen die »transzendentale Subjektivität des Menschen« (um auf eine Problematik anzuspielen, die unserer Diskussion zugrunde liegt) eine wichtige Rolle? Gewiß setzt die Episode zu Beginn auf der einen Seite einen bereitwilligen Heiden voraus, der nicht weiß, wie er aus seinen Grenzen herauskann, und auf der anderen Seite eine christliche Gemeinde, die in ihren jüdischen Bindungen festgelegt ist und zugleich weiß, daß sie sich auf die ganze Welt hin öffnen müßte, aber nicht weiß, wie. Und am Ende kann man sagen, daß »alles geoffenbart wurde, soweit die Offenbarung den Menschen über sich selbst aufklärt, so daß er sich selbst neu verstehen

---

[25] Klares Beispiel: Man suche das *Prinzip* der Erklärung des »Gedenkens« in seiner *symmetrischen* Entsprechung, der Figur der »Tiere« in der anderen Vision; die Symmetrie ist umgekehrt, da das jüdische Vorrecht der Vision dem Heiden zukommt, während sich die nicht ausgezeichneten Tiere, die dem Heiden zukommen, in der jüdischen Vision finden; dieses Spiegelspiel kann eine *»Tradition«* haben: Diese Analyse bestätigt sich durch das Vorkommen seltener Wörter, die in der Septuaginta verwendet werden.

kann«,[26] und zwar in dem durch die Verkündigung qualifizierten »Augenblick«. Aber die Weise, sich dieses von oben einbrechende Handeln Gottes als Selbstverständnis des Menschen *vorzustellen*, hat vielleicht dem Feld der Analysen der Erzählung Grenzen gesetzt, um so mehr, als dieser Text von Anfang an dazu Anlaß zu bieten scheint: Erscheint hier Gott nicht in einem vertikalen Raumschema (Visionen, Reden, Kommen des Geistes)? Aber welchen Inhalt hat diese Darstellung? Bedeutet sie eine ewige Gegenwart – im Gegensatz zu der der Menschen –, die den Lauf der Dinge und die Zeit außer Kraft setzen muß und die nur als Negation der Geschichte, als Einbruch in die Ereignisse und in die menschliche Reflexion auf die Welt *kommen* kann? In dieser Perspektive ruft Gott den Menschen von oben, von außen an und er erhält (oder nicht) eine Entscheidung (den Glauben); die Faktoren der Begegnung und der zwischenmenschlichen Kommunikation und die Analyse der Situation sind weit davon entfernt, tatsächliche Konsistenz zu besitzen, sie sind einfach nur Aufhänger. Diese Voraussetzung bestimmt mehr oder weniger, was man dem Autor zuschreibt, und erläutert die Grundlage, die man dafür im Text vorfindet. Liegt es nicht an einer solchen Voraussetzung, wenn man die Erzählung auf einer »erbaulichen Anekdote« beruhen läßt, wo alles von Gott kommt, und wenn man auf alle Fälle der göttlichen Initiative eine exklusive Funktion zuweist? Von hier aus gesehen liefe dann alles so, wie wenn nach der lukanischen Theologie sich die Widersprüche der Existenz in einer transzendenten Überwelt lösen würden.

Aber die Ambivalenz der erklärenden Funktion, die man dem göttlichen Eingreifen zuschreibt, versieht die Anwendung der Methode von Anfang an mit einem Fragezeichen: Sie ist ebensogut dazu geeignet, um Unstimmigkeiten zu schaffen wie um sie aufzulösen. Diese Widersprüchlichkeit ist *logisch* nur dann möglich, wenn die Wirkung (der tatsächliche Inhalt) des geschichtlichen Eingreifens Gottes, wie wir angemerkt haben, einen Einbruch, eine absolute Leerstelle in der geschichtlichen Entwicklung darstellt, deren abrupter Ausdruck die Entscheidung zum Glauben ist. Die Erzählung legt aber eine andere Lektüre nahe. Sie hat im Gegensatz hierzu einen betont reflexiven Charakter; sie betont die Rolle der Reflexion innerhalb dieses vertikalen Schemas, das das göttliche Eingreifen *vorstellt;* und der rät-

---

[26] Mangels Quellenangabe ist es nicht sicher, ob die Fassung des Zitats den ursprünglichen Wortlaut darstellt. (Anm. d. Ü.)

selhafte Inhalt der Visionen, das Kommen des Geistes (Reden in Sprachen) oder die Bewegung der Rede schaffen Beziehungen. Der Sinn der vertikalen Szenerie wird ganz klar, wenn man das Schema untersucht, das nicht nur der Episode des Kornelius, sondern auch ihrem ganzen Kontext zugrunde liegt (Kap. 8 bis 15). Man findet sie da, wo die Erzählung eine *Lücke* anzeigt, *die durch eine anderswo berichtete Geschichte gefüllt wird*[27]. Wie läßt sich diese Beziehung zwischen den verschiedenen Registern, zwischen Irdisch und Himmlisch definieren? Es ist nicht ein Nebeneinander, sondern der Sinn des Geschehens ergibt sich aus der Verbindung. Wie läßt sich das nunmehr erklären, wenn nicht durch eine »Struktur«, die die Elemente der Erzählung verbindet, die ansonsten heterogen wären? Ein nochmaliges Lesen des Textes in dieser Perspektive kann einen Test oder, wenn man so will, eine Annäherung darstellen, bevor wir an die Definition dieser »Struktur« und an ihre Beschreibung herangehen. Dieses nochmalige Lesen bleibt übrigens in der Orientierung der *Redaktionsgeschichte*, aber es verwendet bereits die Mittel der Disziplinen, von denen wir gesprochen haben. Es werden sich methodische Probleme stellen, die diesmal die Analysen betreffen, die wir vorschlagen.[28]

B. SUCHE NACH EINER STRUKTUR

I. Problemstellung

Der entscheidende Schritt zu einem besseren Verständnis der Erzählung ist erst dann getan, wenn man die Ebene überschreitet, wo die Spannung zwischen den Interessenzentren ein Problem stellt. Es geht also darum, die grundlegende Perspektive zu finden, die einen anderen Aspekt der Strukturierung der Erzählung freigibt. Diese Weise des Lesens bringt die verschiedenen Elemente der Erzählung, die bislang nebeneinandergestellt und nur künstlich durch den Redaktor in der

---

27 Die Taufe des Äthiopiers und die Bekehrungen der »Griechen« liefern für sich genommen nicht ihren vollständigen Sinn; wörtlich genommen haben sie keinen Sinn.

28 Erinnern wir uns an einige Punkte: das Ernstnehmen der Beziehung zwischen der »Projektion« und der Struktur des Erlebten; die Anordnung in einer Reihe gibt den ansonsten unzusammenhängenden Elementen einen Sinn; die Zweierpaare (rein/unrein ...) bilden Reihen von (Dreier-)Systemen, deren Zueinander vom Anfang bis zum Ende der Erzählung (und bei den zwischen die Kap. 8 und 15 eingeschobenen Erzählungen) zusammenstimmt; Prinzip der Abwechslung.

gleichen Bedeutungsebene angesiedelt schienen (der »theologische Sinn«, den der Redaktor seiner Erzählung oder seiner Neubearbeitung einer oder mehrerer »Quellen« gibt), in ein inneres Zueinander, in eine bestimmte Ordnung. Nun ergibt sich die Bedeutung der in der Erzählung enthaltenen Elemente bei all ihrer Verschiedenheit aus der »Struktur«, die letztlich diese nochmalige Lektüre ermöglicht.

1. Das zugrundeliegende Schema

a) In den Episoden, die zwischen den Kap. 8 und 15 unser Thema betreffen, bedient sich Lukas verschiedener Ausdrucksregister, um die Verbindung zwischen der Gegenwart Gottes und der Begegnung der Person in Phasen einer *inneren* Entwicklung darzustellen, die es zu definieren gilt. Es ist klar, daß Gott »von Anfang an« (15,14) da war, aber *sagen* konnte man das erst im nachhinein, wenn man alles rekapitulierte und registrierte. Auf alle Fälle hat er seinen Platz nicht außerhalb oder oberhalb als einer, der eine Leerstelle schafft, sondern eher vorn, *in* der Dynamik der Beziehungen, ohne daß er deren Ausfluß wäre: Hier entsteht unser Problem.

Wenn man nach der Chronologie der Ereignisse, wie sie in der Apostelgeschichte angegeben ist, *eine Reihe von Momenten bildet*, so wie ihr eigenes Gleichgewicht sich zur Dynamik des Ganzen verhält, dann entdeckt man bei ihnen eine genaue Anordnung:

PROBLEMLOSE MOMENTE	PROBLEMATISIERUNG	LÖSUNG
a) 8,26–40. Taufe des Äthiopiers (Anfangsmoment).	a) 10,1–11,3. Reihe von Begegnungen (in 11,1–3 verdoppelt).	a) 11,4–18. Zusammenfassung vor der Jerusalemer Gemeinde (Anfangsmoment).
b) 11,19–21. Die Bekehrung der »Griechen«.	b) 15,1–2. Streit um die Beschneidung.	b) 15,7–19. Überlegung und Beschlußfassung: Gesetz / Freiheit.
11,22–24. Anerkennung durch Jerusalem (Schlußmoment).	15,5–6. Streit um das Gesetz.	15,20–29. Überlegung und Beschlußfassung: Nahrungsmittel und Tischgemeinschaft (Schlußmoment).

Dieses Schema des Ganzen zeigt deutlich, wie hier zwischen zwei Registern Symmetrien und Abwechslungen herrschen: eine *vertikale* Szenerie und ein *reflektierendes* Vorwärtsschreiten. Beides ist in jedem Moment paarweise vertreten.

Die vorausgehenden Analysen haben gezeigt, daß im Zyklus des Philippus (Kap. 8) und dem Zyklus, der mit der Gründung von Antiochia endet (ohne Probleme; Kap. 11) eine analoge Situation besteht, daß aber die vertikale Dimension, die im einen stark hervortritt, im anderen fehlt. Das Problem stellt sich auch in Kap. 10 und in Kap. 15, aber ganz anders: Im einen Fall entwickelt es sich auf einem epiphanischen Hintergrund im Stil eines »Modells« oder »Typus« (10,1–11,3); im anderen Fall könnte man von einer Chronik sprechen. In 11,4 ff. löst schließlich das von der Frage des V. 3 getrennte Zeugnis des Petrus die Spannung nach der Art eines göttlichen Orakels, während es auf dem Konzil die Autorität eines ausgiebig durch die Tatsachen erprobten Zeugnisses hat. Beim ersten Hinsehen scheint das Schema die Wichtigkeit der Korneliusepisode (10,1–11,18) zu verringern; aber es beweist vielmehr deren einzigartige Bedeutung, denn wenn man sich den Text geistig vor Augen hält, so vereinigt dieser alle Fäden.

b) Innerhalb dieses Gesamtschemas verlangt die nochmalige Lektüre des Textes eine neuerliche *Reihenanordnung*, dieses Mal für die *Paare* wie Rein und Unrein, deren scheinbar unzusammenhängende Zusammenstellungen mit dazu geführt haben, das Problem der zwei Interessenzentren aufzuwerfen. Sie kommen in den problemlosen Momenten nicht vor. Wenn man diese verschiedenen Kombinationen, die sich über die Erzählungen der Kap. 10, 11 und 15 verteilen, in eine Reihe bringt, dann sieht man eine Reihe von Dreiersystemen entstehen, deren Sinn sich aus diesem *Prozeß der Aufreihung* selbst, aus ihrer gegenseitigen Kohärenz und aus ihrem Zusammenhang mit der Leitidee ergibt.[29] Die Erkenntnis der Konnotation, die jeder Ausdruck besitzt, ist eine Bedingung für unsere nochmalige Lektüre.

---

[29] Diese Methode haben mehrere Disziplinen miteinander gemein, z. B. die Ethnologie und die moderne Linguistik.

Dreiersysteme

1. Die Frage *Rein / Unrein* spielt in mehreren Dreiersystemen die Rolle eines Hauptfaktors, wo auch ihr Platz bei der Aufzählung sein mag, denn innerhalb dieser Systeme gilt das Prinzip der Abwechslung. Das gilt ebenfalls für die Konnotationen, die bei jedem Ausdruck einander ersetzen können. Die *Vision des Petrus* liefert von Anfang der Erzählung an die Grundformel, die sich in der Folge in verschiedenen Formen wiederfindet, deren Variation von der Natur der »Begegnungen« und der Eigenart der betreffenden Personen abhängt:

Nahrungsmittel (essen) (opfern)	rein – unrein (Kontakt)	beschnitten – unbeschnitten (Volksstamm)

2. Auf Grund der *Abwechslungen* kommt folgende Anordnung der Reihen zustande:[30]

10,12–15	Tiere opfern essen	befleckt/unrein essen	*was* (Neutrum) gereinigt/befleckt ist *V.*17 »Abgesandte«
10,28–29	Kontakt Beschn.–Unbeschn.	befleckt/unrein *»Mensch«*	KontaktBeschnitt.–Unbeschn. (ich–ihr)
10,34	Gott ist unparteiisch (beschn. – unb.)	in *jedem Volk* (rein/unrein)	Kontakt mit Gott (Furcht und Almosen, gleichbedeutend mit Opfer und Essen mit bzw. durch Gott): Das Gedenken[31] (10,4) ist ein Privileg der Heiligkeit der Beschneidung.

---

[30] Die Konnotationen werden unter jedem Ausdruck (in Klammern = nicht gesagt) vermerkt.

[31] Das (wie eine Gedenksäule) vor Gott errichtete »Gedenken« hängt mit der »Gerechtigkeit« und dem »Almosen« zusammen, d. h. mit einer Form von Erstlingsgabe oder von Opfer; außerdem ist es symmetrisch zu den zu essenden »Tieren« der anderen Vision.

10,37–43	Salbung Jesu v. Nazaret *(»Mensch«)* mit dem *Heiligen* Geist. Reaktion der Beschnittenen.	Tod/Auferstehung *Dtn 21*/ essen – trinken (unrein) (rein)	Vergebung der Sünden richtet über Leben/Tod (Kontakt) Jesus = Herr aller (Beschn.–Unbeschn.)
10,44–48	Hl. Geist über die Unbeschnittenen. Reaktion der Beschnittenen	Der Übergang Schweigen/Rede in Sprachen bei den Unbeschnittenen bezeichnet von den Beschnittenen aus den Übergang von Unrein zu Rein.	Kontakt mit der Heiligkeit durch das Taufwasser (wir/sie), Tischgemeinschaft zwischen Beschn./Unbeschnittenen
11,3	Gastfreundschaft	Beschn./Unbeschn. (Frage nach Rein/Unrein)	essen mit (Kontakt)
11,4–10	Tiere opfern essen	befleckt/unrein essen	*was* (Neutrum) gereinigt/befleckt ist
11,11–18	»Abgesandte« Kontakt (bezeichnet durch den Geist + sechs Brüder) und Eintritt ins Haus	Heiliger Geist über sie/uns (Beschn./Unbeschn.)	Ein »Herrenwort« begründet den Übergang Wasser/Hl. Geist (von den Beschn. aus = Unrein zu Heiligkeit) durch die Taufe oder Kontakt mit der »heiligen« Kirche
15,1	Beschneidung Anordnung des Mose Heil		
15,5	Beschneidung Gesetz des Mose (Gesetz der »Kirche«)		
15,7–9	Kontakt des Mundes Glaube	Hl. Geist über sie/uns (Beschn./Unbeschn.) (kein Unterschied)	Reinigung durch Glauben

15,10–12	Gesetz = Joch für sie/uns	Glaube »Gnade für uns/sie«	Schweigen = Einstimmigkeit
15,19–21	Bekehrung ohne Behinderung (durch das Gesetz) für die Heiden	mit Enthaltung von 4 unreinen Elementen	in der Tischgemeinschaft (die Situation der Beschnitt. wird künftig als besondere [*V.* 21 *a*] lokale [*V.* 21 *b*] Tradition bezeichnet)
15,22–29	Mitteilung des Beschlusses	keine anderen Verpflichtungen	außer der Enthaltung von 3 unreinen Elementen

3. Im ersten Teil der Rede des Jakobus (15,14–17) wird die Spaltung in Rein und Unrein und parallel dazu die Spaltung in ein Element jüdischen und ein Element heidnischen Ursprungs überwunden: Das Volk, das im Namen (Gottes) *aus den Nationen* genommen ist, *erfüllt* die Prophetien eben dadurch, *daß die Nationen in ihm versöhnt werden*, und das geoffenbarte *Zelt Davids* ist nicht mehr das alte Israel, das »wiederhergestellt« worden wäre. Dieses *Volk* wird aus *allen Nationen* (*einschließlich* Israel, das alte wie das jetzige) gebildet, die unter Anrufung dieses Namens den Herrn suchen: Die ganze Geschichte zielt *seit Urzeiten* auf die Gründung dieses *Volkes* ab, das genau hier entsteht (vgl. »seit den ersten Tagen«, V. 7). Durch das Zitat von Amos 9 im V. 17 a rückt diese Stelle das *Verlangen nach Kontakt* ins Licht, das narrativ die ganze Korneliusepisode durchzieht (10,19.29.33). Nach dieser nochmaligen Lektüre ist also die Anrufung, von der Amos spricht, nicht ohne Beziehung zur Rolle des Heiligen Geistes beim (noch heidnischen) Kornelius und beim (noch »jüdischen«) Petrus seit Beginn der Episode. Die zwei asymmetrischen Visionen sind beide vom Geist gelenkt, der sich, wie man in 10,20 sieht, sowohl »den Engel« als auch »die Stimme« zu eigen macht: »Ich habe sie gesandt«, sagt der Geist zu Petrus.

2. *Analyse der Momente*

a) In den zwei *problemlosen Momenten* (Taufe des Äthiopiers und Bekehrung der »Griechen«) wird die topographische, kulturelle und kultische Distanz ohne Konflikt überschritten; aber sie wird es jeweils auf ganz andere Weise. Das *Anfangsmoment* (8,26 ff.) schien bereits alle Möglichkeiten des Schlußmoments (11,19 ff.) zu enthalten, wie die oben beschriebene kritische Analyse vermerkt hat; tatsächlich jedoch enthielt es sie keineswegs, solange die naive Wirklichkeit, die es darstellte, nicht durch den Konflikt mit den in der historischen Wirklichkeit vorhandenen Widerständen hindurchgegangen war. Der Erzähler des Ganzen sieht den Konflikt und seine Lösung natürlich aus seiner späteren Situation heraus. Im Anfangsmoment sieht alles das, von dem *nicht gesagt* wird, daß es eine Distanz ist, die in Wirklichkeit in einem *geschichtlichen* Prozeß überbrückt werden muß, wie ein Eingreifen von oben aus und wird so dargestellt: das Kommen der Hauptperson auf Grund des Eingreifens des Engels / Geistes, das Kerygma, die plötzliche Entscheidung für die Taufe, das sofortige Einverständnis und ihre Spendung, das plötzliche Verschwinden der Person am Schluß. Im *Schlußmoment* dagegen erklärt sich das Kommen der »Griechen« durch die Zerstreuung (11,19), durch den Charakter oder die Art der Begegnung [32]; nach der Bekehrung braucht sie der Jerusalemer Gesandte nur noch dazu ermuntern, der Regung ihres Herzens zu folgen; dennoch war der Herr bei der ganzen Angelegenheit am Werk, aber im Innern: »Die Hand des Herrn unterstützte« die Wanderprediger (V. 20 b). Die Distanz wird nicht thematisch; es gibt keine Leerstelle. Aber diese Leichtigkeit hier setzt die Lösung des Konflikts voraus, der in der Korneliusepisode beschrieben wird, obwohl nichts davon im Inhaltlichen der Erzählung durchscheint [33]: Die Dynamik der Erzählung gleicht das Ungesagte aus, sie sagt es auf erzählende Art. Im Vergleich mit Kap 8 ist das göttliche Eingreifen ebenso total, aber es drückt sich nicht im vertikalen apokalyptischen Register aus; das Register ist pastoral und paränetisch, im Hintergrund stehen eine geographische Notiz und eine Liste von Namen. Das Anfangsmoment war dagegen in der Form prophetischer alttestamentlicher Eingriffe dargestellt worden.

---

[32] Einige Zyprioten und Zyrenäer in Antiochia: 11,20.

[33] »... 19 f. ... weiß nichts von Petrus / Cornelius« (*H. Conzelmann, 67*).

b) Die *Entwicklung des Problems* enthält ebenfalls zwei symmetrische Kreisbewegungen: 1) Die *Korneliusepisode* ist, wie wir gesehen haben, Gegenstand einer besonderen Behandlung, da sie eine vertikale Szenerie gleicher Art wie der Zyklus des Philippus und einen Anhang mit der (vorausweisenden) Lösung des Konflikts enthält. 2) Die beiden Parteien, die den *Streit* über die Zulassung der Heiden zum Heil in Antiochia (15,1 f.) und in Jerusalem (15,5 f.) entfachen, scheinen freilich hierüber *in Unkenntnis* zu sein. Wie läßt sich dieser Hiatus in der Logik der Erzählung erklären? Man ist versucht, die Rechtfertigung des Petrus (11,4–17) als einen Teil der Konzilsdebatten anzusehen (J. R. Porter). Aber unser erstes Schema legt uns nahe, die Logik jeder Episode nach ihrem Platz in der Reihe aufzuschlüsseln. Halten wir zunächst den Zusammenhang von 11,3 (wo sich das Dreiersystem in *Gastfreundschaft / Beschneidung / Nahrungsmittel* ausfaltet) mit dem Inhalt der Rechtfertigung 11,4–17 fest: Die Vision des Petrus mit dem Empfang der Boten des Kornelius und dem Eintreten »in das Haus des Menschen« als Konsequenz bringt Dreiersysteme ins Spiel, deren Schlüssel eine Sequenz ist, die sich wie folgt zusammenfassen läßt: *Nahrungsmittel* (Tiere) / *»Menschen«* (beschnitten oder nicht, das ist Sache des Geistes) / *Gastfreundschaft;* die Kategorie Rein / Unrein kommt in beiden Fällen vor. 11,3 ist das Eingreifen der Jerusalemer Autoritäten eine Verdopplung dessen, daß sich *Petrus* über seine eigene Vision *Fragen stellt* (10,17). Sie wird in Antiochia und in Jerusalem wieder aufgegriffen, bevor darauf eine Phase der Lösung gefunden wird, wo sie ein anerkanntes Zeugnis und eine Erfahrung wird, die für jedes derartige Problem grundlegend wird: Die Gründung einer Gemeinde, die von ganz entgegengesetzten historischen Elementen ausgeht, bringt in jedem Augenblick die grundlegenden Gesetze zum Vorschein, die bei der Gründung des »Volkes im Namen (Gottes)« gelten. Der allgemeine Aufbau der Apostelgeschichte beeinflußt die Stellung der Elemente in der hier behandelten Anordnung der Reihen. Die Situation von 11,1–18 erklärt sich durch die Rolle des Petrus in diesem Aufbau. Nach 11,18 ist seine missionarische Rolle im eigentlichen Sinn beendet: Paulus rückt ins Zentrum und beherrscht bald das ganze Feld (11,25 f. setzt sich in 13,1–3 fort).[34] Desgleichen nimmt Antiochia den Platz von Jerusalem als verbindendes Element der Christen in

[34] In der großen Einheit Kap. 3–12 fallen die Episoden 11,27 bis 12,23 aus dem Rahmen: Anm. 8.

der Zerstreuung ein. In der Apostelgeschichte bedeutet 11,18 also einen Höhepunkt und einen Schlußpunkt.[35] In diesem Augenblick versteht man, daß das Register der Verwirrung im Bewußtsein der Kirche auf den Höhepunkt, ja bis zur Gefahr eines Schismas gesteigert wird: Paulus tritt an die Stelle von Petrus, und Antiochia an die von Jerusalem. Was auf dem Spiel steht, ist ungeheuer. Die Asymmetrie der Antwort des Petrus im Verhältnis zur Fragestellung verliert so ihre scheinbare Befremdlichkeit. Symmetrisch dazu war im vorhergehenden Bericht das Register der vertikalen Szenerie weit ausgespielt worden (Visionen, Reden, Herabkunft des Geistes).

c) Die *Lösung des Problems* vollzieht sich wie in den vorangegangenen Momenten in zwei Phasen. 1) Der *Hinweis* auf die Begegnung mit Kornelius führt zum Bekenntnis von 11,18, und 2) die *Berufung* auf dieselbe (ungenannte) Episode führt zur Entscheidung des Konzils im Kap. 15. Beides wird in diesem Moment jedesmal gemäß der *historischen* Abfolge der Ereignisse rekonstruiert. Die Anerkennung, die in beiden Fällen stattfindet, ist nicht die Folge eines vertikalen Eingreifens des Geistes.[36] Sie stützt sich auf eine neuerliche Aufarbeitung sämtlicher Ereignisse (eine Situationsanalyse). Sie ergibt sich als *Folge von* Ereignis*reihen* (wo Ereignisse, freie Entscheidungen und fortschreitende Reflexion sich verbinden), die sich im Verlauf der Begegnungen überkreuzten: Das Konzil ist ihre Auf-Lösung und Bestätigung. In der Überkreuzung dieser Reihen verwirklicht sich schließlich das »Volk im Namen (Gottes)« der Verheißung (15,14). Der Eintritt der Völker in die Glaubensgemeinschaft mit Israel war die letzte Bedingung, die die Erfüllung der Verheißung noch in der Schwebe ließ. Eine solche Bedingung war aber geschichtlicher Art, also etwas *Unvorhersehbares* und den Distanzen und Begegnungen in Raum und Zeit sowie dem Unterschied der Kulturen unterworfen, wo es immer wieder auf die freie Entscheidung der Partner ankommt, hieraus eine echte Kommunikation zu schaffen (oder nicht)[37], die einen unumkehrbaren Sinn stiftet. Die Struktur der Handlung war in keiner Weise durch einen vorgängigen Code vorausbestimmt.

---

[35] *J. Dupont*, 410.

[36] Vgl. 15,28: »Der Geist und wir«.

[37] Die Struktur der Handlung war nicht von einem vorgegebenen Code (nach Art eines Mondflugs) vorausbestimmt worden. Historisch gesehen, hat sich diese Kommunikation zwischen einem Teil Israels und einem Teil der »Völker« nicht dauerhaft durchsetzen können: Die Apostelgeschichte gibt davon Zeugnis (vgl. 17,32).

II. Der reflexive Charakter der Erzählung

Im Verlauf der Szenen, die die Erzählung von 10,1 bis 11,18 [38] bildet, erweitert sich das Kommunikationsnetz ständig und erhält Resonanzen (oder Beiklänge) auf Ebenen von einer äußerst verschiedenen Tiefe. Die Erzählung entwirft in ihrer Entwicklung das Gesetz der Gründung und Bildung von Beziehungen, die den »Menschen« bilden. Das Ergebnis ist eine Art Facettensystem oder Diagramm, das eine Zwischenstellung zwischen dem anfänglich vom Engel / Geist spiegelbildlich (doppelte Vision) gestellten Rätsel und der Ausgießung des Heiligen Geistes am Ende einnimmt, die in der Gemeinde von Jerusalem ihr Echo findet, und zwar in 11,2 in Frageform, dann als Entgegennahme des Zeugnisses (11,4–17) und schließlich als Anerkennung des Bildes (11,18). Die Triebfeder der Erzählung mit dem Schwebezustand, den sie mit sich bringt, ist die Erfahrung einer Kommunikation, deren vertikale Szenerie den Kontrastpunkt zum allgemeinen reflexen Stil darstellt. Gott erweist sich als Gegenüber des Kornelius, des Petrus, der Gemeinde und der Völker oder als Gegenüber in der Dynamik ihrer Beziehungen: *in* einer Wandlung, die durch die Reflexion über den Ablauf der Situationen und durch geeignete Entscheidungen echte Beziehungen zwischen Juden und Heiden, das Verhältnis von Menschen zu Menschen schaffen soll. An einem entscheidenden Wendepunkt für die Einheit der Menschen wie für die der Ekklesia zeigt diese Erzählung, daß die göttliche *Epiphanie als Geschichte* aufgetreten ist.

1. Verkettungen, Symmetrien und Wiederholungen

a) Die Verbindung der Szenen miteinander ist klug berechnet. Einige Übergänge bestehen in einem fließenden Ineinandergreifen (10,8–9. 17.23). Aufeinanderfolgende Markierungspunkte führen zum Kap. 15: 11,19–20 verweist auf die »Heiden« von 11,18; 11,25 bringt der Abgesandte von Jerusalem Saul nach Antiochia zurück; 15,2 werden beide von Antiochia nach Jerusalem abgesandt.

---

[38] *E. Haenchen* unterscheidet *sieben* Szenen (*Apg.* S. 309–312): Im Kap. 10: 1–8; 9–16; 17–23 a; 23 b–33; 34–43; 44–48; im Kap. 11: 1–18.

b) Jede Vision wird zweimal erzählt und mindestens ein weiteres Mal kurz erwähnt. Die Vision des Kornelius: Bericht 10,3–7 und 30–33, Erwähnung 10,22 und 11,13 f. Die Vision des Petrus: Bericht 10,9–16 und 11,5–10, Erwähnung 19,9. Das Kommen des Geistes wird gleichfalls zweimal erzählt (10,44–48 und 11,15 f.) und 15,8 kurz erwähnt.

c) Das Grundproblem ist die Gründung einer neuen Gemeinde, die endlich universaler Art ist, durch einen »Bund« zwischen Juden und Heiden, der sich notwendigerweise im Horizont der Tischgemeinschaft vollzieht. Wir haben die entscheidende Rolle der Gastfreundschaft (10,6.18.23.32...) bereits gesehen. Jede Begegnung setzt eine der Formen des Dreiersystems in Bewegung und läßt ihre Faktoren variieren, bis das System dann schließlich überholt ist. Aber die Zusammenstellungen, die es ermöglicht, waren die Grundlage für die Kommunikation. Wir kommen hierauf nur zurück, um den Punkt zu unterstreichen und zu präzisieren, wo in dieser Kommunikation die *Heiligkeit* auftritt, deren neues Wesen die Erzählung sozusagen außer Fassung geraten läßt.
Die Vision des Petrus stellt das Problem auf der Ebene der Nahrungsmittel: »Opfere und iß!« Petrus weist alles Befleckte und Unreine zurück (10,13). Aber er verläßt die Kategorie des Sachhaften und begibt sich in die des Menschen (10,28), als die Beschneidung implizit ins Spiel kommt (vgl. 11,3). Das Sachhafte der Vision wird in der Handlung »Mensch« und schließlich nach der Begegnung »wer auch immer in jeder Nation« (10,35). In diesem Prozeß kommt – zunächst indirekt – die *Heiligkeit* des »Menschen« ins Spiel. Als die Frage nach der Taufe gestellt wird (10,47; vgl. 11,16), wird sie es in Beziehung zur heiligen Gemeinde, der anzugehören Petrus und seine Brüder sich bewußt sind, denn wie kann man sonst ihre Zurückhaltung erklären: Können Unbeschnittene in sie eingegliedert werden, ohne die »Reinheit« des heiligen Volkes zu verletzen? Die Kategorie Rein / Unrein kommt hier nicht auf rein rituelle Weise zum Tragen,[39] sondern in Funktion dessen, was man der Einfachheit halber die *Heilsgeschichte* nennen kann: Das Erstaunen der Beschnittenen betrifft die *Gabe des Geistes.* Hier klingt mit (10,45), was unter der Oberfläche mitspielt.

[39] Wird die Taufe in der Apostelgeschichte als ein »Ritus« angesehen; und hat dann diese Frage einen Sinn? Vgl. *E. Haulotte,* L'impact du baptême de Jean sur la vie de l'Eglise primitive, selon les Actes, in: Cahiers Bibliques. Foi et Vie 7 (1969) 56–67.

Und es wird später durch den Mund des Leiters der judenchristlichen Gemeinde als ein von diesem Augenblick an klar gewordener Grundgedanke ausgesprochen: »Gott hat aus der Mitte der Völker ein seinem Namen (vorbehaltenes) λαός herausgenommen« (15,14), »das seinem Namen geweiht ist« (15,17). Zentral für diese Heiligkeit wird künftig eine bestimmte Art der Kommunikation zwischen Menschen, die hier als »Reden in Sprachen« (über Gott: 10,46) erscheint, und die Heiden erweisen sich dieser Kommunikation ebenso fähig wie die Beschnittenen, sobald sie »an den Herrn Jesus glauben« (10,47; 11,17; 15,8 f.). Enthält das Kap. 15 mit dem Dekret und dem Brief eine schlichte und einfache Rückkehr zum Register der Nahrungsmittel? Es erscheint ein neues Element in der Frage: der Begriff der *Grenze.* Die Kategorie Rein / Unrein existiert in der heidnischen Welt in einer Stadt, wo am Samstag eine Lesung in der Synagoge stattfindet und wo die Judenchristen dem Gesetz und der rituellen Reinheit treu bleiben (15,21). Das reine Nahrungsmittel ist durch seinen Abstand zum Blut, zu den Götzen und zur Unzucht (Prinzipien einer zweideutigen Kommunikation?) [40] definiert. Die Heiligkeit des Christen jüdischen Ursprungs hat ein Merkmal, das die des Heidenchristen nicht hat, es sei denn in seiner Beziehung (bei Tisch) zu seinem jüdischen Bruder.

2. *Fortschreitende Reflexion über das Ereignis*

Jede der Hauptfiguren erhellt nach und nach das Anfangsereignis und gibt ihm in einer Handlung Gestalt, aus der der Sinn entspringt. Auf der Seite des Heiden ist die Handlung besonders bezeichnend. Abgesehen von der Frage, die Kornelius stellt, und von der Sprachengabe wird fast nichts vom Sinn thematisch, außer durch das Geschehen (oder das Gesagte) *der anderen Seite.* Der Platz der Vision des Heiden an der Spitze der Sequenz und die sich aus ihr ergebende Absendung von Boten sind von einer ungeheuren Tragweite: Die Völker möchten Israel begegnen (15,15–17). Zu Beginn definiert sich ihre Beziehung zu Gott durch ihr Menschsein, das den »Sinn« für Gott und aktives Wohlwollen gegenüber dem Nächsten beinhaltet. Petrus erklärt diese Lage für angemessen (10,35): Kornelius hat die notwendigen guten Akte verrichtet, um von Gott Bürgerrecht zu erhalten und

[40] Vgl. 11,3; Gal 2,12–14: »auf jüdische Art« leben. Bezüglich des Verbotes des Blutgenusses: Lev 17,10–14. Bezüglich des Götzenopferfleisches: 1 Kor 8–10.

sein Bundesgenosse zu werden. Die Erzählung zeigt einen Fortschritt in seinem Bewußtseinsstand, aber dieser wird von den anderen ausgesprochen: Am Anfang beabsichtigt er nur, Simon »kommen zu lassen« (10,5; vgl. V. 32); seine Boten werden deutlicher: »um (seine) Darstellung der Tatsachen zu vernehmen« (V. 22); im nachhinein läßt Petrus den Engel dem Kornelius sagen: »Er wird vor dir die Ereignisse darlegen, in denen für dich und dein ganzes Haus dein Heil liegt« (11,14). Während der Rede des Petrus wahrt die römische Zuhörerschaft das Schweigen, aber die Analyse wird zeigen, daß dieses Schweigen innerhalb der Rede reichlich *aufgewogen* wird (10,44 und 11,15).
Petrus denkt seinerseits beständig nach und erarbeitet eine Theologie der Tatsachen. Zwischen 10,17 und 15,9 läuft alles so ab, wie wenn ihm seine Vision ein Rätsel aufgegeben hätte, das er nach und nach durch die Analyse der Entwicklungen und der Situation löst. Sehen wir uns drei Punkte dieser Strecke an. Die Gegebenheiten der Vision selbst gehören zu dem Sinn, den es zu finden gilt, denn nicht das himmlische Wort gibt Probleme auf, sondern die Vision als solche (10,17.20.28)[41]. Das Rätsel besteht in der Divergenz zwischen dem Kerngedanken der Vision (den Gegensatz Rein / Unrein hinter sich lassend) und ihrem Kontext (sein Hunger). Und der Geist erklärt nichts (V. 20). Der Sinn klärt sich erst im V. 28, wenn Petrus mit den Boten in mündliche Kommunikation tritt.
Die Rede enthält auch einen rätselhaften und sozusagen »mantischen« Aspekt. Die Divergenz zwischen den beiden Bemerkungen 10, 44 und 11,15 über die Zeit der Ausgießung des Geistes (am Ende oder zu Beginn der Rede?) ist ein Hinweis darauf. Wem ist das zuzuschreiben: zwei verschiedenen Traditionen oder der Absicht, das Unerwartete an dem göttlichen Eingreifen zu betonen, oder einfach einer Unaufmerksamkeit? Wir meinen, daß hier wieder einmal die Abwechslung am Werk ist. Wenn Petrus sagt, der Geist sei bereits zu Beginn seiner Rede herabgekommen, so drückt er damit die Theologie der neugegründeten Gemeinde aus. Im Vorgriff auf die Ergebnisse der folgenden Analysen kann man gleich anmerken, daß die Rede beschrieb, wie die Salbung, die Jesus bei seiner Taufe erhielt, bei seinem Wort blieb; alles verläuft so, wie wenn der Geist von Anfang an über der zuhörenden Versammlung schwebte, um jeden Augenblick auf sie herabkommen zu können.

---

[41] Wie *E. Haenchen* bemerkt hat.

Von einem anderen Gesichtspunkt aus kann man sagen: Sobald die Heiden das ihnen ihrem Wunsch gemäß übermittelte Heil annehmen, konstituiert sich das »Volk«, dessen Gründung von ihrem Zusammentreffen mit Israel abhing: Am Ende der Rede, aber ebenso gut ab deren Beginn existiert eine Gemeinde, die die Vereinigung der Juden und der (»durch den Glauben gereinigten«) Heiden wahrgemacht hat. Tatsächlich richtet sich die Rede des Petrus an diese Gemeinde.[42] Nun versteht man das erstaunliche »Ihr wißt« der Anrede (10,37): Es entspricht dem Kommen des Geistes, »sobald ich zu sprechen begann«. Und auf seiten der zuhörenden Heiden verläuft alles, wie wenn sie schweigend die verschiedenen Phasen des von Petrus und seinen Brüdern angegebenen Weges zurücklegten: Sie haben »Glauben« (11,17), treten hinzu zum »Weg, der zum Leben führt« (11,18) und sind »gereinigt« (15,9).

Schließlich noch ein letzter bemerkenswerter Punkt. 11,16 schließt Petrus seine Rechtfertigung mit einem »Herrenwort« ab: Was bedeutet dieses Logion am Ende der Wegstrecke? Die evangelische Überlieferung schrieb es Johannes dem Täufer zu (Lk 3,16); hier wird es Jesus in den Mund gelegt. Man kann es nur in Verbindung mit den anderen Fällen interpretieren, wo es sich um den Übergang vom Wasser zum Geist handelt.[43] Hier zeigt der Zusammenhang einen ersten Sinn an: Jesus überträgt seine eigene Salbung persönlich auf jeden Menschen, der sein Zeugnis annimmt (10,37: die Rede streicht ihre Wichtigkeit auf lange Sicht heraus). Dieses »Logion« war im Augenblick der Taufe nicht verwendet worden (10,47 f.). So enthalten nicht nur die Vision des Petrus, sondern auch seine Rede in Kap. 10 und ihre Wiederholung im Kap. 11 mit diesem »Herrenwort« eine untergründige Bewegung, die um einen Kern kreist, dessen Rätsel erst nach und nach gelöst wird.[44]

Wie soll man diese nochmalige Lektüre charakterisieren und ihre Ergebnisse zusammenfassen? Wenn man die Gesamtheit der Episoden betrachtet, die mit der Frage zu tun haben, um die es zwischen Kap. 8 und 15 geht, so kann man drei Phasen erkennen, die ein *Erzählsystem im Diagramm* bilden:

---

[42] »Die Predigt des Petrus im Hause des Kornelius wird so als erste Gemeindepredigt in der neuen Gemeinde aus Juden und Heiden stilisiert.« (*U. Wilckens, 96*)

[43] Vgl. den in Anm. 38 zitierten Artikel.

[44] Vgl. 11,15.17.19; 15,9.14.

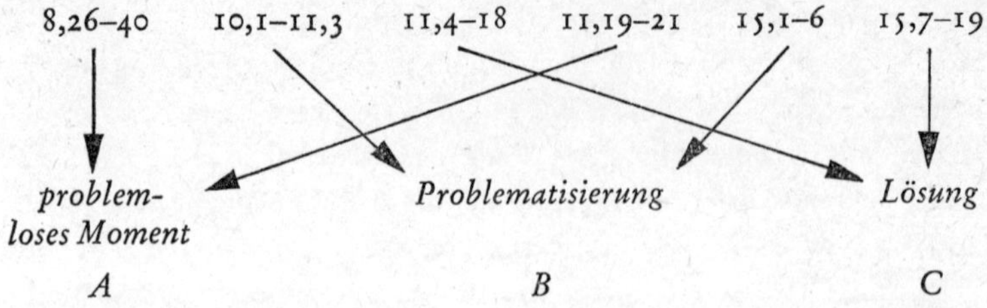

Das, was im Moment *A* anfänglich (Kap. 8) als Eingreifen von oben geschildert wurde, das Raum und Zeit verflüchtigte (oder aufs äußerste zusammenpreßte), wird in 11,19 ff. im Gegensatz hierzu der Handlung eingegliedert und in Ausdrücken des täglichen Lebens erklärbar: Was also im psychoanalytischen Sinn *»mythisch«* aussah, wird nach der Korneliusepisode *Strukturierung der Handlung*. Ein analoger Prozeß spielt sich zwischen den beiden Phasen der Lösung ab: 11,4–17 hat eine unmittelbare Folge, die nur in Verbindung mit der Reihe von Zeugnissen verständlich ist, die auf dem Konzil abgelegt werden (11,18 ist im Stil eines Lobes; die Schlußfolgerung des Konzils ist eine Praxis). Im Moment der Problematisierung wird diese Neuschöpfung des »Mythos« als Stuktur des Erlebnisses am stärksten herausgehoben: Was durch den Engel, die Stimme oder den Geist dargestellt wird, – ist – die Strukturierung der konkreten Existenz, die zunächst in ganz anderer Weise (Ekstase) erfahren und in eine Gestalt projiziert wird. Anders gesagt, die Erzählung zeigt, daß in allen Fällen, wo die geglückte Begegnung zwischen Heiden und einer Gemeinde (mit oder ohne Konflikt) tägliches Leben werden konnte, die Kommunikation diese Gründerkraft hatte, und zwar nicht aus sich heraus, sondern aus ihrer Beziehung zum Geist heraus. Es geschah, weil Gott es gesagt hatte! Aber die Erzählung packt die Dinge von der anderen Seite an: Gott sprach, und es geschah! Die Gestalt verweist auf die Handlung (Sym-bol), und in dieser Beziehung liegt das göttliche Eingreifen, das letztlich schöpferisch ist. Ein derartiges Schema findet sich öfters in der Apostelgeschichte: Dasselbe spielt sich bei Paulus ab. Seine Vision (Kap. 9) wird durch vieles Hin und Her, durch Suchen und Begegnungen klarer; und die Reden der Kap. 22 und 26 zeigen, daß dieses Geschehen erfolgreich war: Das in Kap. 9 an Saul gerichtete Wort hat sich erfüllt.[45] So sind also in unserer Episode Visionen und

[45] *P. Schubert*, The Final Cycle of Speeches in the Book of Acts in JBL (1968) 11–16.

Erzählungen miteinander verbunden, und der Sinn der Erzählung ergibt sich aus ihrem Zueinander; man kann ihre Spannung erklären, ohne darin zwei verschiedene Interessenzentren zu sehen: Die Erzählung hätte ohne sie keinen Bestand. Es geschähe nichts. – Was die Frage *Rein / Unrein* angeht, so haben wir ihre Rolle gesehen: Sie dient als Grundlage für den Austausch zwischen zwei Volksstämmen, die sich verbünden wollen, und sie enthält die Regeln dafür. Auch hier gibt es eine Spannung, wie die kritische Analyse richtig gezeigt hat. Sie entwickelt sich u. E. durch das Wechselspiel der verschiedenen Elemente des Systems (Nahrungsmittel, Kontakt usw.), und diese Perspektive macht nach unserer Meinung die Suche nach einer Ur-»Form« überflüssig. Das Problem der Komposition der Episode löst sich vielmehr in einem anderen Horizont, nämlich in dem einer »Struktur«, an deren Definition wir uns jetzt wagen wollen.

C. NEUINTERPRETATION DER ERZÄHLUNG

Wenn man die Reihe der vorangehenden Analysen unter einem *weisheitlichen* Blickwinkel betrachtet, dann trifft man auf einen bekannten genauen Rahmen für den reflexiven Stil der Erzählung, für die Wiederholung der Szenen, für ihre fortschreitende Zuordnung und für die bestimmende Rolle der Nachforschung, der Begegnung und der Reflexion. Genauer gesagt steht unsere Erzählung in vieler Hinsicht den *Schöpfungsberichten* nahe: z. B. in der Weise, von Himmel und Erde, von der Nahrung und den Menschen oder vom Geist und vom Wort zu sprechen. In diesem Zusammenhang sieht man die ungeschaffene Weisheit oder den Geist über dem Ort schweben, wo der Mensch (oder eine Gemeinde) geschaffen wird, und man sieht ihr bzw. sein kreisendes Näherkommen und schließlich das plötzliche vertikale Herabkommen. In einer Welt, die aus (manchmal je zwei) widersprüchlichen Elementen zusammengesetzt ist, öffnet das Wort Jahwes den Weg zum Möglichen, und der so entstehende Mensch schreitet seinen Weg voran durch eine Reihe von Konfrontationen mit dem Kosmos und mit anderen Menschen: Die göttliche Epiphanie wird ihm als Geschichte zuteil – als die Geschichte, die er sich zu eigen gemacht hat. Es geht nicht darum, hier ein »Modell« für die

---

Der »Mythos« hat hier also nichts von einer entfremdenden Projektion an sich; er stellt eine Strukturierung dar, die für die konkrete Existenz grundlegend ist.

»Struktur« der Erzählung zu suchen. Das Erklärungsprinzip für die Gliederung der vielfältigen Elemente unserer Erzählung als ein organisches Ganzes hat einfach eine Entsprechung in den Schöpfungsberichten und wird in diesem gegenseitigen Zusammenhang klarer. Außerdem reichen die Schöpfungsberichte weit über die Bibel hinaus, und Disziplinen wie die Religionsgeschichte und die Ethnologie haben hier ein Wort mitzureden. Da wir das narrative Moment in der vorangegangenen Phase bereits viel verwendet haben, wollen wir uns jetzt auf die Analyse der Vision und dann der Rede des Petrus beschränken: Hier leuchtet nämlich die »Struktur« am besten auf.

I. Die Vision des Petrus

Diese Vision gehört zu dem Genus, das Lindblom »allegorisch« nennt[46]: Der Himmel ist offen und irgend etwas soll gesucht werden (vgl. Ez: Gebeine; Dtn). Anders gesagt, ihr Genus ist trotz des apokalyptischen Rahmens weisheitlich.

1. Analyse

Zunächst gilt es, die *Gestalt* näher zu bestimmen. Es handelt sich um eine »Ekstase«: Dieser Ausdruck bedeutet bei Lk und in der Apg einen Bruch mit der gewöhnlichen Weise, die Dinge wahrzunehmen, und die *Wahrnehmung* einer neuen *Gestalt,* die mit der Herrlichkeit Gottes oder Christi zu tun hat.[47] Hier wird die Kategorie Rein / Unrein in Frage gestellt: Sie drückt nicht mehr die Regeln für den Kontakt (des Mundes) mit dem Kosmos aus; im Gegenzug nimmt die Vision einen *mantischen* Aspekt an: Was will die Gottheit? – Man liest die Gestalt[48] gewöhnlich als Ortsveränderung eines »Tischtuchs« und fast eines gedeckten Tischs, auf Grund einer Tradition, die mit einigen Manuskripten der Version *D* beginnt: sie bestimmt sich nach den Konnotationen: »Hunger« und die Aufforderung, zu »essen«. Aber wir befinden uns in einem Zusammenhang, in dem die Nahrung einen di-

---

[46] *J. Lindblom,* Gesichte und Offenbarungen. Vorstellungen von göttlichen Weisungen und übernatürliche Erscheinungen im ältesten Christentum, Lund 1968.

[47] Vgl. Lk 5,26 f.; Apg 3,10 ff.; 11,5.18.

[48] Vorgeschlagene Übersetzung für 10,10 f.: »Von Hunger gepackt, wollte er Nahrung zu sich nehmen. Man bereitete sie ihm, als ihn eine Ekstase überkam. Er sieht den Himmel offen: Aus ihm kommt ein undefinierbares Gerät herab, eine Art riesiges Tuch, das sich an vier Punkten auf der Erde niederläßt.«

rekten Bezug zum »Himmel« und der »Hunger« zum Wort[49] haben, und das Vokabular legt keineswegs diese Vorstellung nahe: ὀθόνη bezeichnet jede Art von Tuch (Stoff, Segel, Zelt).[50] Zudem spricht die westliche Lesart eher von so etwas wie einem enormen Bündel, das an den vier verknoteten Enden aufgehängt ist (Das Verbum δεδεμένον wird von einigen Manuskripten hinzugefügt). Wir folgen dem alexandrinischen Text: Aus dem *offenen Himmel kommt* eine Art Apparatur *herab*, ein weites Zelt, dessen Spitze im Himmel und dessen Boden auf der Erde ist, wo er an den *vier* Ecken festgehalten wird. Handelt es sich um die vier Himmelsrichtungen? Ἀρχαί (Plural) ist selten: Es kann bei Paulus die »Elemente der Welt«, ihre Archetypen, die juridischen, politischen oder ökonomischen Hauptpunkte und -kraftlinien des Weltgefüges bezeichnen. Diese Szenerie erinnert stark an die Anfangsvision des Ezechiel (Ez 1). Der Prophet sieht im *offenen Himmel* eine *Wolke* (vgl. in unserer Vision das unübersetzbare Wort σκεῦος), aus der sich eine *bewegliche Apparatur* loslöst, die sich in die *vier* Himmelsrichtungen hin- und herbewegt. Die Tiere haben darin einen zentralen Platz, und die *Stimme* Schaddais herrscht über allem. Man findet zwei typische Ausdrücke wieder: »Öffne den Mund und iß!« (Ez 1,8) und »Nie, Herr!« (4,14). Es handelt sich um das himmlische Heiligtum (Gegenstück zum Tempel, der voll von gemalten Tieren ist und in Ez 8,10 beschrieben wird),[51] aus dem die δόξα ausgeht, um überall herumzugehen und die Verbannten nach Sion heimzuholen (Ez 10) und eine erneuerte Gemeinde zu gründen. Nun wissen wir aber, daß Lukas sich auch anderweitig gern von Ez inspirieren läßt (Lk 19 ist dafür ein hervorragendes Beispiel)[52] und daß das vor allem für das Verhältnis von δόξα und πνεῦμα gilt, das uns interessiert (vgl. 7,55 f.). Diese Annäherung legt es nahe, in dieser Art Zelt, das herabkommt, das Heiligtum zu sehen, wo Gott im Dunkeln spricht, um eine Handlung einzuleiten, die aufsehenerregend ist. Er präsentiert hier die Tiere der ersten Schöpfung.

[49] πρόσπεινος, Hapaxlegomenon, ein sehr kräftiges Wort. – Was die Motivation des *Hungers* über die Nahrung hinaus betrifft: Episode des Feigenbaums Mt 21,18 ff. – Thema des »Hungers«: *B. Gerhardsson*, 45. Man bemerkt, daß Petrus »*hinaufging, um zu beten*« (10,9).

[50] *F. F. Bruce*, The Acts of the Apostles, London 1953, zur Stelle.

[51] Vgl. Dtn 4,15–20.

[52] *K. Baltzer*, The Meaning of the Temple in the Lukan Writtings, in Harv. Th. Rev. (1965) 263–277 ist grundlegend für diese Frage. Über das Verhältnis Tiere / δόξα: Röm 1,23.

Der Katalog der Tiere ist in den beiden Beschreibungen der Vision nicht derselbe. 10,12 ist er *dreigliedrig:* Vierfüßler, Reptilien, Vögel des Himmels – wie Gen 1,24, wo alles zusammengefaßt wird, was auf der Erde ist, *bevor* der Mensch eingeführt wird: Vierfüßler, Reptilien, wilde Tiere. Die Aufzählung von 11,6 umfaßt vier Gruppen: Vierfüßler der Erde, wilde Tiere, Reptilien, Vögel. Das entspricht dem Katalog von Gen 7,14, wo Noa *nach* seiner Familie wilde Tiere, Haustiere, Reptilien und Vögel in die Arche kommen läßt. Und in diesem letzteren Text hängt die Sorge um die Beachtung von Rein / Unrein ebenso wie in Apg 10 mit der Frage nach dem Heil des Menschen zusammen. Nun haben wir es aber in Gen 1 und 7 mit Schöpfungsberichten zu tun: Der Berührungspunkt mit Apg ist erstaunlich, aber eindeutig.[53] Kann man noch weiter gehen?

2. *Struktur*

Es gibt eine grundlegende Übereinstimmung zwischen den Schöpfungsberichten und dem Komplex der Vision und ihrer Folgen: Anerkennung des ἄνθρωπος und Geburt eines »Volkes im Namen (Gottes)«. In den Erzählungen, die sich in der weisheitlichen Tradition und in den Psalmen über die Schöpfung bilden und von denen Gen 1 in gewisser Hinsicht der Typus[54] ist, teilt Gott (sein Wort, seine Weisheit) die Elemente in Paare nach einer Anordnung, die jener der Woche folgen kann, so daß die Leuchtkörper (Sterne am Himmel) eine leitende (oder anzeigende) Rolle für das irdische Geschehen haben. Der Mensch wird als letzter geschaffen (oder er ist der Zeuge der Gestaltung der Welt: Ijob), und die Frage seiner Nahrung ist vordringlich.[55] Der Akt, der das All ordnet, bleibt verborgen (wenn er auch *gesagt* wird), und die daraus resultierende Ordnung zeigt sich nicht unmittelbar: Vielmehr erscheint zunächst die Unordnung (Gen 3, Ijob, Koh). Die Gestalt der Schöpfung hat also gern einen rätselhaften Kern (oder etwas Mantisches), der vom Menschen aus nur mit den ihm zur Verfügung stehenden Mitteln zu lösen ist, durch die Suche nach dem Prinzip

---

[53] Die Analyse zeigt in den Tierkatalogen das funktionale Schema: dreigliedrig / viergliedrig; vor / nach; (rein / unrein).

[54] Spr 8; Ijob 37,21–38; 26; Sir 24; Weish 7,22? 8,2; Bar 3,9–4,4; Ps 104; 136.

[55] Die Nahrung ist ein sehr beständiges Element in der Struktur: Gen 1,29; Ps 104,28; 136,25; 146,7; 32,19; 80,17; vgl. Gen 9,2–3.

(Weisheit oder Geist), in der Arbeit, im Gebären, in den Beziehungen zum Kosmos und dem Mitmenschen. Es geht also für ihn um das Leben. Symmetrisch hierzu schwebt in manchen Texten der Geist oder die Weisheit über den Menschen, der Gemeinde oder dem Volk auf der Suche nach einem festen Grund und kreist in der Welt, bis er den *Augenblick* findet, wo er sich niederlassen, den Ort, wo er »sein Zelt aufschlagen und unter den Menschen wohnen« kann (Sir 24,7 f.). Unter den verschiedenen Faktoren, die in dieser Reihe von Erzählungen zum Tragen kommen, wenn man sie zusammennimmt, gibt es eine organische Kreisbewegung, die wir »Struktur« nennen können. Nennen wir die Hauptpunkte: die Einteilung *Himmel/Erde* (der Himmel ist das Modell der künftigen Handlung; tatsächlich stellt er die Grundlage jeder bereits geschehenen oder noch geschehenden Handlung dar); ein durch das Wort (oder die Stimme) eröffneter neuer Existenzbereich; die Begleitung durch den Geist; die Einwurzelung des Geistes oder der Weisheit bei den Menschen oder bei einem Volk (oder in seinem Heiligtum: Sir 24,10). Wie bei jeder Struktur variieren die Faktoren in ihrer Form und sind nicht alle an jedem Punkt unentbehrlich, aber ihr Fehlen hinterläßt Spuren.
Dieser Horizont ermöglicht uns eine letztgültige Erklärung dafür, daß zwischen den Elementen der *Vision* und denen, die für die *Erzählung* bestimmend sind, keine Unverträglichkeit besteht. Der Übergang von 10,14 (rein / unrein) zum V. 28 (»Mensch«) gründet in einer strukturellen Beziehung. Denn bei der Vision greift die »Stimme« nicht so sehr ein, um ein Problem ritueller Reinheit aufzugreifen, als um den menschlichen Beziehungen eine andere Ordnung zu geben, d. h. um einen neuen Typus der Menschheit zu »schaffen«. Das übliche Schöpfungsschema wird freilich in der Vision umgekehrt: statt durch Teilen und Trennen der Elemente die Anfangsverwirrung zu zerstreuen und so die Welt zu ordnen, schafft die »Stimme« im Gegenteil die früheren Trennungen und Teilungen ab, die durch das Rein / Unrein zustandegekommen waren, und der »Mensch« kann erstehen. Man wird also dazu geführt, den Text nicht mehr unter dem Blickwinkel der Werte Rein / Unrein als solcher zu lesen, sondern in der Perspektive, die diese mitenthalten: Trennung / Kommunikation. Dennoch läßt die Erzählung Petrus durch diese nackte Kategorie hindurchgehen, die für ihn (ebenso wie für seine Gemeinde) bislang konstitutiv ist, damit er ihren Sinn begreife, indem er sie hinter sich lasse. Es zeigt sich umgekehrt,

daß die Vorstellung des »Himmels«, die seinem Bewußtsein zu Beginn gegenwärtig ist, mit einem phantastischen Inhalt erfüllt ist, dessen konkrete Bedeutung sich auf Erden schnell erweist: Es kommen Menschen. Die Tiere verschwinden nun aus dem ratlosen Bewußtsein des Petrus. Rein / Unrein ist (trotz der Spuren, die es in den Konzilsentscheidungen zurückläßt) durch die Tischgemeinschaft, wo sich die Kommunikation vollzieht, die das wahre »Volk« begründet, überholt. Denn wenn Gott einen Menschen »schafft«, dann sorgt er für seine Nahrung: Dieses strukturale Element ist in den Schöpfungsberichten sehr konstant. Bei unserer Episode kündigt sich das gemeinsame Mahl, Erfüllung und Zeichen, in der Vision an und erreicht im V. 41 der Rede eine unermeßliche Größe.

Diese Analysen stehen in einem Horizont, der auch für andere große Szenen der Apostelgeschichte gelten dürfte, wo das Verhältnis Himmel / Erde und andere Faktoren wie vor allem der Geist (oder die δόξα), die auf verschiedene Weise dargestellt werden können, eine wichtige Rolle spielen: Himmelfahrt und Pfingsten, die Episode des Stephanus (Vision, Rede, Erzählung), die Vision des Saul und ihre Erfüllung (Thematisierung in den Reden der Kap. 22 und 26)[56]. In diesen verschiedenen Fällen dringt ein neuer Inhalt in die Vorstellung, die man anfänglich vom *Himmel* hatte, und dieser Inhalt meint die Erde: die Wolke, die Jesus mit sich führt; die Feuerzungen, die herabkommen; Jesus anstelle der Richter des Stephanus oder anstelle der verfolgten »Kirchen«; ein göttliches Orakel, das Paulus das Leben seiner Bewacher schenkt[57]. Die nachfolgende Handlung liefert den Sinn. Bei der Himmelfahrt soll der, der zum Himmel emporgefahren ist, als der begriffen werden, der in derselben Weise auf die Erde »kommen« wird, wie er hinweggegangen ist (der Übergang von νεφέλη zu δόξα ist klar); nun ist aber Pfingsten die andere Seite von Himmelfahrt. Der Sinn des Schlußverses 1,11 bezieht sich also auf den Geist. Während der Anfangsphase von Pfingsten geht das (himmlische) Zungenphänomen in Reden in Sprachen über. Die Bedeutung der Handlung, die nach dem Martyrium des Stephanus erfolgt, ist klar, und wir haben bereits angegeben, welchen Verlauf der Dinge ab dem Kap. 9 die Kap. 22 und 26 voraussetzen. Auch in diesen Fällen nimmt die Nahrung einen Platz ein oder hinterläßt *Spuren* als Strukturele-

---

[56] Vielleicht auch die Geschichte des Schiffs im Kap. 27 (göttliches Orakel / Erde).
[57] Apg 27,24 (Anm. d. Ü.)

ment. Geht der Himmelfahrt in der Apostelgeschichte ein Mahl voraus? Der Ausdruck von 1,4 ist mehrdeutig: Die Tatsache, daß normalerweise hier ein derartiger Faktor hingehört, kommt als weiteres Argument zu den positiven Argumenten hinzu, die auf die Parallele in Lk 24,41 f. und vor allem auf die Anspielung von 10,41 verweisen, wo die Rede des Petrus das »Gegessen- und Getrunken-Haben« mit dem Auferstandenen thematisch macht.[58] Pfingsten bildet hier keine Ausnahme, sofern man die drei Phasen (Sprachengabe, Rede und erster »Sammelbericht«) als ein organisches Ganzes ansieht:[59] die Anspielung auf den »süßen Wein« und das »Brotbrechen«.[60] Dasselbe gilt von der Stephanusgeschichte: Sein Name führt die Liste der Diakone an, die für den Tischdienst zuständig sind (6,3 und Konnotation des Geistes). Von Saul heißt es, daß er gleich nach seiner Taufe »Nahrung zu sich nahm und seine Kräfte zurückkehrten« (9,19 f.; der Geist wird im V. 17 erwähnt). Man kann bemerken, daß in der Erzählung vom Schiffbruch das Mahl an Bord eine entscheidende Rolle für den Ausgang spielt; weit gefehlt, daß es hier nur um eine Anekdote gehe, sollte man hier nicht eine »Struktur« am Werk sehen? Nunmehr kann diese Seefahrt zumindest teilweise in der gleichen Perspektive wie die anderen Episoden neu interpretiert werden.

II. Die Rede des Petrus

1. Das allgemeine Schema

U. Wilckens entdeckt hier das übliche Schema für die Reden an die Juden: A) Hinweis auf den Zusammenhang (10,34–35); B) Kerygma von Jesus: 1. Die Ereignisse und der Anteil der Juden daran (V. 36–39); 2. Gott hat ihn auferweckt (V. 40–42); C) Aufruf zur μετάνοια (V. 43).

Trotzdem ist die Durchführung von besonderer Art. Zunächst stellt sich das Kerygma von Jesus als eine Zusammenfassung des lukanischen »Evangeliums« dar, in der die großen Etappen des Lebens Jesu der Reihe nach von Johannes bis zur nachösterlichen Zeit beschrieben

[58] Einziger Fall im NT.

[59] *E. Haulotte*, De la Résurrection à la Pentecôte, in: Vie Chr. (1969) 9–14; *ders.*, im zitierten Artikel Anm. 11

[60] Man trifft den terminus technicus im NT nur in Apg 2,42 und Lk 24,35.

werden. Außerdem wird dieses »Evangelium« von einem Ende bis zum anderen durch das Zeugnis derer verbürgt, die durch göttliche Wahl alles gesehen haben, was er getan hat, und die mit ihm nach seiner Auferstehung »gegessen und getrunken« haben. Die Salbung mit dem Geist, der Jesus bei der Taufe des Johannes geweiht hat (10,38), schwebt über diesem »Evangelium« von Anfang an (11,15) und kommt vor dem Ende (10,44) auf die Versammlung herab, die den Geist empfängt, wie es mit dem Geist oder der Weisheit bei den weisheitlichen Schöpfungsberichten geschieht (Sir 24). Die Menschen dieser Versammlung bilden also einen neuen Typ von Gemeinde, die auf der vorhergehenden aufruht, sie aber umformt.

2. Spezifische Züge

Die Rede zeigt den Übergang dieses »Evangeliums« zu den Heiden an. Es ist bemerkenswert, daß sie keinen Schriftbeweis für die Auferstehung enthält; und was U. Wilckens in seinem Schema als letzten Teil bezeichnet, ist in Wirklichkeit eine Theorie über die Tragweite der Schrift (V. 43) und im einzelnen über die grenzenlose Offenheit der »Vergebung« (V. 43). Vergebung, Heil (11,14), Leben (11,18), Glaube (15,9): Alle diese Begriffe sind die Ausfächerung desselben Bedeutungsstammes. (Vgl. »Jeder, der meinen Namen anruft...« Joel 3,5 zitiert in 2,21.)[61] Eine weitere Besonderheit besteht darin, daß diese Rede keine Aufforderung zur μετάνοια enthält: V. 43 ist vielmehr eine Theorie über die Art und Weise, wie sich die μετάνοια bei »jedem beliebigen...«, beim Heiden wie beim Juden vollzieht. Die Bekehrung ist eine vollendete Tatsache, deren Prozeß man zu verstehen und zu begründen sucht. Das »Wohlwollen« Jesu entspricht der Linie des »gerechten« Lebens. Der Tod Jesu wird genannt, aber im Gegensatz zu anderen Reden ohne jeglichen Beiklang außer der Anspielung auf die Verfluchung des Baumes (Dtn 21,23). Sie findet im Land der Juden statt; das Verbum hat kein bestimmtes Subjekt: »Der, den sie umgebracht haben« (V. 39). Der ganze Nachdruck liegt nämlich auf den Zeugen, die Petrus repräsentiert, und folglich auf der jetzigen Situation dieses Jesus, dessen ῥῆμα, das von Petrus übermittelt wird, »für jedes Volk« zugänglich ist (V. 34), denn er ist der »Herr von allen«

---

[61] Von *Munck*, Acts, 95 mit 10,43 in Verbindung gebracht.

(V. 36): ein einmaliger Ausdruck in der Apostelgeschichte.[62] Diese Rede enthält also eine Reflexion über die Bedingungen der Möglichkeit der Mission bei den heidnischen Völkern[63] oder, genauer gesagt, über die Bedingungen der Möglichkeit einer Weitergabe des »Evangeliums« außerhalb des jüdischen Volkes, dem es ursprünglich gebracht worden war. Wegweiser in diese Richtung waren bereits seit Pfingsten (2,21.39) gesetzt worden, aber der weitere Verlauf des Geschehens war unvorhersehbar. Durch ihre Reflexion auf das Ereignis erarbeitet die Rede ein Operationsmodell hierfür: Der Auferstandene zeigt sich nicht dem ganzen Volk, sondern auserwählten Zeugen (V. 41; vgl. 1,1–3), die die Aufgabe erhalten, das Kerygma von Jesus dem Volk zu verkünden, dessen Besonderheit sich durch das Ereignis selbst ergibt: Durch diese Zeugen löst sich das göttliche Handeln von einem bestimmten Volk (10,34; 15,7 ff.), und der Zugang der Heiden zum Leben geht nicht mehr über dieses Volk. Die Tischgemeinschaft Gottes mit dem Menschen ist für es darüber hinaus nicht mehr an sakrale Vorschriften gebunden. Der Leitgedanke der Rede stellt also mit Nachdruck die durchdringende Macht des Wortes heraus, das von Jesus ausgeht, ebenso wie die Salbung durch den Geist, deren »Träger« er ist, wenn man ein alttestamentliches Bild aufnehmen darf, indem man es umkehrt. Auf alle Fälle verdankt sich die neue Gründung der engen Verbindung von Wort und Geist, einer Verbindung, die in einer Folge von »Treffen« Gestalt annimmt, wo die Entscheidung auf seiten der Menschen liegt.

---

[62] Vorgeschlagene Übersetzung für 10,36–41: [36] »Seine Botschaft hat er den Kindern Israels gesandt: die gute Nachricht des Friedens, die von Jesus Christus gebracht wurde, der der Herr von allen ist. [37] Ihr habt davon Kenntnis: Das Geschehen, das ganz Judäa ergriffen hat, sein Beginn in Galiläa, nach der von Johannes verkündigten Taufe; – [38] dieser Jesus aus Nazaret, wie Gott ihn mit Heiligem Geist und mit Kraft gesalbt hat; er erwies sich überall als Wohltäter, er heilte alle, die der Teufel in Banden hielt, denn Gott war mit ihm. [39] Und wir sind Zeugen seines ganzen Werkes auf dem Gebiet der Juden wie in Jerusalem. Wenn sie ihn umgebracht haben, indem sie ihn ans Holz hängten, [40] so hat Gott ihn am dritten Tag auferweckt und ihm verliehen, seine Gegenwart zu zeigen, [41] nicht unterschiedslos dem ganzen Volk, sondern im voraus durch seine göttliche Hand bestimmten Zeugen, uns, die wir nach seiner Auferstehung von den Toten mit ihm gegessen und getrunken haben.«

[63] *H. Conzelmann* (über die Verse 34 f.)

III. Schluß

1. Geschichte und Epiphanie Gottes

Wenn man also diese Episode als eine Gründungserzählung betrachtet, so nehmen viele der schwierigsten Punkte einen Sinn an und das Ganze wird zusammenhängend. Das Volk der Verheißung nimmt Gestalt an, ein neuer Menschentyp erblickt das Licht der Welt. Unter diesem Blickwinkel erhält die Beziehung Vision / Erzählung eine neue Erklärung: Den Anfang der Erzählung markiert ein Eingreifen von oben; der Mensch kann nur durch einen persönlichen Akt Gottes, der ihn »vor sich« stellt, aus der früheren Schöpfung ausbrechen. Das gilt für Kornelius (10,33) ebensogut wie für Petrus (10,29). Und der Übergang vom Neutrum »Was Gott...« (10,14) zum »Menschen« (V. 28) nimmt in der Tat die Ausmaße einer wichtigen Angelegenheit an, wenn man ihn bei den Schöpfungsberichten sieht. Das Wort »schafft« den Kosmos, indem es die Elemente nach einem Gesetz der Hierarchie (Himmel / Erde, Tiere / Pflanzen...) und der inneren Kohärenz trennt, das daraus ein geschlossenes System macht; Gott hingegen »schafft« den Menschen, indem er ihn *von sich selbst* (nach seinem Bild oder durch seinen Hauch: Gen 1,26; 2,7) trennt. Das *»Menschsein«* gründet also in einer transzendenten Beziehung zu dem, den die Elemente zwischen sich haben.[64] Existieren heißt aus dieser Einschließung durch den Kosmos herauskommen, die ihren harten Nachklang in allen geschlossenen Systemen unantastbarer und vorgegebener Beziehungen und Regeln hat wie Rein / Unrein, Beschneidung / Unbeschnittensein, usw. Die Erfahrung der Freiheit ist also ein privilegierter Ort der christlichen Grunderfahrung (die Umkehrung der Form, wo immer der Kosmos in der Religion die Oberhand hat): Man kann also das »Menschsein« adäquat in Termini der Befreiung[65] ausdrücken: Es ist der Ort, wo die göttliche Epiphanie zur Geschichte wird. Welche Geschichte? Auf der Ebene, auf der die Beziehung zur Transzendenz *als* Geburt des Menschen waltet, *drückt sich* diese unvorstellbare Erfahrung eines Ursprungs und eines Endes *durch* eine Scheidung zwischen mythischer Gestalt (immer im psychologischen

---

[64] Dtn 4,15–20; Ez 37,1–14; Ijob 33,4.

[65] *J. B. Metz,* Freiheit als philosophisch-theologisches Grenzproblem, in: Gott und Welt I. Festschr. f. K. Rahner, Freiburg 1964, 308 ff.

Sinn gemeint) und konkreter Handlung *aus*; in der Wirklichkeit löst sich diese Scheidung (dieses Rätsel) in einer Öffnung der Kommunikation zwischen den menschlichen Gruppen. Die Episode des Kornelius setzt eine Zeit voraus, wo die verschiedenen Paare, Rein / Unrein, Jude / Heide usw. die Gestalt eines geschlossenen Systems unantastbarer Beziehungen angenommen haben, zu einer Art zweiten Natur geworden sind; in dem Augenblick, in dem der Mensch ersteht, (10,28), zeigt sich die Öffnung in Form eines schöpferischen Wortes, aber dieses verweist sogleich auf eine Reihe historischer Akte, von denen die einen (die durch die Rede in Erinnerung gerufen werden) ein »Evangelium« und die anderen »Akte« bedeuten.

Die Wichtigkeit des Faktors Nahrung in den großen Szenen, auf die wir anspielten, und sein genauer Sinn in unserer Episode (Anspielung auf das Mahl mit dem Auferstandenen) stellen ein neues Element für die Reflexion über die eigenartige Tatsache dar, daß in der Apostelgeschichte direkte Anspielungen auf die Eucharistie so selten sind.[66] Ein scharfer theologischer Sinn für die Realitäten vermied es, die Realitäten durch Riten zu ersetzen (die ganze Bewegung ging dahin, davon loszukommen); aber die Nahrung rekapituliert und versinnbildet eine wahre Geschichte, das Gelingen einer komplexen Kommunikation; wenn Gott zu essen und zu trinken gibt, bildet sich ein Volk, um die Epiphanie Gottes zu feiern, die sich *in dieser Geschichte* selbst vollzieht.

2. Redaktion und Überlieferung

Die Redaktion dieser Erzählung ist das Werk des Lukas; er ist für ihren Aufbau verantwortlich. Dieser Komposition lag aber eine bestimmte Form zugrunde, die Gründung einer Gemeinde gemischten (universalen) Typs darzustellen. Der äußerst schwierige Bau dieser »Struktur« des Denkens oder Wahrnehmens, die Tatsache, daß Lukas harte syntaktische Konstruktionen gebraucht (10,36–38), die zwölf Hapaxlegomena im Gesamtgewebe des Kap. 10 (von denen ein beträchtlicher Teil in der Septuaginta nicht vorkommt): Soviel auf einmal läßt vermuten, daß bereits vor Lukas eine Ausarbeitung vorlag. Er gestaltet die verschiedenen Episoden, die sich von 8,1 bis zum Ende des Kap. 15 erstrecken, entsprechend dem allgemeinen Aufbau seines

---

[66] Apg 2,42.46; 20,7.11; 27,35; Lk 24,30–35.

Buches; er gestaltet die in 11,3 und 11,4–18 erwähnte Episode neu und verändert die anderen; was Petrus in dieser ersten Gemeinde universalen Typs sagen konnte, wird in das allgemeine Schema der Reden des Petrus eingegliedert.

Drei bezeichnende Punkte können nicht von der Redaktion stammen, aber ihre Relevanz hängt von der Wichtigkeit ab, die man dem Problem der »Struktur« zumißt. Zum ersten: Kann die konkrete Bedeutung der *Nahrung*, die so oft im Verhältnis zur jetzigen Leitidee und selbst zur Situation überbetont wird, wenn man bei der analytischen Sicht bleibt, ohne weiteres auf das Konto einer Absicht des Erzählers gesetzt werden? Sodann enthält die *Rede* des Petrus, die weniger durchsichtig ist als die anderen, syntaktische Unstimmigkeiten und drei Hapaxlegomena, eine Anrede (οἴδατε), deren Sinn bei weitem über ihre Erklärung durch das klassische Redeschema hinausgeht; dieses Schema wird übrigens vor allem dadurch abgewandelt, daß das übliche Thema der μετάνοια durch eine Theorie über die Schrift (V. 43) ersetzt wird: Diese Gesamtheit von Umstellungen im Vergleich mit dem Schema und von Umstrukturierungen auf einer Ebene, die von der Oberfläche des Textes ziemlich weit entfernt ist, stammt aus einem Grund, der sich von der Redaktion unterscheidet. Schließlich enthält das *System der Abwechslungen* zwischen ethnologischen Faktoren, das sich während des gesamten Schemas (8–15) und beispielhaft in unserer Episode kohärent durchhält, trotzdem je nach den »Treffen« merkliche Varianten in der Aussage der Bedeutungswerte: Das kann nicht ein Instrument sein, das allein von der Kunstfertigkeit des Autors gehandhabt worden wäre.

In den verschiedenen Milieus, die Lukas kannte, gab es vermutlich vielfältige Überlieferungen in verschiedenen Entwicklungsstadien mit vielleicht unterschiedlichen oder je anders gesetzten Akzenten, die die »Geburt« ihrer Gemeinden nicht allein aus einem jüdischen Kern und Christus, sondern aus den »Völkern« und dem Kosmos zu erklären suchten. Alles spricht dafür, daß einige Überlieferungen ab einer gewissen Höhe ihrer Entwicklung den Akzent auf die biokosmische Linie (Nahrungsmittel usw.), andere hingegen auf die anthropologische Linie (Kontakte zwischen Volksstämmen) gelegt haben:[67] *Die beiden*

[67] Wir spielen auf die Überlegungen von *Cl. Westermann* an, um die Notwendigkeit der Anwendung religionsgeschichtlicher Kategorien für die Schöpfungsberichte zu zeigen, wenn man den Text von Gen 1 verstehen will: Verk. und Forsch. 1 (1969) 20f.

Linien der »Schöpfung« des Menschen verbinden sich gerade *in dieser* Gründungs*erzählung*. Und alles spricht dafür, daß der Redaktor zum ersten Mal diesen vielen verschwommenen Strömungen einen Ausdruck, und zwar einen schriftlichen Ausdruck verlieh. Es liegt also nahe, eine Überlieferungsgeschichte anzunehmen, und die beiden Interessenzentren, die die *Formgeschichte* im Text unterschieden hat, sind zweifellos eine Spur einer bestimmten Entwicklungshöhe. Aber die von E. Haenchen wider alle Gegner vertretene Meinung findet ebenfalls ihre Rechtfertigung.

Man kann sich fragen (um damit zu enden, womit man hätte anfangen sollen?), warum das hier »Struktur« genannte Verstehenssystem so wenig in der Linie der »Schöpfung« thematisiert wird. Die Religionsgeschichte zeigt zunächst, daß das Zusammentreffen zweier Überlieferungen (oder Kulturen) für seine Existenz nicht den Beweis durch einen literarischen Kontakt braucht.[68] Außerdem kann der Kontakt in einem Stadium stattfinden, wo es noch keine Schrift oder einfach noch keine organische Konzeption von einer Erzählung gibt. Schließlich erklärt sich die Verschiedenheit vor allem durch den ungeheuren Unterschied zwischen dem Kontext der »Schöpfungsberichte« und dem der Apostelgeschichte. Die Theophanietexte wie Ps 18, Jes 29 oder 30 usw., bei denen man einen Rahmen findet, der von dem der Theophanie am Sinai erheblich abweicht, die praktisch vergessen scheint,[69] obwohl sie der Ausgangspunkt der Überlieferung ist, bieten ein hervorragendes Modell für das mögliche Geschick eines Berichts über die »Schöpfung« (= Gründung) der »ersten« Gemeinde universalen Typs. Unsere Studie beabsichtigte jedoch keineswegs eine Herleitung der Erzählung der Apostelgeschichte, ja nicht einmal der Überlieferungen, denen sie erstmalig Gestalt verliehen hat, von »Schöpfungsberichten«. Aber zwischen dem Prinzip der Kohärenz (oder der Einsichtigkeit) auf der einen wie auf der anderen Seite besteht ein klärender Zusammenhang.

---

[68] Immerhin bilden die Tierkataloge einen (wahrscheinlich literarischen) Berührungspunkt. Siehe S. 239.

[69] *H. E. von Waldow*, Theophanie, in: Verk. und Forsch. 1 (1969) 72–76.

PERSONENREGISTER

Bei Zahlen in Klammern ( ) bezieht sich der Hinweis ausschließlich auf eine Literaturangabe.

Über dieses Buch:

Seit Jahrzehnten steht die Exegese im Zeichen der historisch-kritischen Methode. Diese Methode hat sich als sehr hilfreich erwiesen und wird auch weiterhin ihr Recht behalten. Dennoch müssen und können heute auch andere Methoden zur Bibelexegese herangezogen werden. Dieses Buch demonstriert an konkreten Bibeltexten (Gen 1; Apg 10–11; Röm 7) den möglichen Beitrag einer strukturalen, von Linguistik und Textforschung herkommenden Analyse und einer psychoanalytischen Interpretation. Es diskutiert Möglichkeiten und Grenzen dieser neuen wie der bisher vertrauten Methoden im Rahmen einer hermeneutischen Reflexion, die sich auf eine philosophische Besinnung über die Sprache und eine Theologie des Wortes hin öffnet. Der Herausgeber Xavier Léon-Dufour, Professor für neutestamentliche Exegese an der Theologischen Fakultät SJ in Lyon, konnte bedeutende Vertreter ihres Faches zur Mitarbeit gewinnen, u. a. Paul Ricœur (Philosophie), Antoine Vergote (Psychoanalyse) und Roland Barthes (Strukturale Analyse). Dieser Beitrag französischer Forschung kann unseren deutschen Exegeten, die sich oft noch auf die historische Sichtweise beschränken, neue Erkenntnisse erschließen.

LÉON-DUFOUR · EXEGESE IM METHODENKONFLIKT

Xavier Léon-Dufour (Hrsg.)

Exegese im Methodenkonflikt

Zwischen Geschichte und Struktur

Kösel-Verlag München

ISBN 3-466-20164-0
Ins Deutsche übertragen von Gerd Haeffner und Harald Schöndorf. Titel der französischen Originalausgabe: »Exégèse et herméneutique«.
 Printed in Germany. Gesamtherstellung: Graphische Werkstätten Kösel, Kempten. Umschlagfoto: Michael Luther, München.